Gerhard Winkler

SMART
BOOKS

Anders bewerben

100 x Rat vom Bewerbungshelfer

SMART BOOKS

Anders bewerben – 100 x Rat vom Bewerbungshelfer

Bibliografische Information der Deutschen Bibliothek
Die Deutsche Bibliothek verzeichnet diese Publikation in der Deutschen Nationalbibliografie; detaillierte bibliografische Daten sind im Internet über http://dnb.ddb.de abrufbar.

ISBN 3-908492-71-8
2. Auflage 2004

Konzeption / Koordination:	Daniel Mandl & Michael Schwarz – Lektorat & Layout GbR, Husum / Nordsee buchprojekte@mandl-schwarz.de
Lektorat:	Brigitte Gabler, Michael Schwarz
Layout:	Daniel Mandl & Michael Schwarz
Cover-Illustration:	Johanna Voss, www.johannavoss.de
Illustrationen im Text:	Artville.com, Edition «Business Life»
Druck und Bindung:	Himmer, Augsburg

Trotz sorgfältigem Lektorat schleichen sich manchmal Fehler ein. Alle an der Produktion dieses Buches Beteiligten sind Ihnen dankbar für Anregungen und Hinweise!

SmartBooks Publishing AG	Dorfstrasse 147, CH-8802 Kilchberg,
http://www.smartbooks.ch	E-Mail: smartbooks@smartbooks.ch
Aus der Schweiz:	Tel. 01 716 14 24, Fax 01 716 14 25
Aus Deutschland und Österreich:	Tel. 0041 1 716 14 24, Fax 0041 1 716 14 25

SOLLEN & MÜSSEN

Je weniger ein Bewerberberater von der Sache versteht, desto häufiger verwendet er *sollen* und *müssen.* Den S & M-Wert einer Ratgeber-Seite bestimmen Sie als Anwender durch simples Auszählen. Manchen Karriereautoren rutschen die Anweisungen so leicht heraus, dass sie locker die Quote an Sollen & Müssen der Zehn Gebote übertreffen. *Die Götter weinen, wenn Experten raten.*

Fragen Sie sich bei jedem der folgenden Vorschläge und Handlungsanweisungen: «Warum sollte ich das tun? Erreiche ich damit mein Bewerberziel einfacher und schneller? Optimiere ich meine Chance auf eine Jobzusage?» Kein Bewerber muss *müssen.* Allerdings *soll* das, was ich konkret empfehle, durchaus funktionieren. Berichten jedenfalls die Nutzer meiner Site und Services.

Gerhard Winkler

Inhaltsverzeichnis

Vorwort 9

Wenn Sie mich fragen 10

An die Arbeit! 13

01 *Worauf es ankommt* 14
02 *Den Ausbildungsabbruch begründen* 15
03 *Oh je, kein Praktikum* 19
04 *Blindbewerbung oder Aldi* 22
Anschreiben Praktikumsplatz 25
05 *Bewerben = verkaufen?* 27
06 *Kreativ bewerben* 30
Anschreiben Volontariat 32
07 *Bearbeitungszeit* 34
08 *Frag nicht nach* 36
09 *Doch anrufen & nachfragen?* 37
Nachfassbrief 38
10 *Aus Absagen lernen* 39
11 *Selbstverkäufer* 41
12 *Betriebsbedingt lavieren* 43
13 *Absage? Im Spiel bleiben!* 47
Antwort auf Absage 48
14 *Quali-Alarm!* 49
15 *Rausschmiss – Arbeitsgericht – Bewerben?* 53
16 *Nicht schon wieder arbeitslos* 56
17 *Keine Berufswahl ohne Berufsbild* 61
18 *Trockenbauer im Web* 63
19 *Berufe selber finden* 65
20 *Keine Vorstellung von gar nichts* 68
21 *Eltern – der schlimmste Fall* 72
22 *Bewerber auf Reisen* 74
23 *Bewerber: In weiter Ferne so nah* 76
24 *Marketing für Jobsucher* 77
25 *Selbstdarstellung im Assessment-Center* 80
26 *Einfach handeln* 84
Anschreiben Wiedereinstieg 86
27 *Zu voreingenommen von sich selber?* 87
28 *Selbst vermarkten!* 90
29 *Spiegeltest für Stellenbewerber* 93

30	*Von den Zeitungsmännern lernen*	95
31	*Treuherzige Stellenanbieter*	97
32	*Gibt es eine neue Form des Deckblatts?*	99
33	*Deckblatt – nein, danke!*	101
34	*Welche Schrift?*	104
35	*Wie schreibt man eigentlich …?*	110
36	*Lebenslauf aus der Hand*	112
37	*Wie chronologisch ist der Lebenslauf?*	115
38	*Foto im Alter*	118
39	*Mitten im Lebenslauf*	121
40	*Was ist eigentlich eine Vita?*	123
41	*EU-Lebenslauf*	125
42	*Ziviler Lebenslauf*	131
43	*Danken Sie Ihren Eltern*	133
44	*Jobsuche für Ungelernte*	137
45	*Wie viel Computer muss sein?*	140
46	*Computer killt Freizeit*	142
47	*Königsweg zum Ausbildungsplatz*	144
48	*Wie malt man Mangas, Meister?*	146
49	*Anrufen oder blind bewerben?*	149
50	*Guter Start für Blindbewerber*	152
51	*Bevor Sie sich blind bewerben*	154
52	*Blind bewerben – bewusst Foto beilegen?*	155
53	*Im Blindflug zum Ziel?*	157
54	*Betrifft: Ihre Bewerbung*	160
55	*Elementares über das Anschreiben*	162
	Anschreiben Jobwechsler	***165***
56	*Anschreiben unnötig?*	167
	Anschreiben Personaler	***169***
57	*Bewerben in der Werbebranche*	170
58	*Man spricht deutsch*	174
59	*Hilfe, schlechtes Arbeitszeugnis*	176
60	*Arbeitszeugnis maximal*	178
61	*Ja zum Zeugnis*	183
62	*Reihenfolge der Zeugnisse*	188
63	*Zeugnis fehlt – Jobinterview droht*	189
64	*Samurai-Regeln für Bewerber*	192
65	*Gesichertes zum Bewerbungsfoto*	195
66	*Bewerbungsmappe: Zu dick? Zu dünn?*	202
67	*In freier Wildbahn*	205
68	*Ich-Annonce*	207

69 *Berufsbegleitend lernen* ... 212
70 *Augen auf und durch* ... 214
71 *Bewerbung per Einschreiben* ... 217
72 *Interviewtauglich* ... 220
73 *Hilfe, Gesprächsrunde!* ... 223
74 *Jung, männlich, passend gekleidet* ... 225
75 *Kamikaze-Bewerber in Absturzklamotten* ... 229
76 *Berufseinsteiger im Jobinterview* ... 232
77 *Dress Code* ... 236
78 *Komm in mein Video* ... 238
79 *Klemmbrett, Ringbuch, Tasche* ... 240
80 *Gehört das Gehalt genannt?* ... 244
81 *Gehaltsverhandlung auf die harte Tour* ... 246
82 *Gehaltsverzicht im Jobpoker* ... 250
83 *Mit Mut in die Gehaltsverhandlung* ... 254
84 *Jobwechsel – was man mitnimmt* ... 257
85 *Zwischen zwei Jobangeboten* ... 259
86 *In der Probezeit wechseln?* ... 261
87 *Was tun im siebten Monat?* ... 265
88 *Rat für Leute in Bochum und sonst wo* ... 268
89 *Nächstes Ziel bitte* ... 271
90 *Testen Sie Tests!* ... 275
91 *Achtung: Test!* ... 278
92 *Bewerbungskosten & wer dafür zahlt* ... 280
Schreiben Auslagenerstattung ... 282
93 *Altersweiser Bewerbungstipp* ... 284
94 *Tipp für Geschäftsgründer* ... 286
95 *Profil und Angebot* ... 289
Anschreiben Sekretärin ... 292
96 *Auf der Startlinie* ... 294
97 *Netzwerke pflegen* ... 298
98 *Erfolg: Winklers Einsichten* ... 301
99 *Freudlose Helfer* ... 302
100 *Die schlimmsten Fehler* ... 306

Anhang ... **309**

Die Weisheit von den vier Schwingen ... 310
20 Goldene Regeln ... 313
Winklers Fragen ... 315
Über den Autor ... 318

Stichwortverzeichnis ... **319**

Vorwort

Wenn Sie mich fragen

Ich bin ein leichtgläubiger Mensch. Fachleuten glaube ich alles. 1984 wurde ich arbeitslos. Meine stärkste Befürchtung war, dass ich als schreibender Bewerber die Norm für Bewerbungen nicht erfülle. Da ich neben einer gut sortierten Stadtbibliothek wohnte und schnell lese, war ich in kurzer Zeit komplett informiert. Ich hatte mich zuvor bereits selbständig in so anspruchsvolle Themen wie Waldsterben, Semiotik, Miniatureisenbahnen, Seehundbabys sowie in die Schriften von Roland Barthes eingearbeitet. Das Thema Bewerben übertraf alles.

Boah, war das dröge. Ich dachte, das müsste so sein. Mich schüttelt es noch heute.

Ich bin ein sehr leichtgläubiger Übererfüller. Dank meines unerschütterlichen Grundvertrauens in die Relevanz des gedruckten Wortes übernahm ich so gut wie alles, was ich in den Handbüchern fand. Mir war damals sehr wichtig, dass kein Personaler über meinem Anschreiben und meinem Lebenslauf den Kopf schütteln und zugleich schmunzeln musste. Erfolgreich bewerben hieß die Regeln erfüllen. Die Ratgeber trugen ihr Bestes bei. Sie erläuterten die Regeln mit der auftrumpfenden Bescheidwisserei des *Eingeweihten.*

Ich schrieb damals nicht gut. An Gestalten war ohne Computerhilfe sowieso nicht zu denken. Nach ein paar ersten Bewerbungsanstrengungen war mir aber klar: Wer dermaßen Stroh bündelt, erreicht höchstens Esel. Ich wollte mir nicht vorstellen, dass Personaler Esel sind. Aber ich konnte mir sehr gut vorstellen, wie freudig überrascht Personaler reagieren, wenn ein Bewerber sie im allgemeinen Floskel-Rauschen mit klarer Stimme anspricht. Und was passiert, wenn seine Rede genau in ihr Herz trifft.

Ich hatte Recht.

Wie es Ben E. King so nett gesagt hat: Das Schicksal war seitdem gut zu mir. Als ich meinen Textreader AN DIE ARBEIT! umarbeitete und die ersten selbstentworfenen Seiten von `jova-nova.com` ins Web stellte, brauchte ich nur aufzusehen um auf Alcatraz und die Golden Gate zu blicken. Manchmal verschwand die Brücke im Nebel. Aber meistens war die Sicht erstaunlich klar.

Ich veröffentliche meinen Rat für Stellensuchende gewöhnlich im Internet. Das ist schnell, billig und ich erreiche viele Bewerber. Die Leute erreichen mich ebenso leicht. Fast alle der hier veröffentlichten Tipps basieren auf Leserfragen.

Wäre mein Berufsleben anders verlaufen, wenn ich damals schon Tipps wie die meinen hätte lesen können? Ich hätte als Bewerber in jedem Fall früher angefangen, an mich selber zu glauben.

Möchten Sie mir noch eine Frage stellen? Oder sich erst einmal einlesen? Besten Erfolg für Ihre nächsten Karriereschritte!

Hang loose.

Gerhard Winkler
gwinkler@jova-nova.com

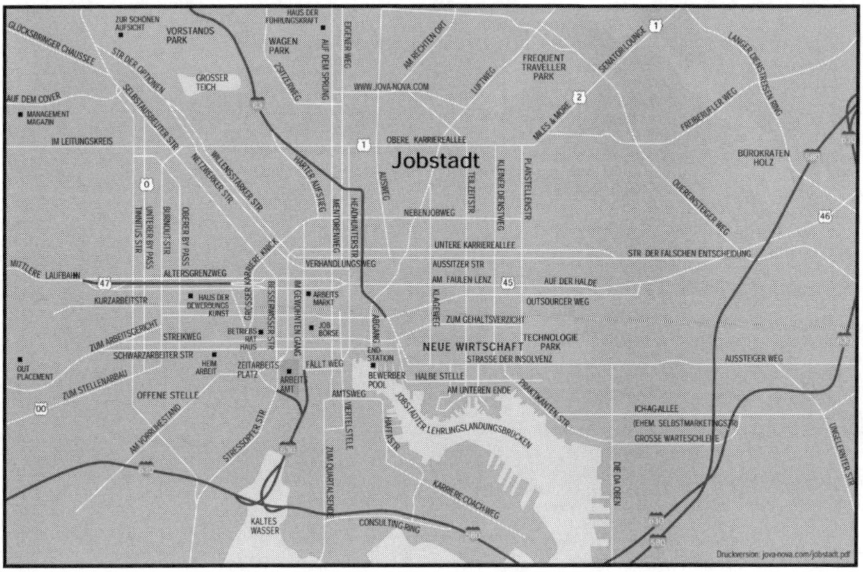

An die Arbeit!

01 Worauf es ankommt

«Ein Tipp jagt den anderen. Worauf kommt's aber beim Bewerben wirklich an? Können Sie denn nicht das Ganze auf den Punkt bringen?»

Auf einen nicht, auf drei Punkte schon. Mein Dreisprung zum Bewerbungserfolg:

1 Sich klar präsentieren
2 Sich selbst positionieren
3 Bloß keinen Zweifel aufkommen lassen

Zu 1: Präsentieren Sie sich klar.
Keiner will sich über Ihre Bewerbung unnütze Gedanken machen. Personaler wollen nicht mehr, als dass Kandidaten ein klares Bild abgeben. Eingeordnet werden Sie auf der Stelle – sobald Sie etikettiert sind, bleibt das Etikett meistens kleben. Personaler sind wie Radioastronomen: Sie suchen den Bewerberhimmel ab, empfangen massig Signale und filtern die stärksten heraus. Aber nur, sofern die Frequenz passt.

Zu 2: Positionieren Sie sich eindeutig.
Es reicht nicht zu wissen, wo man hingehört. Man muss es auch deutlich sagen. Und wenn man keine Idee hat? Auf keinen Fall schreiben: «Wenn Sie eine Möglichkeit sehen, wie ich Ihnen von Nutzen sein kann …». Personaler sind prinzipiell blind. Kluge Bewerber öffnen ihnen die Augen.

Zu 3: Bleiben Sie auf der Linie.
Im Interview werden aus so manchen eindeutigen Favoriten plötzlich zweideutige Gestalten. Warum? Weil sie nicht wissen, was sie wollen. Oder sie machen sich klein. Oder widersprechen sich. Oder haben niedliche Fußangeln mitgebracht, die sie gesprächsweise auslegen und in die sie unweigerlich selber tappen. Dabei hatte man doch gerade in diese Kandidaten so große Erwartungen gesetzt …

Springen Sie nicht im Dreieck. Geben Sie sich nicht desorientiert. Bleiben Sie auf der Ideallinie.

Nebenbei bemerkt

Zwar nicht mein A & O, aber mein 2E2A:

Treten Sie einfach, ehrlich, ansprechend und angemessen auf.

Im Gespräch

Bewerberstatements, so hart wie Leberschmerzen:

«Ob ich das kann? Das habe ich mir so noch nie überlegt!»
«Ich weiß nicht. Wollen Sie jetzt gleich eine Antwort?»
«Das stand doch nicht bereits in der Stellenausschreibung?»
«Ich weiß wirklich nicht, ob mir der Job den langen Anfahrtsweg wert ist.»
«Ich fühle mich da ehrlich gesagt überfordert.»

Bevor Sie weiterlesen

Jeder Bewerber bringt seine eigenen Stolpersteine mit ins Gespräch. Die sind alle mit bestimmten Fragen verbunden. Identifizieren Sie die Fragen, die Ihnen zu schaffen machen und erarbeiten Sie dafür Antworten, die jeden Zweifel ausräumen.

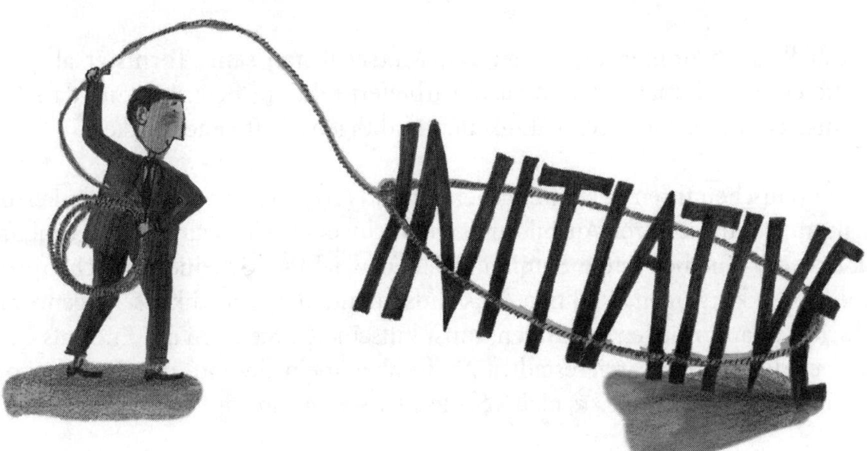

02 Den Ausbildungsabbruch begründen

«Wie verkaufe ich meinen Studienabbruch und stelle diesen im Anschreiben dar? Ich hab schon das gesamte Internet durchforstet und keine Tipps gefunden.»

Karriere ist ein langer Weg durch eine Ihnen unbekannte Metropole. Man kann sich instinktiv an die großen Straßen halten und bis zum Zielpunkt im Strom mitschwimmen. Man kann sich von verwinkelten Straßen zu stillen Plätzen leiten lassen und sein Ziel in der Idylle finden. Man kann sich verlaufen, sich immer mehr abdrängen lassen, bis ein breiter Fluss und zu hohe Hindernisse die Richtung vorgeben und die Wahl einschränken.

Karriere ist nicht nur das Resultat innerer Zielgerichtetheit und Notwendigkeit. Karriere ergibt sich von allein, wenn jeder Weg, den man einschlägt, ungeahnte Perspektiven und attraktive Wege eröffnet. Mit Ihrem ursprünglichen Wechselvorhaben von Hochschule zu FH und mit dem jetzigen Wunsch in den sofortigen beruflichen Einstieg verengen Sie bereits Ihre Möglichkeiten. Tun Sie das im Wissen, dass sich hinter Ihnen mit jedem Berufsjahr sowieso wieder Schranken schließen werden.

Dies gepredigt, kann ich von der Karrierekanzel heruntersteigen und Ihnen informell noch Schlimmeres mitteilen: Die Gelegenheiten, die für Sie nach einem Studienabbruch in Frage kommen, sind nicht so beschaffen, dass man den Ausbildungsstopp noch großartig umdeuten müsste.

Weshalb auch immer, Sie geben den Marschallstab samt Tornister ab und optieren erst einmal für eine Sachbearbeiterfunktion. Beweisen Sie, dass Sie wenigstens diese von Ihren Fähigkeiten und Eigenschaften her packen.

Sie enttäuschen Ihren Bewerbungsberater und erregen den Argwohn von Personalern, wenn Sie Ihrer Ausbildungszeit nicht doch ein paar Pro-Argumente abtrotzen. Gut bewertete Seminararbeiten, wichtige Scheine, Zwischenprüfungen, Exkursionen, Praktika, Auslandsaufenthalte, Sprachkurse: Irgendwas Nachweisbares müssen Sie finden, sonst kutschieren Sie noch am Ende als Cab Driver durch Ihre Karrierestadt. (Worin aber mein Freund, der Besitzer von Millennium Executive Cars nichts Schlechtes sehen kann.)

Im Anschreiben würde ich sehr knapp und ehrlich begründen, warum ich die Ausbildung abbreche. Können Sie's beim besten Willen (so) nicht sagen, dann wählen Sie die Version, die der Wahrheit am nächsten kommt und Sie nicht als inkompetent oder unzuverlässig oder von allen guten Geistern verlassen dastehen lässt.

Und so könnte das aussehen:

«Trotz bestandener Zwischenprüfung und Erwerb der bis jetzt notwendigen Scheine möchte ich meinen Weg ins Berufsleben abkürzen und mich in neuen, praktischen Aufgaben bewähren.»

Oder:
«Veränderungen in meinen persönlichen Lebensumständen bewegen mich jetzt dazu, mein Studium aufzugeben. Ich strebe …»

Oder:
«In meinen Praktika und Freizeitjobs habe ich mich nicht nur bewährt, sondern auch festgestellt, dass ich als Mover & Shaker doch weniger an wissenschaftlichem Arbeiten interessiert bin.»

Mover & Shaker gefällt ihnen nicht? Schreiben Sie handlungsorientierter Macher oder geborener Verkäufer oder handwerklich begabte Person oder geschicktes Organisationstalent …

Und im Lebenslauf:

seit 10/200x	Studium Tüdelfühwissenschaft, Universität Düsseldorf 5/2001: Praktikum bei Kö & Co, Düsseldorf Seminararbeit «Einführung Volkstüdelfüh», Note 2,5

Bewerber live: kontakten, verhandeln, gewinnen

«Vielleicht können Sie für die Anwesenden kurz Ihren Werdegang schildern …»

«… dann habe ich mich für Sport und Latein eingeschrieben. Ich hatte meine Vorstellungen von einem traditionellen, am Leistungsprinzip ausgerichteten Unterricht. Dafür habe ich mich aktiv um Schulpraktika und freiwillige Lehrtätigkeiten bemüht. Ich habe aber festgestellt, dass im vorherrschenden pädagogischen Umfeld meine Konzepte nicht umsetzbar sind. Deshalb zog ich die Konsequenzen.»

«Sie wären also gern Lehrer geworden.»

«O ja. Ich kann prima vermitteln, Lernteams zusammenhalten, ein Ziel vorgeben und eine Mannschaft dorthin führen. Die Schüler in meinen Praktika haben da auch alle mitgezogen. Daran lag es nicht.»

Bevor Sie weiterlesen

Ich kenne einige Leute, die das Falsche bis zum Ende studiert und dann in einem ganz anderen Beruf reüssiert haben. Ich kenne noch mehr Leute, die eine berufliche Ausbildung abgeschlossen und sich darauf hin völlig neu zu erfinden hatten. Es ist wie beim Marathon: Abbrechen – das kriegt man nie mehr aus dem Kopf. Durchhalten – und die ganze schreckliche Zeit ist nichts gegen die Medaille am Ende. Wenn Sie den Umkehrpunkt überschritten haben: weitermachen!

03 Oh je, kein Praktikum

«Mein Problem: Ich habe nie ein Praktikum absolviert! In den letzten beiden Sommerferien arbeitete ich bei einer Firma im kaufmännischen Bereich. Dort habe ich aber meist nur am Computer gesessen und z. B. Excel-Tabellen gebaut. Ich interessiere mich jetzt aber für einen Ausbildungsplatz zur Diplom-Betriebswirtin (BA). Als Schülerin eines Wirtschaftsgymnasiums (12. Klasse) gefällt mir vor allem das Fach VBRW (BWL, VWL und Rechnungswesen). Ich habe schnell gemerkt, dass ich auch beruflich in Richtung Betriebsmanagement gehen möchte. Zudem möchte ich später einmal im Ausland arbeiten. Momentan jobbe ich ab und zu noch in einem kleinen Kino, d. h. ich verkaufe Karten und Süßwaren, mache die Abrechnung, bin fürs Telefon zuständig und auch für die Lieferung. Sollte das im Lebenslauf erwähnt werden? Leider bin ich in keinem Verein und kann keine tollen Aufgaben übernehmen, mit denen ich dann angeben könnte, wie verantwortungsbewusst ich bin und wie gut ich organisieren kann. Irgendwie habe ich das Gefühl, das hört sich jetzt alles viel zu vage und nicht wirklich ausgereift an, obwohl ich sagen muss, dass ein Wirtschaftsstudium am besten zu mir passt. Aber ich kann es eben einfach nicht beweisen. Ich hoffe, Sie können mir vielleicht einen oder mehrere Tipps geben, wie ich das auf die Reihe bringen kann. Sollte ich vielleicht jetzt noch schnell ein Praktikum machen?»

Was Sie schreiben, klingt doch alles schon präzis und ausgereift. Mein Vorschlag für eine clevere Bewerbung: Rufen Sie in der Firma an, in der Sie bereits zweimal gejobbt haben. Sprechen Sie mit dem Chef und bitten Sie ihn um einen detaillierten Tätigkeitsnachweis. Am besten, Sie unterstützen Ihre Bitte, indem Sie ihm sofort per Mail eine Liste Ihrer damaligen Aufgaben sowie die Rahmendaten Ihrer Beschäftigung liefern. Noch besser: Sie formulieren das vor.

Machen Sie dasselbe für Ihren Kino-Job. Lassen Sie sich hier bestätigen, dass Sie selbständig, eigenverantwortlich und gewissenhaft arbeiten, dass Sie stets freundlich sind und intergalaktisch höflich auch gegenüber Besuchern von Star Trek-Matinees. Und natürlich, dass man sich jederzeit uneingeschränkt auf Sie verlassen kann. Übrigens: Dass Sie Excel-Tabellen zu erstellen hatten, beweist, dass man Ihnen überhaupt einmal PC-Arbeit zugetraut hat, dass man Ihnen sogar betriebliche Zahlen anvertraut hat und dass Sie ein vertracktes Programm bedienen und Tortengrafiken erstellen können.

Ihre Ferienjobs sind zwar nicht der Mega-Beweis, dass Sie eine tüchtige Diplom-Betriebswirtin werden, aber sie weisen schon einmal darauf hin, dass Sie alltagstauglich sind und in der Berufswelt überleben. Mal abgesehen davon:

Leute, die mit Fünfzehn oder Achtzehn keine Scheu davor haben, Jobs zu übernehmen und die energisch anpacken, wachsen mit Ihren Jobs und wie von alleine in spätere Führungsaufgaben hinein.

Reden Sie auch mit Ihrem Fachlehrer VBRW und bitten ihn um ein Referenzschreiben. (Oder sprechen Sie einen anderen Lehrer an, der Sie schätzt und der konkret etwas für Ihre berufliche Zukunft tun möchte.) Legen Sie diese Dokumente Ihrer Bewerbung bei. Ihre Ausbildungsabsicht begründen Sie nicht anders als in Ihrem Schreiben an mich: Als Schulfach macht Ihnen die Ökonomie Spaß, und das zahlt sich aus in guten Noten. Einiges an Theorie haben Sie schon im Kopf, die praktische Umsetzung reizt Sie. Sie scheuen sich nicht davor, mit anzupacken, stetig zu arbeiten und zu lernen. Sie möchten möglichst früh ins Ausland um möglichst viel davon zu profitieren. Sie sind davon überzeugt, dass lebendige Business-Gemeinschaften sich längst schon über Landesgrenzen hinweg entwickelt haben und Sie wollen Teil dieser transnationalen Gemeinschaften von Machern und Entscheidern werden. Alle Ihre Jobs notieren Sie monatsgenau im Lebenslauf.

Ob Sie schnell noch ein Praktikum nachschieben sollen, wägen Sie so ab: Ein Praktikum schlägt immer dann den Ferienjob, wenn tatsächlich wirklichkeitsnahe Problemstellungen aus dem angepeilten Beruf bearbeitet werden können. Hat man bereits den ersten Nachmittagsjob, die erste Ferienarbeit hinter sich, dann hat man dort schon alles erfahren, was einem ein reines Schnupperpraktikum lehren kann. Wenn Sie fürs Tabellenschieben und Spaltenfüllen gutes Geld bekommen, machen Sie eben diese Arbeit statt eines gar nicht oder um einiges schlechter bezahlten Praktikums.

Und fast hätte ich es vergessen: Nicht so gute Noten in berufsrelevanten Fächern verweisen darauf, dass Sie vielleicht selbst nicht so talentiert sind. Jede Schule sollte auch eine Schule des Wettbewerbs sein. Tragen Sie als Schüler zu einer konkurrierenden Atmosphäre bei. Fordern Sie Ihre Lehrer.

Nebenbei bemerkt

Das wichtigste Kriterium für Ausbilder ist die Leistungsstärke. Leistungsstärke kann man nicht behaupten. Belegen lässt sie sich durch konkrete Erfolge.

Aus einem Anschreiben

«Kaufmännisches Grundwissen, erste praktische Erfahrungen und ein ermutigendes Feedback meiner Fachlehrer und Vorgesetzten motivieren mich zu meiner Bewerbung. Für eine erfolgreiche Ausbildung an Ihrer Berufsakademie bringe ich insbesondere überdurchschnittliche Leistungen in BWL, Englisch und Deutsch mit …»

Bevor Sie weiterlesen

Richten Sie zwischen Fünfzehn und Achtzehn Ihre Freizeitaktivitäten halbwegs kompatibel zu Ihrem gewünschten Ausbildungsgang ein. Sie reden sich nur in Ausnahmefällen aus dem Freibad direkt an die Werkbank.

04 Blindbewerbung oder Aldi

«Als promovierter Historiker will ich mich an verschiedene Museen wenden. Meine Blindbewerbungen sehe ich als eine Art verzweifelter Versuch, irgendwo eine Anstellung zu finden, um nicht nach Jahren des Studiums bei Aldi Dosen in die Regale räumen zu müssen. Ich weiß jedoch nicht, ob und in welcher Form Blindbewerbungen im akademischen Bereich üblich sind. Würden Sie an meiner Stelle dem Anschreiben einen Lebenslauf und auch Zeugniskopien beilegen? Ist ein gedrucktes Foto statthaft? Ihren Bewerbungsdienst kann ich mir aufgrund meiner fehlenden finanziellen Mittel leider nicht leisten.»

Machen wir uns nichts vor: Im akademischen wie im kulturellen Bereich sind die Geldströme versiegt, die Jobangebote knapp. Bewerber drängen sich um jede offene Stelle wie Serengeti-Anrainer um das letzte Wasserloch.

Eine Initiativbewerbung in diesem Umfeld wäre kurzsichtig. Blindes Agieren in scheinbar desolater Lage endet vor harten Mauern. Wenn Sie sich frei bewerben, dann bieten Sie sich doch als Volontär oder Praktikant an. Das reißt Sie zwar ziemlich sicher nicht aus Ihrer beruflichen Misere. Die Chancen, dass man Ihnen temporär einen halben Schreibtisch plus den Schreibtischstuhl des im Keller verschollenen Pförtners offeriert, sind aber doch nicht gleich Null.

Vielleicht haben Sie ja auch ein Projekt in der Tasche, das Museumsleuten die Tränen in die Augen treibt. Noch besser, Sie könnten bereits auf Projekterfolge verweisen. Oder sich auf Leute vom Fach beziehen, die viel Gutes über Ihren bisherigen Einsatz zu berichten haben: für die freien und entfesselten Künste, für die Wissenschaften und für die Mutter Kultur. Am besten, Sie signalisieren mit einer freien Bewerbung einen konkreten, von keinem Konkurrenten zu toppenden Vorteil. Tun Sie das noch offensiver und plakativer als ein werbender Windelhersteller, denn anders als junge Familien sind Ihre Adressaten nicht von vorne herein an tropfdichten Details interessiert.

Mittlerweile hört man es ja schon in Einführungsveranstaltungen: Im Wissenschafts- und Kulturbetrieb kommt zum beruflichen Erfolg, wer an den Netzwerken der Gewinner mitknüpft. Das sind die wichtigen Leute in ihrem Fachbereich, ihrer Fakultät, Ihrer Uni, Ihrem Fach sowie in den damit verknüpften Institutionen in Europa und in der Welt. Wenn Sie bis zur Promotion Ihre Peer Group noch nicht mit Namensschildern versehen haben, verabschieden Sie sich umgehend aus dem Fach. Sie werden es darin zu nichts bringen.

Zum Erfolg kommt auch, wer unaufhörlich punktet. Mittels Publikationen, Auftritten, Gremienarbeit, Umtriebigkeit. *Ohne Eventpartizipation keine Promotion,* wie schon Tucidus in seinen Berichten vom römischen Campus schrieb.

Ihr Problem ist nicht, ob Sie einem freien Anschreiben einen Lebenslauf und auch Zeugniskopien beilegen sollen. (Die Antwort darauf wäre leicht zu geben: E-Mail plus Lebenslauf als angehängtes Word-Dokument. Das eingescannte und farblich korrigierte Foto wird per virtuellem Klebestift in den tabellarischen Lebenslauf montiert.)

Versuchen wir, Ihre Lage nüchtern zu betrachten: Ihr Problem ist vermutlich, dass Sie kein Ding haben, das Sie unbedingt durchziehen möchten. Oder höre ich da von einer Vision, zu deren Umsetzung Sie ein Museum, eine Einrichtung, eine logistische Basis brauchen? Sind Sie durchdrungen von Ihrer Mission? Falls ja, dann gehen Sie los und überzeugen Sie den budgetverantwortlichen Teil der kulturstiftenden und -bewahrenden Menschheit.

Haben Sie umsetzbares Wissen und ein Bündel an Fertigkeiten, die für den laufenden Betrieb und das erfolgreiche Weiterentwickeln einer Institution nützlich und förderlich sind? – Falls ja, prüfen Sie bitte weiter: Gibt es im Museums- und institutionellen Sektor überhaupt einen lebendigen Stellenmarkt? Oder ist dieser Markt leer und von einer feinen Staubschicht bedeckt? Je weniger Organisationen Personal brauchen (dürfen), desto dreister treten ihre Vertreter gegenüber Stellensuchenden auf, desto unverschämter die Anforderungen und desto unanständiger im Gegenzug die Angebote von Jobsuchern. Bemerkt man, dass sich die Bewerber um einen herum tatsächlich verkaufen, macht man auf dem Absatz kehrt und verlässt umgehend die Geister-Branche.

Was ich Ihnen damit sagen will: Wenn Sie im Dunkeln leuchten, weil Sie auf einem toten Jobmarkt verweilen, dann sind Sie ein toter Fisch. Wenn Sie im Dunkeln leuchten, weil Sie innerlich strahlen, was treiben Sie sich dann auf dieser Endmoräne namens Öffentlicher Dienst herum? Überzeugen Sie Schering.

Prüfen Sie sich, prüfen Sie den Markt, bevor Sie in die Jobsuche investieren. Sollte der Markt erstarrt sein und Sie denken wie ein Entrepreneur, dann mischen Sie ihn eben neu auf. Erfinden Sie ein neues Museum. Tun Sie sich mit ein paar Naturwissenschaftlern zusammen und übertragen Sie das Monterey Bay Aquarium auf die Kieler Bucht.

Ansonsten weichen Sie aus, auf andere Sparten, andere Jobs, andere Tätigkeiten. Gehen Sie dabei immer von dem aus, was Sie haben und können und überlegen Sie, was Sie noch gut und billig an Kompetenzen und Fertigkeiten addieren können. Dafür hilft ein gründliches Durcharbeiten von Jobofferten, die Diskussion mit Leuten aus der Praxis und mit Experten der beruflichen Weiterbildung.

Ohne Investition kein Ertrag. Nach Jahren des Studiums brauchen Sie einen beruflichen Einstieg. Sie brauchen aber auch finanzielle Mittel um in Ihre Bewerbung zu investieren. Das Outfit und ein guter Haarschnitt, das Bewerberfoto, die Office-Ausgaben, Recherche- und Reisekosten gehen ins Geld. Ein tüchtiger Bewerbungsberater nimmt Sie auseinander, baut Sie neu auf und bringt Ihre Selbstpräsentation ruckelfrei zum Laufen. Das wird er nicht umsonst besorgen. (Wenn ich jemandem je umsonst geholfen habe: Erzählen Sie's bitte nicht weiter.) Überlebens- und Investitionsmittel beschaffen Sie sich über Zwischenjobs. Doch nur wenn Sie gänzlich selbstvergessen und verzagt sind, endet Ihre Karriere an einer Dosenpalette bei *Pifflig Leben Und Stänkern.* An den Aldi-Job würden Sie übrigens gar nicht kommen.

Nebenbei bemerkt

Blindbewerbung ist ein Phänomen des außerbetrieblichen Vorschlagswesens. Eine Wendung wie «erlaube ich mir, Ihnen folgenden Vorschlag zu unterbreiten» wirkt im Anschreiben aber nicht höflich, sondern verstörend. Ihre Bewerbung in toto ist der Vorschlag.

Aus einem Anschreiben

Bewerbungen um ein Praktikum liegt oft keine Ausschreibung zugrunde. Es bleibt einem nichts anderes übrig, als den Schwerpunkt auf seine eigene Situation und seine Absichten zu legen:

«Sehr geehrte …

mein Studium der Internationalen Betriebswirtschaft in Gaché-sur-Seine und Bornheim werde ich Ende 200x mit einem Doppeldiplom abschließen. Marketing, insbesondere Kommunikationspolitik habe ich in meinem Hauptstudium zu meinem Thema gemacht. Im Rahmen eines Schwerpunkts Entrepreneuriat (Unternehmensgründung) simuliere ich derzeit in einem Zweierteam die Gründung einer Unternehmensberatung für Krisen- und Risikomanagement.

In der Organisation von Projekten und Events habe ich bereits erste praktische Erfahrungen gesammelt. In Bornheim rief ich die Veranstaltungsreihe Digital Marketing ins Leben. Das Projekt konzipierte ich eigenständig und leitete ein kleines Team bis zur erfolgreichen Realisierung. Diese selbständige und verantwortungsvolle Arbeit fand die Würdigung meiner Kommilitonen und Ausbilder. Eine Projekt- und Verlaufsbeschreibung finden Sie im Internet unter www.digi-markt.org.

Ich weise überdurchschnittlich gute IT-Kenntnisse auf, bin mit den MS Office-Applikationen vertraut und kommuniziere fließend in den wichtigen Verkehrssprachen Französisch und Englisch.

Für mein bevorstehendes Praktikum wünsche ich mir ein leistungsorientiertes Team in einer innovativen und auf den Markt ausgerichteten Unternehmensberatung. Deshalb bewerbe ich mich bei Ihnen. Optimal für meine Studienplanung wäre dafür der Zeitraum von April bis September 200x.

Dass ich von Profil und Persönlichkeit her sehr gut in Ihre Organisation passe, möchte ich Ihnen nicht nur schreiben, sondern gern im Gespräch beweisen. Ich freue mich über Ihren Terminvorschlag!»

Bevor Sie weiterlesen

Frage an einen arbeitsuchenden Historiker:

Sie würden mit einer Greencard und $ 2.000 in die USA einreisen. Sie wären in Ihrer Jobsuche vollkommen frei. (In den USA könnten Sie zum Beispiel sofort Ihr Glück als Friseur versuchen.) Was würden Sie anstellen, um dort Ihren Lebensunterhalt zu verdienen?

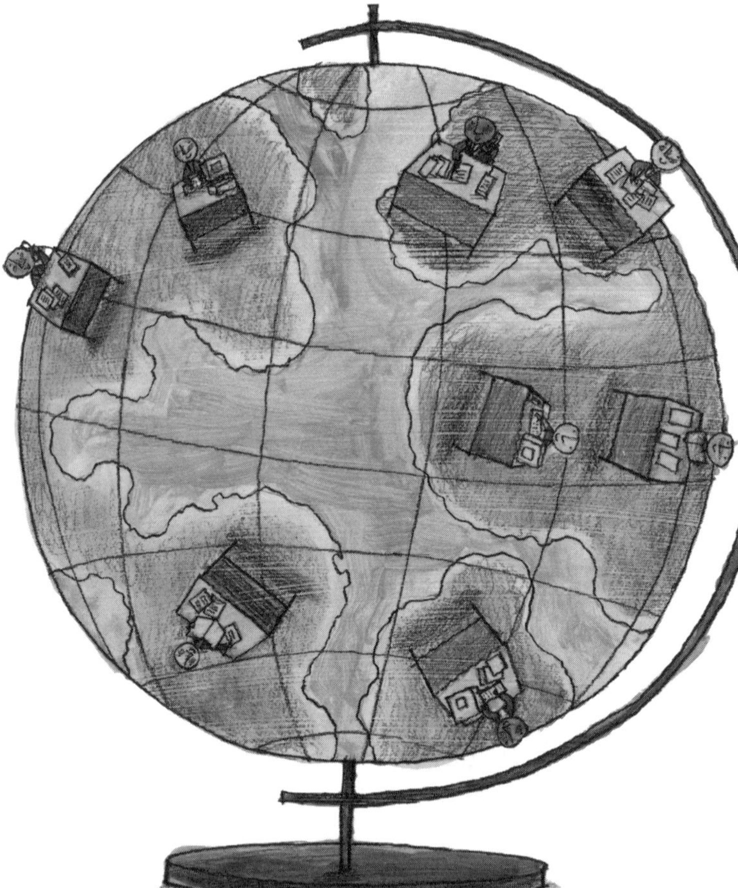

Liegt das nahe Liegende außer Reichweite, dann schauen Sie hoch in die Sterne.

Es gibt doch keinen Ort in Deutschland, der nicht so geschichtsträchtig wäre, als dass ein geschäftiger junger Historiker nicht ein lohnendes Projekt daraus entwickeln könnte. Machen Sie das Beste aus Ihrer Lokalkenntnis und Kenntnis der Lokalmächte. Lokalisieren Sie Geldgeber. Legen Sie los.

05 Bewerben = verkaufen?

Edith Nebel arbeitet offline als Texterin in einer Agentur. Online ist sie eine viel gefragte Ansprechpartnerin in der Community einer Jobbörse. Meine fröhliche Entwarnung: Sie müssen sich nicht verkaufen!, findet ihre Kritik. Edith schreibt:

«Schwierigkeiten habe ich, wie vermutlich andere Leser aus den Sparten Werbung – Vertrieb – Marketing, mit Ihrer Warnung, dass man sich nicht verkaufen solle. Ich zucke jedes Mal zusammen, wenn ich in Ihren Tipps lese, dass Sich-gut-Verkaufen etwas Schlechtes ist. Wir verstehen darunter berufsbedingt, dass man seine Vorzüge in vorteilhaftem Licht darstellt, seine Einzigartigkeit betont und der Firma aufzeigt, was sie davon hat, speziell uns einzustellen. Da gehen wir genau so vor wie beim Anpreisen unserer Waren und Dienstleistungen. Und das ist es ja auch: Wir bieten unsere Arbeitskraft auf dem Markt an und wollen Geld dafür.

Ich sehe das Vorstellungsgespräch als ein Verkaufsgespräch: Der Arbeitgeber hat ein Problem, eine unbesetzte Stelle, und ich habe eine Dienstleistung anzubieten, die dieses Problem lösen kann. Und jetzt geht das Verhandeln los. Ich will, dass der Kunde bei mir kauft und nicht bei der Konkurrenz. Also muss ich ihn von meinem Angebot überzeugen. Er will so wenig wie möglich zahlen, und ich so teuer wie möglich verkaufen. Und in der Mitte einigen wir uns.»

Edith sucht nach dem treffenden Bild, das alle Vorgänge auf dem Stellenmarkt blitzlichthaft ausleuchtet. Da sich die Abläufe und Beziehungen so gleichen, drückt *verkaufen* doch eigentlich ganz gut aus, was zwischen Jobanbieter und Arbeitanbieter passiert. An schönen Bildern hat es Bewerbern aber noch nie gemangelt: Zu Großvaters Zeit hieß es «Schlag dich tapfer», Lehrer aus der Woodstock-Generation empfehlen «Bring dich voll ein», und ein angehender Pflaumenpflücker in Bühl denkt selbstgewiss «Ich steck sie alle in die Tasche».

Ich finde die Idee sich zu verkaufen nicht so gut. Man kann sich vorstellen, sich präsentieren, sich annähern, sich abstimmen, sich einigen. Sich verkaufen liegt jedoch verdammt nahe an *sich selbst verkaufen.* Und mit Verlaub, ich möchte mit niemandem verkehren, der ernsthaft annimmt, dass er sich im Berufsleben verkaufen muss. *Du musst dich verkaufen*, tönen die Marktschreier, die eine bloße Metapher für eine tiefe Erkenntnis halten. *Ich muss mich verkaufen*, fürchten arme Seelen, die unter die Seelenverkäufer gefallen sind.

Verkäuferverhalten als Rollenmodell für Bewerber? Die wenigen erinnernswerten Verkäufer in meinem langen Konsumentenleben waren weniger Verkäufer als Berater und Problemlöser.

Ich finde es ist höchste Zeit, dass sich Bewerber wie Bewerbungsratgeber von falschen Ideen frei machen.

- **Falsches Konzept Nr. 1:**
  Die eigenen Vorzüge vorteilhaft präsentieren.
  Modellieren Sie sich als Bewerber doch eher nach den Vorstellungen des Stellenanbieters. Der hat ein konkretes Bild vom idealen Kandidaten. Machen Sie es lebendig. Bewerber, die auf sich selbst verweisen, präsentieren stolz Vorzüge, die der Anbieter nicht braucht. Bewerber, die Ihr Profil in Deckung mit den Anbieterwünschen bringen, liegen dagegen nie falsch. In der Regel reicht es, dem Bild des Personalers zu entsprechen. Jobanbietern, die nicht wissen was sie wollen, erklärt man behutsam, was sie brauchen. Starke Bewerber setzen auf die Ideen des Personalers noch eins drauf. *Er denkt, er weiß wie ein Regionalleiter aussieht. Ich zeige ihm, was einen erfolgreichen Regionalleiter ausmacht.*

- **Falsches Konzept Nr. 2:**
  Seine Einzigartigkeit betonen.
  Gut, dass wir einzigartig sind. Sonst hätten wir nach Feierabend stets die größten Probleme, uns im Parkhaus des Lebens wieder zu finden. Als Stellenanbieter interessiert mich Einzigartigkeit aber nicht die Bohne. Einen Personaler bewegt: Wer vereinigt das Maximum an Tauglichkeit? Wer passt am besten rein?

- **Falsches Konzept Nr. 3:**
  Der Stellenanbieter will so wenig wie möglich zahlen.
  Ebenso wahr ist, dass der Jobsucher so wenig wie möglich arbeiten will. – Oh, das darf man nicht einfach so generalisieren? Genau! Ich bin davon überzeugt, dass Arbeitgeber dazu tendieren, angemessen zu vergüten und dass der springende Punkt einer Jobverhandlung in der Regel nicht die Gehaltsfindung ist.

Jetzt sind Sie aber neugierig. Sie möchten sofort erfahren, worum es beim Zusammentreffen von Jobanbieter und Jobsucher im Kern geht. Ich verrate Ihnen gern meine Sicht der Dinge:

Jedes Bewerbungsgespräch kreist für beide Parteien um die unausgesprochene Frage, ob es die Probleme vergrößert oder beseitigt, wenn man sich einlässt und sich bindet.

Hinter der saloppen Aufforderung «Verkauf dich gut!» stehen eigentlich mehrere Wünsche: Zeig, dass du die Anforderungen verstehst. Gib die richtigen

Antworten darauf. Mach deine Position klar. Mach deutlich, worauf es dir ankommt. Nutz dein Verhandlungsgeschick, um zwischen Wunsch und Realität den besten Kompromiss zu bestimmen. Nimm dabei keinen Schaden. Komm zu einer Einigung. Schließ ein Bündnis.

Verkaufen ist da keine gute Klammer. Beim Bewerbungsgespräch lässt man sich auf weit mehr ein, als nur Arbeitskraft und Services zu verkaufen. Es geht nie nur um den Job, es geht immer auch um Selbstverständnis, Akzeptanz, Integration und Lebensplanung. Jobfindung ist immer auch Identität stiftend und existenziell. Und darum zielt der Begriff «Sich verkaufen» so sehr ins Leere. Nur wenn Sie im Lauf eines Arbeitslebens vergessen, dass Sie ausgezogen sind um Allianzen zu schließen und um Abenteuer zu bestehen, kommen Sie auf diesen Gedanken.

Nebenbei bemerkt

Ich bin davon überzeugt, dass Unternehmen, in denen Idioten bevorzugt Heuchler einstellen, am Markt wie an der inneren Hohlheit ihrer Organisation scheitern. Warum sich dann bei dummen Menschen anbiedernd bewerben? Um mit ihnen früher oder später unterzugehen?

Bewerber live: kontakten, verhandeln, gewinnen

Aufforderung während eines Jobinterviews:

«Angenommen, wir erfüllen annähernd Ihre Gehaltsvorstellung und legen sogar noch ein kostenloses Jobticket mit drauf. Was könnten wir von Ihnen dafür erwarten?»

«Ich würde Ihnen innerhalb von 48 Stunden Bescheid geben, ob ich Ihr Angebot annehme. Und falls ja, dann würden Sie einen Mitarbeiter bekommen, der genau das spezielle Fachwissen mitbringt, das Ihr Team so dringend braucht.»

Bevor Sie weiterlesen

Selbstvermarktung auf dem Jobmarkt heißt nicht, sich verkaufen. Sich präsentieren bedeutet nicht, sich verkaufen. Wenn Sie die Erfahrung gemacht haben, dass Sie sich auf dem Jobmarkt entäußern mussten: Welchen Teil von sich haben Sie hergegeben? Unwiderruflich? Zu welchem Preis?

06 Kreativ bewerben

«Bei vielen Stellenausschreibungen wird Kreativität und Ideenreichtum gefordert. Wenn ich nun eine außergewöhnliche Bewerbung schreibe, z. B. in Form eines Berichts von einem Detektiv oder sonst irgendwie …?»

«Nicht schon wieder», murmelte Dayton Präsent schmallippig wie ein schlechtgelaunter Kanzlerkandidat. «Nicht noch eine Kreativbewerbung». Er schüttelte leicht den mit Glanzfragezeichen beklebten Umschlag. Die trostlosen Teile eines selbst fabrizierten Puzzles fielen auf die transluzente Tastatur.

«Schnickschnack», befand Mr. Präsent, hob das Keyboard leicht an und ließ die Schnipsel in den Papierkorb rieseln.

Die Praktikantin bückte sich eilfertig, klaubte verstreute Papierteilchen auf und las laut: «als Ihre neue Bibliothe» – «te ich effizi» – «Aha.»

«Aha steht da auch?», fragte Mr. Präsent gelangweilt.

«Aha sagte ich», sagte Pamela. «Oha», fuhr sie fort und wies auf das Fenster. Direkt davor schwebte ein roter Ballon, groß wie ein Kindskopf. Daran klebte ein Briefchen.

Mr. Präsent fingerte nach einer Büroklammer, bog sie auf, richtete sich auf, öffnete das Fenster, angelte nach seiner Beute. Wumm. «Ende einer Initiativbewerbung», murmelte Dayton Präsent und überließ Briefchen samt seidenem Faden den freien Lüften.

Es klopfte an der Tür. «Nicht herein!», rief Mr. Präsent. So schwungvoll wie impertinent stürzte ein livrierter Pizzaboy in das Office, strahlte begeistert die Praktikantin an und knallte zugleich den feuchtwarmen Karton auf Mr. Präsents raminholzversteiften Designer-Schreibtisch. «Mahlzeit! Bereits bezahlt! Und tschüß!»

«Das haben wir aber nicht bestellt», rief Pamela. Der Lieferant tat, als ob er nicht hörte und schlüpfte flink durch die Tür.

«Lesen Sie vor», ordnete Mr. Präsent an. «Was ist? Nun öffnen Sie doch die Box und schauen Sie rein!»

Prompt klappte die Praktikantin die Pizzaschachtel auf. «Aha», sagte sie wieder. «Was diesen Bewerbern alles so einfällt. Ein Flyer. Ich lese vor: Nicht auf die Verpackung kommt es an, sondern auf den Inhalt. Kosten Sie doch selbst aus, was alles in mir steckt ...» Pamela brach ab, legte die Pizzaschachtel auf den Boden und trampelte sie energisch flach.

«Kreativbewerbungen wollen rühren, amüsieren, überraschen, kalt erwischen», dozierte Mr. Präsent ungerührt. «An den drögen Konkurrenten vorbeiziehen soll, so die Idee, wer am schrillsten schreit, am buntesten bittet, am frechsten fragt und sich selbst wie von allen guten Geistern vergessen vermarktet.»

«Mir kommt es vor, als ob sich Bewerber damit eher verstellen als vorstellen», mutmaßte Pamela.

«An Vorstellungsvermögen fehlt's den Kreativbewerbern in jeder Hinsicht: Sie wollen nicht einsehen, dass Personaler kaum jemanden auswählen, der genial aus dem Rahmen fällt, sondern genau den, der am besten in ihr Suchraster passt.»

«Kreativbewerber tun aber so, als seien sie einzigartig. Dabei sollte doch jeder Jobsucher nach Vergleichbarkeit streben. Nur im Bezug auf die Mitbewerber treten die eigenen Bewerbervorteile hervor und leuchten.»

«Klar gedacht!», rief Mr. Präsent. «Und was soll ein cleverer Bewerber folglich tun?»

Pamela überlegte nicht lang: «Erstens: recherchieren, was die Firma wirklich will. Zweitens: präsentieren, was er selber ist und kann. Sofern es weit gehend passt. Und dann noch: klar wissen und benennen, was beide Seiten davon haben.»

«Und warum haben Sie dann meine Frau überredet, dass sie mir Ihre Bewerbung auf Kassette in den Walkman schob? Zwei Runden lang musste ich mir Ihr Gequake anhören», erwiderte Mr. Präsent.

«Meine Präsentation hat doch bloß 5 Minuten gedauert. Der ganze Rest vom Band bestand aus Ihrer Lieblingsmusik.»

«Zu Ihrem Glück», rief Mr. Präsent. «Sonst hätte ich Sie sicher nicht eingestellt.»

Nebenbei bemerkt

Zum Thema Kreativbewerbung finden Sie Beispiele und Berichte auf `jovanova.com`.

Aus einem Anschreiben

Volontariat in einer Zeitschrift für PC-Games: Der Joystick flattert, wenn man an den kreativen Spielraum denkt, der sich einem da auftut. Ich riet dem Bewerber dennoch zu einem konventionellen Anschreiben.

> *«Sehr geehrte …*
>
> *Spaß am Spielen haben fast alle. Mit PC-Technik kennt sich fast jeder aus. Was mich von meinen Mitbewerbern um Ihre Volontärsstelle unterscheidet: Mich interessieren die Stories der Entwickler und Vermarkter, die konzeptionelle Entwicklung des Genres, der Branchentalk und das gesamte PC-Games-Geschäft.*
>
> *Meine Sicherheit im Umgang mit PC-Hardware und Netzwerken kam mir bereits während meiner Zivildienstzeit in der EDV-Abteilung eines Krankenhauses zugute. Mit Dienstleistungen rund um den PC, nicht zuletzt der Entwicklung von Webauftritten, verdiene ich mir studienbegleitend ein Zubrot.*
>
> *Mein derzeitiges Studium der Betriebswirtschaft verschafft mir Fachwissen auch im Bereich der Wirtschaftsinformatik. Ich habe dabei*

außerdem Informationsrecherche und selbständiges Arbeiten gelernt. Dass nicht das Kaufmännische, sondern Kommunikation und Medien meine eigentlichen Interessensschwerpunkte sind, motiviert mich dazu, meine Ausbildungsrichtung neu zu bestimmen und mich neu zu positionieren.

Ich bin mit allen Office-Tools bestens vertraut, verfüge über ein praxiserprobtes Englisch, schreibe schnell, formuliere spielerisch und spiele gern. Und ich besitze einen guten Überblick über die Geschichte der PC-Spiele im Konnex mit der Hardwareentwicklung.

Darf ich mich Ihnen persönlich vorstellen? Ich würde Sie gern von meiner Lernfähigkeit und meiner Eignung für den Redaktionsalltag überzeugen. Aufgrund meines hohen Interesses an einer Ausbildung in Ihrem Haus wäre ich in Sachen Vergütung kompromissbereit. Auf Ihren Anruf oder Ihre Mail freue ich mich ganz besonders.

Mit freundlichen Grüßen

P. S.: Strategiespiele, Wirtschafts- und Aufbausimulationen – in diesen Genres bin ich wissensmäßig schwer zu schlagen …

Bevor Sie weiterlesen

Ich denke, dass Bewerbungen funktionieren, wenn sie direkt, massiv und einfach sind. *Funktionieren* bedeutet, dass man zum Gespräch eingeladen wird. *Direkt* bedeutet, dass man sofort zur Sache kommt. Ein Deckblatt ist zum Beispiel das Gegenteil von Direktheit. Im Anschreiben von der ersten bis zur vierten Zeile herumdrucksen funktioniert auch nicht: Hinter dem Nebel der Indirektheit lauert der Abgrund der Absage. *Massiv* bedeutet, dass man seine Argumente bündelt und en bloc abwirft. Das gewichtigste Pro-Argument zuerst. *Einfach* bedeutet, dass man sich das Leben zum Vorbild nimmt. Das Leben ist einfach. (Es ist in keinem Fall so kompliziert, dass wir Funktionäre brauchen, die es für uns regeln.) Und wenn Ihr Bewerberleben echt kompliziert ist, dann will man sich als Personaler auch nicht damit befassen.

Kreative Ideen funktionieren, wenn sie einfach, pfiffig, kostengünstig und nicht sehr aufwendig zu produzieren sind. Das Kreative an ihnen ist, dass sie auf eine unübliche Weise erzwingen, ein Bewerberanliegen wahrzunehmen. Ich kann mich nur wiederholen: Wenn Sie wollen, dass Ihnen jemand Gehör schenkt, dann sprechen Sie ihn direkt an. Oder schicken Sie jemanden vor, dem er gewöhnlich zuhört und dessen Expertise er vertraut.

07 Bearbeitungszeit

«Wie lange dauert es im Durchschnitt, bis eine Bewerbung beantwortet wird?»

Der übliche Ablauf nach Schalten einer Anzeige: Vierzehn Tage wartet ein Personaler den Bewerbungseingang ab, sichtet unter Umständen schon die ersten Mappen und lädt vielleicht sogar schon ein. Nach vierzehn Tagen werden alle Unterlagen systematisch ausgewertet und die Kandidaten informiert. Absagen gehen dann, wenn es im Personalbüro gut läuft, innerhalb weiterer vierzehn Tage heraus. Frühestens vier bis sechs Wochen nach Erscheinen des Stellenangebots landet im Regelfall eine Absage im Briefkasten.

Und wenn man schon nach einer knappen Woche seine Mappe wiedersieht? – Das ist meist die Folge einer Bewerber-BggA (Blindheit gegenüber den genannten Anforderungen).

Nebenbei bemerkt

Schriftliches Bewerben ist wie Angeln: Verwenden Sie eine einzige Rute, wenn der Fisch, den Sie fangen wollen, Ihre ganze Aufmerksamkeit verlangt. Legen Sie mehrere Ruten aus, um Ihre Chancen zu vergrößern. Machen Sie nicht den Fehler und glauben, Sie könnten sich dann wieder hinsetzen, ausruhen und dösen. Angler dösen nicht. Sie beobachten. Und analysieren. Und ändern bei Bedarf ihre Strategie.

Bewerber live: kontakten, verhandeln, gewinnen

«Dwarf Mutant Genetics, Kohn.»

«Hallo, Frau Kohn. Mein Name ist Koppernock. Ich hatte heute schon einmal angerufen. Ich habe vor vier Wochen meine Bewerbung eingeschickt und seitdem nichts mehr gehört.»

«Ja leider, Herr Koppernock, ich kann Ihnen da echt nicht helfen.»

«Liebe Frau Kohn, heute Morgen hieß es noch, Sie wären für die Personalauswahl zuständig.»

«Um was für eine Stelle ist das damals gegangen?»

«Um einen Praktikumsplatz.»

«Tut mir Leid, wir haben gerade dermaßen viel um die Ohren …»

«Wissen Sie was, Frau Kohn, ich komme einfach kurz vorbei und stelle mich Ihnen vor. Sie schenken mir 10 Minuten und wir klären ab, wie ich Ihr Office entlasten kann.»

Bevor Sie weiterlesen

Wir stammen vielleicht von Wandervölkern ab, aber seitdem unsere Vorfahren am Rhein bei Scherzheim stoppten, hängen wir gern Zeit unseres Lebens in ein und derselben Ansiedlung herum. Dennoch: Recherchieren Sie nach Organisationen, für die Sie arbeiten könnten und zwar an den verschiedensten Orten der Welt. Das Web liefert Ihnen alle notwendigen Informationen. Die einzigen Leute, deren Mailadresse Sie garantiert nicht per Webrecherche identifizieren können, sind Verlagslektoren und diese eine Kommilitonin, der Sie letzten Sommer einen Murakami ausgeliehen haben. (Die einen wollen nicht, dass man ihnen Lektüre schickt, die andere liest noch.) Ansonsten finden Sie im Web selbst den Dachdecker in Berkeley, der einen fleißigen Praktikanten nehmen würde. Sprechen Sie Unternehmen auch in Upsala oder Singapore telefonisch oder per Mail an. Sie überwinden damit vielleicht zwei *Große Deutsche Karriereverhüter*: Angst vor dem Wechsel und Unlust zu kontakten.

08 Frag nicht nach

«Viele Firmen haben sich überhaupt noch nicht auf meine Bewerbung gemeldet. Sollte man tatsächlich nachfragen, ob man Chancen auf den Job hat, wie man sich im Vergleich zu den Mitbewerbern geschlagen hat und ob überhaupt Interesse an der Bewerbung besteht?»

Fragen Sie nach – aber wirklich nur dann, wenn der Bewerbung bereits ein echter Kontakt (z. B. per Fon oder Mail) vorausgegangen war. Erkundigen Sie sich auf nette und höfliche Weise nach einer angemessenen Frist von mindestens sieben Werktagen. Halten Sie ansonsten still. Für den Empfänger ist das zügige Bearbeiten Ihrer Bewerbung weder Service noch Pflicht. Sie haben ein Angebot gemacht – ob, wann und wie man darauf eingeht, entscheiden nicht Sie.

Nebenbei bemerkt

Vor allem Verkäufer und Vertriebskanonen fassen gern nach und legen binnen 24 Stunden nach dem Gespräch noch ein Schreiben drauf. Aufbau: *ich bin ja so angetan …* plus: *vergessen Sie bitte nicht, dass ich …* plus: *und dann ist mir noch eingefallen, dass …* Lassen Sie das, wenn Sie nicht unbedingt Ihr Talent zum Hard Selling beweisen müssen. Machen Sie das, wenn Sie tatsächlich ein wichtiges Pro-Argument unterschlagen hatten.

Bewerber live: kontakten, verhandeln, gewinnen

«Kesslaer Kunst Werke, Klöppel.»

«Hallo, Herr Klöppel. Mein Name ist Hörwarth. Sie erinnern sich, ich hatte mich vergangenen Dienstag bei ihnen vorgestellt.»

«… Herr Hörwarth, was kann ich für Sie tun?»

«Ich hatte mich ja um die Stelle als Kunstschlosser beworben und hatte den Eindruck, dass Sie eigentlich rasch zu einer Entscheidung kommen wollten. Jetzt würde mich doch interessieren, ob Sie zwischenzeitlich umdisponiert haben.»

Bevor Sie weiterlesen

Arbeiten Sie alle von Ihnen beantworteten Stellenangebote noch einmal durch. Was wurde jeweils verlangt, das Sie nicht erfüllen konnten? Zu welchen Punkten fiel Ihnen nichts ein? Woran liegt das? Können Sie ein gemeinsames Profil aller Jobofferten zusammenstellen? Auf `jova-nova.com` finden Sie Arbeitsblätter zur Selbst- und Stellenanalyse. Und natürlich das Arbeitsblatt für Unzufriedene.

09 Doch anrufen & nachfragen?

«Sie raten kategorisch davon ab, bei Stellenanbietern nach Einsenden der Unterlagen nachzufassen. Ich möchte aber unbedingt auf mich hinweisen. Ich passe so gut auf die Stelle.»

Müssen Sie aus guten Gründen dennoch nachfragen? Wollen Sie das Risiko eingehen, dass man Ihre Unterlagen genervt von Stapel A nach Stapel B verschiebt? Dann machen Sie das wenigstens entschlossen und mutig. Schreiben Sie eine Mail nach der Art des Hauskontakters. Ein Hauskontakter ist wie Ihr Hausarzt eine Person, der man sich anvertraut. Mein Hauskontakter Frohmut Menze empfiehlt, 3 x täglich das Ansprechen zu üben. Zum Beispiel so:

«Sehr geehrter ...,

Sie haben keine Zeit, meine Bewerbung zu prüfen?

Dann brauchen Sie mich, damit ich Ihnen die Arbeit abnehme, die Sie daran hindert, meine Bewerbung zu bearbeiten: Ich bin 27 Jahre alt, habe an meinem jetzigen ungekündigten Arbeitsplatz den Geschäftsführer wirkungsvoll entlastet und möchte meine Erfahrungen gern bei Ihnen weiter vervollkommnen.

Mehr dazu finden Sie in meinen Bewerbungsunterlagen in dem großen Stapel links auf Ihrem Schreibtisch.

Mit freundlichen Grüßen aus Lichtenau
Frohmut Menze»

Genial nachlegen heißt nicht unbedingt, optimal ankommen. Legen Sie Ihre Botschaft deshalb erst einer Vertrauensperson vor. (Eine Vertrauensperson ist ein Mitmensch, an dessen Verstand Sie nicht zweifeln und von dessen Wohlwollen Sie ausgehen.) Malt das Schreiben dem Leser bloß harte Falten auf die Stirn? Schüttelt er den Kopf? Oder hellt sich die Miene des Testlesers auf? Meist muss man noch weiter am Text arbeiten, Formulierungen abschwächen oder verstärken und die Argumente besser herausarbeiten oder geschickter arrangieren. Dafür gibt's sogar eine Regel:

Formuliere einen Gedanken so lange um, bis du ihn selber verstehst.

Nebenbei bemerkt

Wer nachfragt, ist bereits bekannt. Jetzt ist die Gelegenheit für kreatives Handeln. Schicken Sie dem Gesprächspartner eine Trumpf-Ass-Spielkarte, in der Sie Namen, angestrebte Position und Telefonnummer eingebaut haben.

Bevor Sie weiterlesen

Schreiben Sie mir eine Mail (*gwinkler@jova-nova.com*) und begründen Sie darin in drei Sätzen, warum man Sie einstellen soll.

10 Aus Absagen lernen

«Mein Kollege meint: Wer Absagen nie analysiert, dürfte auch beim nächsten Anlauf an seiner Bewerbung scheitern. Außer guten Worten finde ich aber nichts in den vielen Absagen, die ich erhalte. Bin ich so blind?»

Vielleicht kann Ihr Kollege ja zwischen den Allgemeinplätzen lesen. Häufen sich die Absagen, dann analysieren Sie mal besser Ihre eigenen Bewerbungsschreiben plus die Stellenangebote, auf die sie sich beziehen. Man muss nicht drum herum reden: Bewerber scheitern, weil sie im Anschreiben nicht bringen, was in der Anzeige verlangt wird. Stimmt eigentlich alles und Sie kommen dennoch nicht an, dann wird's Zeit, über alternative Bewerbungswege nachzudenken.

Eine Absage nach einem beflügelnden Jobinterview muss erst einmal verdaut werden. Nach zwei Tagen ruft man dann an. Nicht um zu klagen oder zu nörgeln oder doch noch irgendwie das Blatt zu wenden. Sondern um sich darüber aufklären zu lassen, warum die Verhandlungen gescheitert sind. Spitzen Sie die Ohren. Von Personalern lernen heißt, siegen lernen.

Nebenbei bemerkt

Werfen Sie Absagen nicht in den Müll, sondern heften Sie die Schreiben ab. Die Zeiten sind schlecht und bewerben muss man sich vielleicht noch häufiger, als man befürchtet. Da ist es sinnvoll, nachschlagen zu können, ob Sie bereits vor zwei Jahren am selben Personaler gescheitert sind.

Bewerber live: kontakten, verhandeln, gewinnen

«Klotz Kanalreinigung, Klotz.»

«Guten Abend, Herr Klotz. Mein Name ist Paul, ich war einer Ihrer Kandidaten für die Stelle als Kanaltaucher. Herr Klotz, ich bin dabei, die Qualität meiner Performance zu verbessern und würde Ihnen gern zwei, drei Fragen stellen. Hätten Sie zwei Minuten Zeit für mich?»

«... Ja, Herr Paul, wenn Sie es kurz machen!»

«Was müsste ich Ihrer Ansicht nach noch unbedingt mitbringen, wenn ich mich für die gleiche Stelle erfolgreich bewerben wollte?»

Psychische Folgen der Langzeitarbeitslosigkeit

Absagen, Arbeits- und Aufgabenentzug attackieren Ihr Selbstwertgefühl schnell und brutal. Wie gut ist da eine weitere, verlässliche Quelle der Anerkennung, aus der sich Ihr Ego speist. Nichts hilft besser als eine gemeinsame Sache, die Sie mit anderen betreiben. Raus aus der Wohnung: Engagieren Sie sich! Schlüpfen Sie nicht bei den wehklagenden Loosern und den gemütlichen Leistungsbeziehern unter. Wer nie auf die Idee kommt, sich selber zu helfen, kommt auch sonst auf keine Idee.

Der erste Schritt zur Selbsthilfe: aufhören, die Arbeitslosigkeit gegenüber anderen zu begründen oder irgend jemand dafür eine Art Schuld zuzuweisen. Sie sind jetzt ohne bezahlte Arbeit. Sie sind vielleicht schon seit einiger Zeit ohne bezahlte Arbeit. Was Sie an Ihrem Zustand tatsächlich quält ist, dass die Leute Sie für eine Flasche halten könnten.

Ja, und? Sehr viele Leute überfällt tatsächlich eine spontane mitleidlose Reaktion auf Missgeschicke anderer: Wie konntest du nur ausrutschen und fallen? Wie konntest du nur ohne zu schauen in die Kreuzung einfahren? Wie konnte dir nur gekündigt werden? Gehen Sie nicht darauf ein. Es ist nicht wichtig. Es kommt absolut nicht darauf an auszukosten, welche Empfindungen Ihre Arbeitslosigkeit in Ihnen oder welche unwillkürlichen Reaktionen sie in Ihren Mitmenschen auslöst. Es sind ganz ohne Zweifel unschöne Empfindungen. Es ist leider nur so wie mit Halsweh: Immer wenn Sie sich öffnen und von Ihrer besonders kratzigen Angina sprechen wollen, winken die anderen ab, geben Ihnen ein Schwyzer Zuckerchräuterli und krächzen: Kenn ich, bei mir war's noch schlimmer.

Nehmen Sie's, wie's ist: Die Chancen, dass Sie allein mit Fleiß, Leistung, Lernbereitschaft, Cleverness und Tüchtigkeit ein ganzes Berufsleben lang ohne Bruch oder Krise sich selbst, ihren Partner und die gemeinsamen Kinder mit Ihrer Hände oder Ihres Kopfes Arbeit ernähren werden, die sind nicht sehr hoch. Fleiß, Leistung, Lernbereitschaft, Cleverness und Tüchtigkeit und das von Winkler geforderte stets sonnige Lächeln reichen nicht aus. Sie brauchen dazu auch Glück. Über dreißig, vierzig Jahre hinweg. Das Glück hat heute keinen langen Atem mehr. Dafür ändern sich die Paradigmen zu schnell.

Lassen Sie sich von jemand beschäftigen, der Sie dafür zahlt. Oder beschäftigen Sie sich mit etwas, das Geld einbringt. Und wenn das nicht klappen will?

Da gibt es für Sie diese Möglichkeiten: Entweder Sie schalten ab, lassen Ihre Seele baumeln und lassen es sich für ein paar Tage gut gehen. Das zu tun ist Ihr gutes Recht. Oder Sie reißen sich alle sechs Käferbeinchen aus, um doch irgendwo irgendeine bezahlte Arbeit zu finden. Das ist Ihre verdammte Pflicht. Oder Sie beschäftigen sich mit etwas, das zwar nicht bezahlt wird, Sie aber in Ihrer eigenen Entwicklung weiterbringt beziehungsweise bewirkt, dass die Erde ein besserer Platz für uns alle wird. Dazu möchte ich Sie ausdrücklich ermutigen. Schenken Sie der Menschheit ein Werk oder halten Sie wenigstens ehrenamtlich den Friedberger Platz sauber.

Dennoch: Job hat Vorrang. Leben Sie nicht zu lange auf Kosten der Allgemeinheit.

11 Selbstverkäufer

«Wie verkaufe ich mich richtig?»

Da sind die verschiedensten Gegenfragen möglich. Suchen Sie sich die heraus, die Sie am besten verkraften:

- Kommen Sie sich nicht längst schon verraten und verkauft vor?
- Eigentlich wollten Sie doch fragen: Wie präsentiere ich mich am besten?

- Wie definiert man in Ihrer Familie den Begriff Selbstwert?
- Wieso möchten Sie sich selbst unbedingt loswerden?
- Kann man etwas falsch verkaufen?

Leute, die Ihnen predigen, Sie müssten sich verkaufen, möchten Ihnen bloß etwas andrehen. Finden Sie stattdessen in aller Ruhe heraus, wer Sie sind. Was Sie prima können und was nicht. Wo Sie erfolgreich waren. Was Sie geleistet haben. Machen Sie sich dann die Erwartungen, Prioritäten und Rahmenbedingungen zu Eigen, die das Handeln Ihres Gesprächspartners bestimmen. Gehen Sie in das Gespräch im Wissen, dass man von Ihnen Problemlösungen erwartet, nicht dass Sie neue schaffen.

Sie führen jedoch kein Verkaufsgespräch, sondern Sie verhandeln über eine Allianz. Ist es sinnvoll und Erfolg versprechend, sich zusammen zu tun? Darüber stimmen Sie sich ab. Ihre Rolle hat ein Skript, lässt Ihnen aber auch viel Platz zum Improvisieren. Memorieren Sie Ihre Stichworte, verpassen Sie nicht den Einsatz. Nur Mut! Sie machen's schon richtig!

Nebenbei bemerkt

Die Frage wie man sich denn richtig verkauft signalisiert vor allem Unsicherheit. Verhandlungsführung und Körpersprache sind wichtige Themen für unerfahrene Bewerber – leider auch grandiose Geschäftsanlässe für die modernen Seelenverkäufer. Recherchieren Sie nach Informationen in `google.de`, aber verfallen Sie nicht dem nächst besten Coach, NLP-Trainer oder Managementberater. Was die Ihnen wortreich erklären, kommt nicht an den Rat Ihrer Mutter: *Hände aus dem Gesicht, wenn du redest. Unterbrich nicht den anderen. Grüße, wenn Du einen Raum betrittst. Halte dich aufrecht.* Und so fort.

Bewerber live: kontakten, verhandeln, gewinnen

Trainieren Sie vor dem Vorstellungstermin noch einmal diese «Ich-weiß-du-kannst-es-schaffen»-Fragen:

«Auf welche Ihrer Leistungen sind Sie ganz besonders stolz?»
«Auf welche Ihrer Stärken können Sie sich getrost verlassen?»
«Welches bislang brachliegende Potenzial wollen Sie künftig realisieren?»
«Was muss an der neuen Arbeitsstelle unbedingt anders sein als bisher?»
«Was können Sie zu Gedeih und Erfolg der neuen Firma beitragen?»

Bevor Sie weiterlesen

Simulieren Sie ein Bewerbungsgespräch vor laufender Videokamera. Zur Auswertung brauchen Sie keinen Coach, sondern nur einen wachen Blick, einen zweiten aufmerksamen Zuschauer und das entsprechende Arbeitsblatt auf `jova-nova.com`.

12 Betriebsbedingt lavieren

«Ich habe eine Frage, auf die ich bisher weder im Internet noch in diversen Bewerbungsratgebern in Papierform eine Antwort gefunden habe: Ende September wurde mir – aufgrund der schlechten Auftragslage – betriebsbedingt zum 31.12. gekündigt. Wie gehe ich nun in Bewerbungsanschreiben und Lebenslauf mit dieser Tatsache um? Erwähne ich sie oder gehe ich nicht darauf ein und erläutere die Situation später im Vorstellungsgespräch?»

Betriebsbedingte Kündigungen sind ein gutes Beispiel für das Saure-Apfel-Dilemma. Eigentlich neigt man dazu, sich Entscheidungsspielräume zu bewahren: Muss ich da reinbeißen? Oder kann ich so tun, als ob es den Apfel nicht gibt?

Händigt man Ihnen die schriftliche Kündigung aus, bleibt Ihnen nur der saure Apfel.

Der alte Job ist tot. Versuchen Sie nicht, ihn wiederzubeleben. Verschieben Sie alle noch unerledigte Arbeit in die Ablage und verlegen sich darauf, den Ausstieg zum neuen Einstieg zu schaffen. Ihre eigene Existenzsicherung hat spätestens jetzt Prioritätsstufe eins.

Oder stellt Ihre Personalabteilung noch die Fallobstkörbe zusammen? Worauf warten Sie? Weg von hier. Gehen Sie früh. Verhandeln Sie sich heraus, bevor der Betriebsrat einen Sozialplan aushandelt. Lassen Sie die Büroklammern liegen. In der neuen Firma hat's schönere.

Loyalität und Engagement sind gut und wichtig, aber machen Sie sich nichts vor: Sobald Sie ein deutliches Schwarz am Ende des Tunnels sehen, brauchen Sie nicht noch so weit gehen, bis Sie auch noch mit der Nase draufstoßen.

Nehmen wir an, Sie treue Seele sind den ganzen Weg aber doch gegangen. Schließlich konnten Sie Ihren Chef nicht enttäuschen. Oder Sie wollten das tolle Team nicht im Stich lassen. Jetzt ist Schluss mit Endzeitstimmung in der Firma. Es ist schon nach der Endzeit. Und Sie haben immer noch keinen neuen Job. Haben Sie wenigstens einen guten Bewerbungsberater?

Solange Sie nicht tatsächlich arbeitslos sind, müssen Sie Ihre Kündigung weder im Anschreiben noch im Lebenslauf thematisieren. Im Interview wägen Sie dann ab, ob Sie einfach bei der Wahrheit bleiben:

«Die allgemeine Branchenmisere hat jetzt auch die MMW erwischt. Bei den Mosbacher Mostwerken wird radikal eingespart. Wegen meiner kurzen Betriebszugehörigkeit gehöre ich zu denen, die unabhängig von ihren guten Leistungen gehen müssen.»

Oder Sie deuten die Wahrheit dezent an:

«Die allgemeine Branchenmisere hat jetzt auch die MMW erwischt. Ich denke, dass man Bereiche, die nicht zum Kerngeschäft gehören, einsparen wird. Das Streuobstmarketing würde sicher dazu gehören.»

Im Zweifel entscheiden Sie sich immer für die Wahrheit.

Fall 2: Sie haben rasch gehandelt, sich aktiv beworben, es hat sich aber innerhalb der Kündigungsfrist nichts getan. Jetzt sind Sie arbeitslos.

Verweisen Sie im Anschreiben getrost darauf, dass Sie auch kurzfristig anfangen könnten. Im Lebenslauf notieren Sie

7/200x – 12/200x	Verkäuferin, Bäckerei Günthersburg, Kesslar Leitung Filiale Habsburger Straße Personaleinteilung, Verkauf, Aufbacken, Kasse betriebsbedingte Kündigung

Warum die Kündigung erwähnen? Weil sie Fakt ist. Weil sie nichts über Sie persönlich aussagt. Weil sich daraus nichts Negatives ableiten lässt.

Haben Sie das Firmenschiffchen mit auf die Sandbank gesteuert, üben Sie Ihre schuldbereinigte Version der Geschichte für das Vorstellungsgespräch solange ein, bis Sie sich selber glauben.

Hatten sich Kapitän und Mannschaft gegen Sie verschworen und Sie kurzerhand über Bord gehievt, dann halten Sie im Interview die Klappe. Während eines Vorstellungsgesprächs bieten sich Ihnen bestürzend viele Gelegenheiten, um Trauer, Wut und Empörung über Ihre letzten Stellenkriege zu bekunden. Tun Sie das, wenn Sie beim Stellenanbieter als Fliegender Holländer ankommen wollen. Ein Fliegender Holländer taucht kurz auf, gibt ein Interview und löst namenloses Entsetzen aus.

Auch wenn Sie selbst felsenfest davon überzeugt sind, deuten Sie nicht an, dass Sie den ersten und hauptsächlichen Zweck eines Unternehmens darin sehen, Sie zu versorgen und Ihnen Jobsicherheit zu verschaffen.

Gerade wenn die Aussage «Ich bin derzeit arbeitslos» im Kontrast zu Ihrer offensichtlichen Qualifikation, Ihrem Talent und Ihrem sympathischen Auftreten steht, kann sie den Gesprächspartner dazu bringen, sich mit ihnen zu solidarisieren. Wenn Sie nicht der dynamischste Bewerber sind, formulieren Sie vielleicht diplomatischer: «Ich bin zur Zeit nicht vertraglich gebunden.» Arbeitslos steht auch nicht auf dem Plakat, das Sie dem Personaler mit bitterer Miene entgegenstrecken. Wenn schon plakativ, dann lautet die freundliche Botschaft: KLAR, Kompetenz – Leistung – Auftreten – Realitätssinn.

Der Hinweis «Ich bin arbeitslos» wird zum Verdammungsurteil, wenn der Zuhörer seufzend ergänzen möchte: «Kein Wunder.»

Handhaben Sie die Allianzen mit Arbeitgebern und die Trennungen von ihnen pragmatisch. Jobwechsel sind nicht unmoralisch. Jobverlust hat manchmal auch Gutes: Gerade den hoch Engagierten gibt er für eine kurze Weile ein bisschen Lebenszeit zurück. Manche suchen den unkündbaren Arbeitsplatz. Das hat was für sich, aber es hat auch einen leichten Geschmack nach saurem Apfel. Manchen scheinen sich ständig neue Jobgelegenheiten und interessante Kontakte zu eröffnen. Was für ein Typ Sie auch sind: Eine betriebsbedingte Kündigung darf Sie auf keinen Fall kalt erwischen.

Nebenbei bemerkt

Eine Firma, die Ihnen kündigt, kündigt eine Allianz auf. So etwas ist irreparabel. Mit Hilfe des Betriebsrats und des Arbeitsgerichts tut man zwar konventionellerweise so, als ob man eine Fortsetzung des Arbeitsverhältnisses anstrebt. In Wirklichkeit geht es um den maximalen finanziellen Vorteil aus dem erzwungenen Ausstieg. Manche Leute wollen sich allen Ernstes wieder in eine Arbeitsbeziehung zurückklagen. Wie regeln die eigentlich ihre Partnerbeziehungen? Die beste Strategie: den Ausstieg verhandeln, bevor die Kündigung tatsächlich ausgesprochen wird. Das heißt in dieser Schlussphase Ihres betrieblichen Engagements: untadeliges Verhalten am Arbeitsplatz; sich keinesfalls krankschreiben lassen; Klappe halten gegenüber Kollegen und Betriebsrat; ein Maximum an arbeitsrechtlichen Informationen besorgen; über die Abfindung knochentrocken verhandeln. Die Trennung ist wie der Einstieg ein Deal. Wenn Sie sich gut allein in einen Job hinein vermarktet haben, dann vermarkten Sie sich auch prima allein wieder hinaus.

Bewerber live: kontakten, verhandeln, gewinnen

«Und Sie sind derzeit bei der Saaltau AG angestellt?»

«Nun ja, seit meiner Bewerbung, genauer gesagt, letzten Freitag habe ich meine betriebsbedingte Kündigung erhalten.»

«Wie unangenehm für Sie.»

«Ach, das war meine erste Stelle nach der Ausbildung. Es war sowieso Zeit zu wechseln.»

Bevor Sie weiterlesen

Was Sie brauchen, wenn Sie wechseln, ist ein Arbeitszeugnis. Skizzieren Sie eines, auch wenn Ihr Job so zukunftssicher ist wie das Versprechen eines Finanzministers und Kündigung oder Entlassung einfach undenkbar sind. Sollten Sie ein Zwischen- oder Arbeitszeugnis benötigen, können Sie für Ihren Chef die Vorlage rasch aus ihrer Schublade zaubern. Sie analysieren mit dieser Aufgabe zugleich Ihren Job – wichtig zur Positionsbestimmung und für die Karriereplanung.

13 Absage? Im Spiel bleiben!

«Die letzte Absage hat mich wirklich aus der Bahn geworfen. Dabei ist das Gespräch so gut gelaufen. Muss ich denn mein Bewerberverhalten völlig umkrempeln?»

Sie gehen guten Muts aus dem Jobinterview, wenige Tage später liegt aber doch eine Absage im Kasten. Das Bedauern des Personalers scheint echt zu sein.

Jetzt nicht blindlings toben oder mit hängenden Schultern allein im Regen spazieren gehen, sondern innehalten und kurz rekapitulieren: Welche wichtigen Pro-Argumente waren Ihnen leider nicht eingefallen? Zu welcher Information, auf die Sie im Eifer des Gesprächs nicht reagiert haben, fällt Ihnen im Nachhinein noch etwas Kluges ein? – Schreiben Sie's mit der Hand, tüten Sie's ein, schicken Sie's ab.

Das Muster einer freundlichen Antwort auf einen Absagebrief könnte so aussehen:

«Sehr geehrte Frau Moll,

schade, dass es mit uns nicht geklappt hat. Ich danke für die Rücksendung der Unterlagen.

Der angebotene Arbeitsbereich entsprach meinen Erwartungen genau. Ich hätte die Stelle als Vertriebsleiterin daher gern ausgefüllt und ausgebaut. Auch die persönliche Atmosphäre bei unserer Besprechung hat mir außerordentlich gut gefallen. Ich wünsche Ihnen für den geplanten Börsengang den besten Erfolg!

Darf ich Sie bitten, dieses Schreiben und meinen aufgefrischten Lebenslauf zu Ihren Unterlagen zu nehmen? Möglicherweise haben wir in absehbarer Zeit doch noch Gelegenheit, miteinander ins Geschäft zu kommen. Wenn sich Ihr Unternehmen weiter so rasant entwickelt, benötigen Sie sicher jemanden mit meinen speziellen Qualifikationen in Tele-Sales.

Herzlichen Gruß,
Petra M. Heinrich»

Nebenbei bemerkt

Investieren Sie nie Gefühl und nur in begründeten Fällen Zeit in nicht realisierte Job-Gelegenheiten.

Bewerber live: kontakten, verhandeln, gewinnen

«Butzner AG, Küpper.»

«Hallo, Herr Küpper. Danke für Ihre nette Absage.»

«Ach, Sie sind's, Frau Klingenburg. Hallo. Ja, das tut mir wirklich leid.»

«Herr Küpper, ich wollte Ihnen nur sagen, behalten Sie meine Unterlagen. Vielleicht wird die Stelle ja doch noch eingerichtet.»

Bevor Sie weiterlesen

Wenn eine Absage weh tut, waren Sie dicht dran. Wenn es Absagen regnet, machen Sie was falsch. Mailen Sie mir und schicken Sie mir Ihren Lebenslauf und das letzte Anschreiben.

14 Quali-Alarm!

„Ich arbeite seit zehn Jahren in meinem speziellen Bereich der Anwendungsentwicklung und Betreuung. Dem Unternehmen, bei dem ich beschäftigt bin, geht es schon seit einiger Zeit wirtschaftlich nicht besonders gut. Ich denke deshalb intensiv darüber nach, meinen Job zu wechseln. Allerdings gibt der Stellenmarkt in meiner besonderen Sparte nicht mehr viel her. Ich möchte auch in Zukunft mithalten können und auf modernen Systemen mit den besten Programmiersprachen Anwendungen entwickeln. Wie soll ich das aber am besten angehen?“

Typischer Fall von Qualifikationsalarm. Die Warnsignale überhören viele wackere Berufstätige, die sich voll und ganz auf ihren Job konzentrieren. Noch mehr Leute verpassen, was die Stunde schlägt, weil sie es sich gerade in ihrem Job so schön gemütlich eingerichtet haben. Doch die Zeiten ändern sich schneller als wir uns mit ihnen.

Ihre Befürchtung: Ihr Qualifikationsprofil deckt die heutigen Jobanforderungen ähnlich ab wie ein altes Reifenprofil die Anforderungen der StVO – nämlich gar nicht gut. Sie könnten das ignorieren, Ihr Profil per Übergangsregelung für karrieretauglich erklären oder erst einmal versuchen zu verstehen, was abläuft. Tun Sie letzteres. Und zwar so:

Zeit zum Rascheln, Schneiden, Schreiben

Halten Sie sich den nächsten verregneten Sonntagnachmittag frei. Sie werden ihn brauchen. Plündern Sie zunächst den lokalen Bahnhofskiosk. Besorgen Sie sich die Samstags- und Sonntagsausgaben der FAZ, WAZ, der Süddeutschen Zeitung, der rheinländischen Monopolpost und aller sonstigen verfügbaren überregionalen Tageszeitungen. Schneiden Sie sämtliche Stellenanzeigen aus, die für Sie gerade nicht mehr beziehungsweise leider nicht mehr in Frage kommen. Recherchieren Sie sodann online in den wichtigen Jobbörsen nach Angeboten. In einem dritten Schritt gleichen Sie die Online-Infos über Ihr Berufsfeld ab. Dazu googeln Sie Begriffspaare wie «Anforderungsprofil Anwendungsentwickler», «Perspektiven Anwendungsentwickler» oder «Voraussetzungen Anwendungsentwickler». Drucken Sie sich die Infos aus. Lassen Sie, solange Sie am Computer sitzen, nicht die Katze allein auf all den Zeitungsstapeln im Wohnzimmer zurück.

Notieren Sie am Ende sämtliche von den Stellenanbietern verlangten Stärken, die Sie selbst nicht drauf haben. Erstellen Sie eine Rangliste der in Ihrer Sparte geforderten und von Ihnen derzeit nicht erfüllbaren Anforderungen. Ihre Listentitel könnten so aussehen:

Werkzeug, Fähigkeit – für Position, Aufgabe – wie oft verlangt? – Relevanz für den Job – Art des Stellenanbieters

Ihr erstes Ziel war es, auf dem Jobmarkt die aktuellen Verhältnisse und Tendenzen für Ihr Tätigkeitsfeld zu erfassen. Bravo! Sie haben das geschafft – selbstständig, selbstmotiviert und selbstredend ohne bei der Seitenschau im Feuilleton oder bei den Herzblatt-Geschichten hängen zu bleiben. Also genau so, wie wir Zeigefinger-Zeiger unter den Karriereberatern es gern sehen.

Ihr Ergebnis:

Sie haben nur Stellenofferten gefunden, die ziemlich genau auf Ihr Profil passen. – Gut für Sie, gut für Ihre Arbeit und gut für alle, bei denen Sie sich bewerben.

Sie haben kaum Angebote gefunden, auf die Ihre Suchkriterien passen. – Das kann viele Gründe haben. Doch nur einer davon wäre o.k.: Falls Firmen es aufgegeben haben, per Inserat nach so qualifizierten Top-Leuten, wie Sie einer sind, zu suchen. Ansonsten: rot blinkender Quali-Alarm!

Hätten Sie heute Ihre FAZ gelesen, wüssten Sie jetzt, ob die etwas Ähnliches verkündet hat wie: Kein Diskurs über Märkte ohne Rekurs auf die Teilnehmer. Mit anderen Worten: Verlieren Sie sich nicht selbst, Ihre Ziele und Möglichkeiten aus den Augen. Deshalb:

Mut zur Selbstauskunft

Stellen Sie sich den folgenden Fragen. Formulieren Sie dazu immer auch schriftlich eine Antwort aus. Belügen Sie sich nicht selbst, reden Sie Klartext. Sprechen Sie über diese Themen auch mit Ihrem Partner, mit Ihrem besten Kollegen, vielleicht sogar mit Ihrem Vorgesetzten während einer Mitarbeiterevaluation. Wenn Sie sonst keinen interessierten Zuhörer haben, schreiben Sie Ihrem Bewerbungshelfer.

Selbstanalyse

Meine Arbeitsblätter für Wechselwillige und Unzufriedene auf `jova-nova.com` seien ja ganz prima, klagen meine Site-Besucher. Doch wann kommt das Arbeitsblatt für Überarbeitete? – Eines nach dem anderen. Zunächst Ihre Positionsbestimmung:

- Wie bewerten Sie Ihr künftiges berufliches Überleben, wenn Sie nichts für Ihre Weiterbildung tun?
- Was können Jobeinsteiger in Ihrer Sparte, was Ihnen fehlt?
- Sehen Sie Ihren derzeitigen Arbeitsplatz bereits als massiv gefährdet?
- Wie viel Zeit bleibt Ihnen, um sich fachlich fit zu machen?
- Geht es eigentlich nur darum, sich in neue Tools für Ihren Job einzuarbeiten?
- Müssten Sie grundlegende Kenntnisse oder Fertigkeiten nachholen?
- Brauchen Sie im Grunde noch Ausbildungsnachweise und Abschlüsse, deren Fehlen vielleicht sogar ein jahrelanges Karrierehemmnis war?
- Müssen Sie sich neu positionieren? Oder ganz neu erfinden?

- Haben Sie in Ihrer derzeitigen Funktion das Ihnen maximal Mögliche erreicht?
- Sehen Sie Ihr Berufsleben als einen einzigen Weg? Als eine Folge von Ausflügen? Als etwas Gleichförmiges? Kommen Sie jetzt nicht mehr weiter?
- Was könnte Ihr Arbeitgeber zu Ihrer fachlichen Weiterentwicklung beitragen? Entwerfen Sie dazu Ihre argumentationsstarke Rede!
- Wie könnte Ihr Partner/Ihre Familie Ihre Lernanstrengung unterstützen? Notieren Sie dazu Ihre Befürchtungen – Ideen – Wünsche!
- Was wissen Sie über die Bildungsanbieter auf dem Markt?
- Worin unterscheiden sich die verschiedenen Weiterbildungsangebote?
- Decken sich die Schulungsinhalte mit den Anforderungen des Markts?
- Zählen Sie auf, was Sie einrichten oder ändern müssten, um Lernaktivitäten in Ihren Alltag zu integrieren!
- Warum würde ein Personaler Sie bevorzugt einstellen, wenn Sie die anvisierten Kurse absolviert und die Lernziele erreicht hätten?
- In welche Richtungen könnten Sie noch gehen?
- Skizzieren Sie ein kurzes Selbstporträt: Ihr bisheriger Weg, Ihr Standort, und die für Sie möglichen und gewünschten neuen Destinationen.

Nebenbei bemerkt

Nach der Idee, dass man immer gerade jetzt auf dem Gipfel seines Schaffens steht, könnten Sie sich doch auch nach neuen, fernen Gipfeln umschauen. Dafür, dass wir uns alle eher als Herdentiere sehen, brechen erstaunlich viele Menschen aus ihrem vorgezeichneten Berufsweg aus und peilen den Kurs neu und selbständig an.

Bewerber live: kontakten, verhandeln, gewinnen

Um Online-Foren und Fachportale scharen sich immer User vom Fach. Dort können Sie sich unter einem *nom de guerre* anmelden und viele Fragen stellen, die man Kollegen im persönlichen Gespräch schlecht stellen kann. Eine gute Foren-Identität für einen Anwendungsentwickler wäre *San-José-Star*. Oder auch *Certified.Expert*. Ein nicht so guter wäre *Schlingensief*.

Bevor Sie weiterlesen

Wenn Sie Bewerberpost mailen, entscheiden Sie sich für einen Klarnamen: **Vorname.Nachname@Mailprovider.de**. Nutzen Sie nie die T-Online-Vorgaben wie *587000000GrrzBzzl@t-online.de*. Seien Sie nie geistreich. An witzigen Identitäten wie *jack.dvdripper@mail.de* oder Fan *frodo456@mittelerde.de* kriegt man hundert Stück für ein Euro fünfzig. Ihre Adresse, das sind Sie.

15 Rausschmiss – Arbeitsgericht – Bewerben

«Mir wurde als Buchhalter fristlos gekündigt, weil ich mich weigerte, einen Aufhebungsvertrag zu unterschreiben. Deshalb habe ich ein Gerichtsverfahren angestrengt, aber ich bewerbe mich in der Zwischenzeit dennoch eifrig. Schon zweimal lief im Jobinterview alles bestens – bis zu dem Moment, an dem meine ungeklärte Lage zur Sprache kam. Was soll ich im nächsten Vorstellungsgespräch erzählen?»

Das Problem liegt auf der Hand: Man wird keinen Buchhalter einstellen, dem der vorherige Arbeitgeber nicht einen Unbedenklichkeitsnachweis mitgegeben hat. In schwarzer Times auf weißem Firmenpapier muss da zu lesen sein: unfehlbare Korrektheit, unerschütterliche Ehrlichkeit, striktes Denken in Zahlen oder was immer Sie auszeichnet.

Ohne Zeugnis geht es kaum. Wenn man lautere Bewerber an ihrem ehrlichen Blick erkennen könnte, würden Personaler vor guter Laune pfeifen und Sonnenbrillen hätten allzeit Konjunktur. Bewerbern sieht man aber nicht ins Herz. Für das Verhandeln um eine Vertrauensstellung brauchen Sie vertrauensbildende Referenzen.

Nun gilt zwar immer noch die Regel, dass man als Werktätiger ein qualifizierendes Arbeitszeugnis erfragt, solange der Arbeitgeber auf Fragen eingeht. Und einfordert, sofern die Gegenseite sich als störrisch erweist. Und sich erstreitet, falls die andere Seite ihre Pflichten verkennt.

Im Falle einer angefochtenen Kündigung wäre ein Arbeitgeber jedoch schlecht beraten, wenn er nicht im Arbeits- oder Zwischenzeugnis seine Sicht der Dinge festhalten würde: In einer solchen Konfliktkonstellation fallen Zeugnisse deshalb schlecht aus, weil man als Arbeitgeber seine Chancen vor Gericht nicht noch durch positive Statements verschlechtern wird.

Wie sollen Arbeitnehmer handeln, damit sie im schlammigen Vorfeld eines Arbeitsgerichtsverfahrens einen halbwegs sicheren Stand haben?

1. Machen Sie Ihre Bewertung sturmsicher.
Sobald Sie am Horizont dunkle Wolken ausmachen, die in Ihre Richtung wandern, ist es höchste Zeit, sich ein Zwischenzeugnis ausstellen zu lassen. Dass dieses Papier, wenn Sie es Wochen oder Monate später einem Stellenanbieter vorlegen, nicht mehr unbedingt dem idealen Stand der aktuellen Dinge entspricht, muss niemand wissen.

2. Gehen Sie zurück und holen Sie sich ein Zeugnis.
Man hat Sie vor die Tür gesetzt und Sie erkennen das nicht an. Davon unabhängig besteht für Sie der Zwang, sich Leistung und Verhalten auf eine zutreffende und angemessene Weise bestätigen zu lassen. Versuchen Sie es. Wenn Sie das nicht selbst besorgen können, schicken Sie Ihren Rechtsanwalt vor. Vielleicht ist dem Arbeitgeber doch am meisten daran gelegen, dass Sie schnell zu einem neuen Job kommen. Und auch das zweitbeste Arbeitszeugnis ist im Bewerbungsfall besser als keines.

3. Sie sind nicht gekündigt.
Kein Arbeitszeugnis in der Hand und auch in nächster Zeit keines in Aussicht? Sie können sich als Buchhalter ohne aktuelle Referenz nur aus einer ungekündigten Stellung heraus bewerben. Dann sind Sie eben ungekündigt. Das zu behaupten kann Ihnen nicht schwer fallen, denn Sie zweifeln die Berechtigung

der Kündigung sowieso an. Hoffen Sie, dass während der Verhandlungen nicht Ihr letzter Arbeitgeber kontaktiert wird.

4. Sie haben kein Problem.
Egal, wie man als Arbeitnehmer handelt, es geht weniger darum, vor der Welt oder dem Arbeitsgericht Recht zu bekommen, als darum, den Schaden für die eigene Karriere zu minimieren.

Hatte Ihr Boss einen triftigen Grund, sich umgehend von Ihnen zu trennen und kann dies – zumindest auf längere Sicht – nicht verheimlicht werden, dann bekennen Sie sich klar und offen zu Ihrem Fehlverhalten. Reuige Sünder haben überzeugendere Gesichter als verstockte Lügner.

Nebenbei bemerkt

Ein kostenloser Arbeitszeugnisgenerator auf `jova-nova.com` sammelt und ordnet Ihre Daten.

Bewerber live: kontakten, verhandeln, gewinnen

Im Gespräch mit Ihrer alten Religionslehrerin bringen Sie sich selbst unter keinen Umständen in einen Konnex mit *außerehelich, Geschlecht & Verkehr*. Im Gespräch mit dem Personaler streifen Sie noch nicht einmal versehentlich an Gesprächsminen wie *ungeklärt, Recht & Streit*. Üben Sie vorher solange, bis Sie sich gekonnt verrenken und unter keinen Umständen verraten. Wappnen Sie sich zugleich dagegen, keine Anstellung zu finden, bis ihr letztes Arbeitsverhältnis endgültig und formal einwandfrei beendet ist.

Bevor Sie weiterlesen

Solange Sie im Clinch mit dem Ex-Arbeitgeber liegen, greift Plan S. Das heißt für Sie: Survival durch viel Sport, systematisch betriebenem Spannungsabbau, intaktes Sozialleben, verstärkte Selbstmotivation und aktive Schadensbegrenzung. Legen Sie sich ein striktes Alkoholverbot auf. Die Gefahr, dass man unverschuldete Arbeitslosigkeit für ein tiefes Loch hält, das man mit Schnaps auffüllt, ist wirklich groß. Härten Sie sich mit Kaurismäki-Filmen ab.

16 Nicht schon wieder arbeitslos

«In meinem Lebenslauf sind hier und da Phasen der Arbeitslosigkeit eingesprenkelt. Lassen sich diese hässlichen Flecken irgendwie entfernen? Oder wenigstens zudecken?»

Natürlich dürften wir alle niemals arbeitslos sein, aber irgendwie sind wir's halt doch. Unser schuldbewusstes Ego wertet Beschäftigungslosigkeit als moralischen Makel und Arbeitslosigkeit als fatales Zeichen. Moralische Bedenken? Machen Sie sich nicht ins Hemd. Noch nicht einmal mehr in Unterfranken gilt Arbeitslosigkeit als Quittung für Fehlverhalten oder gar als wohlverdiente Strafe. Jobverlust trifft die Leitbüffel ebenso wie die fleißigen Ameisen und die grauen Mäuse.

Bedenken Sie aber, dass es immer Sie selbst sind, der einen Lebensabschnitt mit Bedeutung unterlegt. Mit anderen Worten: Sie sind nicht nur verantwortlich für Ihr Tun. Sie steuern auch, wie man es bewertet. Wie man Phasen der Arbeitslosigkeit verstehen soll, das geben erst einmal Sie und niemand anders vor.

Ein Stellenanbieter braucht triftige und hinreichende Gründe für seine Personalentscheidung. So oder so: Er wird eine Entscheidung treffen, die sein Geschäft beeinflusst. Vielleicht hatten Sie selbst schon Arbeit zu vergeben und wollten eine Putzhilfe oder eine Tagesmutter oder einen Gärtner engagieren (o.k., *Specialistas für Wood Work & Yardas Cleaning* heuert man eher in Kalifornien an). Dann werden Sie mir jetzt sicher zustimmen: Als Arbeitgeber erforscht man jeden Bewerber nach allen noch so versteckten Zeichen und Hinweisen. Die positiven Signale sind einem da genau so recht wie die negativen. Hauptsache, die gewonnenen Informationen tragen zu einer zügigen und strategisch klugen Entscheidungsfindung bei.

Wie bereits mehrfach in meinen Tipps angedeutet machen sich clevere Bewerber das zunutze. Sie senden die passenden positiven Signale aus. Sie vermeiden alles, was zweideutig klingt oder negativ gedeutet werden könnte. Jeder Mensch gestaltet immer und zu jeder Zeit sein Auftreten. In einer Selbstpräsentation tut man das eben besonders bewusst und zielgenau.

Aufmerksame Bewerber kennen oder erahnen die Wünsche und geheimen Ängste der Stellenanbieter und richten ihr Verhalten darauf ein. Was Sie an Informationen zu Ihrer derzeitigen Phase der Arbeitslosigkeit schreiben oder angeben hängt davon ab, ob es positiv gedeutet werden kann. Und natürlich auch, ob Sie Ihr Statement im Falle eines Falles auch belegen können.

Der doppelten Vermeidungshaltung von ungeschickten Bewerbern entspricht die doppelte Ablehnung enttäuschter Personaler. Die einen vermeiden jede Präsentationsanstrengung. Und sie vermeiden die Wahrheit. Die anderen reagieren darauf, indem sie sich weigern, sich mental mit dem tristen Bewerberfall auseinanderzusetzen. Und sie lehnen das Wagnis ab, einen ambivalenten Kandidaten einzustellen.

Für die argumentierende Darstellung von Arbeitslosigkeit im Lebenslauf bietet sich einiges an.

Ein bisschen schwarzgearbeitet? Drehen Sie die Sache so, dass Sie für Gottes Lohn oder warme Mahlzeiten tätig waren und schreiben Sie's hin. Ein Stellenanbieter ist kein Finanzdetektiv und wird sich freuen, dass Sie selber findig und beschäftigt waren. (Legen Sie diese Version des Lebenslaufs nicht dem Arbeitsamt vor. Sie müssten zuviel erklären.)

01.200x – 03.200x	ohne feste Anstellung Volontariat, CG Media Promotions GmbH, Hamburg (19 Wochenstunden)

Schwarzarbeit ist, nebenbei bemerkt, eine Form von Korruption. Verwahrlosen Sie nicht. Vor allem, da Sie in derselben Zeit mit einer eigenen Lernleistung plus einem echten Praktikum oder Volontariat Ihre Karrierechancen nachhaltiger fördern.

Irgendwo umsonst mitgeholfen? In Bewerbungsratgebern liest man: Mithilfe im elterlichen Betrieb. Solch clevere Taktik preisen die Schreiber seit Caesars erstem Karriereknick an. Aber es gibt auch realistische Möglichkeiten. Der große Sir Karl Popper selbst hat sich zeitweilig in Sozialarbeit und Jugendbetreuung engagiert. Wie schön liest sich:

01.200x – 03.200x	ohne feste Anstellung freiwillige Mitarbeit Bornheimer Altenbetreuung (15 Wochenstunden)

Arbeit liegt auf der Straße. Ehrenamtliches Engagement ist brav, sinnvoll und ehrt Sie. Eine dritte Aktivität, auf die Arbeitslose von alleine kommen, ohne dass AA-Berater für sie in Broschüren blättern: Fort- oder Weiterbildung. Was bringen Sie sich so in diesen Tagen bei?

Pauschalarbeitslose nehmen eine Maßnahme des Arbeitsamts in Anspruch. Individualarbeitslose prüfen, was ihnen fehlt oder was sie noch gut brauchen könnten und buchen es dann in Eigeninitiative. Sollten Sie kurzerhand in einen Kurs gesteckt worden sein und jetzt vor sich hin berufsbildungswerken, dann geben Sie sich einen Ruck und lernen Sie wirklich aktiv. Leisten Sie mehr, als von Ihnen verlangt wird. Entwickeln Sie Eigeninitiative. Üben Sie zugleich Corpsgeist, Kooperationsfähigkeit, kommunikatives Verhalten und andere Team-Tugenden ein.

01.200x – 03.200x	ohne feste Anstellung Intensivkurs Business English, VHS Kelkheim (4 Wochenstunden) Teilnahme an Gesprächskreis Business Communications, Königstein

Und Auslandsreisen? Reisen bildet, aber weshalb Sie den Strand auf Los Ochos studierten, statt sich zu Hause um Ihre berufliche Reintegration zu kümmern, kann niemand nachvollziehen. Fahren Sie nach Los Ochos um dort Opportunitäten zu finden, Geschäfte zu machen oder um den Kindern in der Inselschule das Lesen und Schreiben beizubringen.

Was können Sie noch tun? Ihre Familie wird es Ihnen danken, dass Sie sich um die Familienbelange kümmerten:

01.200x – 03.200x	Erziehung meiner 2-jährigen Tochter, Haushaltsführung

Ein Stellenanbieter wird sich diese Zeit als erfüllt und ausgefüllt vorstellen und heimlich seufzen. Und er wird interessiert schauen, wenn Sie neben der Familienarbeit Zeit fürs Lernen und sich zu betätigen gefunden haben.

Liest ein Personalverantwortlicher aber:

01.200x – 03.200x	arbeitslos

… dann denkt er unweigerlich:

01.200x – 03.200x	einfallslos

Ein lakonisches «arbeitslos» provoziert geradezu den professionellen Argwohn eines Lebenslaufdeuters. Er denkt: Da war jemand eine Zeit lang auf sich selbst angewiesen und diese Person hat sich in all der Zeit weder nachweislich sinnvoll beschäftigt, noch hat sie sich sonst etwas einfallen lassen, das sie weiterbringt. Und sie hat es auch nicht verstanden, professionelle Unterstützung einzufordern und sinnvoll zu nutzen.

Überträgt man dieses passive Verhalten auf eine künftige Mitarbeit, wird man schließen, dass man die neue Kraft besser nicht unbeaufsichtigt lassen wird und sich nicht auf ihr Engagement und ihren Arbeitseifer verlassen kann

Verstehen Sie mich nicht falsch. Dieser Tipp predigt nicht blinden Aktionismus. Nehmen Sie sich alle Zeit, die Sie brauchen, um traumatische Trennungsgeschichten zu verarbeiten. Fangen Sie langsam an, sich wieder auf sich selbst zu besinnen, sich aufzubauen. Werfen Sie peu à peu Ihr eigenes Kraftwerk wieder an und finden Sie Ihre neue Richtung.

Rechtfertigen Sie oder verschleiern Sie in Ihrer Bewerberkommunikation niemals den Jobverlust. Es ist geschehen, es ist vorbei. Notieren Sie nicht «betriebsbedingt» oder «Insolvenz» neben untergegangenen Schlachtschiffen. Wozu deutlich machen, dass Sie jeweils unverschuldet Pech hatten? Sie treten nicht vor den höchsten Arbeitsrichter. Sie suchen bloß einen Job. Sie stecken bereits in einem neuen Abschnitt Ihres beruflichen Lebens.

Nebenbei bemerkt

Dürfen Sie im Jobinterview ehrlich sagen, warum man Sie entlassen hat? Ich folge hier der herrschenden Lehre, dass man jederzeit alles aussprechen kann, solange man die Folgen bedenkt und damit auch klar kommt. Konflikte und Ärger mit Kollegen, Vorgesetzten oder Mitarbeitern bestimmen mit am nachhaltigsten das Arbeitsleben. Der friedlichste und kooperativste Mensch fällt manchmal ohne eigenes Verschulden unter die Außendienstler und Key Accounter. Davon im Vorstellungsgespräch freimütig und offen zu berichten, das kann doch nicht falsch sein.

Ist es aber doch.

Erstens haben Sie den Konflikt verloren – sonst säßen Sie nicht im Jobinterview. Zweitens weiß man nicht, ob Ihre engelhafte Unschuld nicht doch gefaked ist. Drittens tragen Sie ja vielleicht den Keim der Zwietracht und des Streits mit sich. Bei gleicher Qualifikation würde man von zwei Bewerbern immer den einstellen, dessen Story nicht im Zusammenhang mit Zwist, Krach und Zerwürfnis steht.

So einfach ist das.

Bewerber live: kontakten, verhandeln, gewinnen

«… Ich wurde noch in den Monaten vor Ausbildungsende aktiv, fand aber aufgrund der Strukturkrise keine Stelle. Man riet mir allenthalben geduldig abzuwarten, bis sich die Konjunktur wieder erholt haben würde. Ich habe das zwei Monate lang geduldig getan und mich dabei quer durch die Republik beworben. Dann fiel es mir auf, dass ich meine Zeit viel besser nutzen konnte. Und so habe ich das Studium aufgenommen …»

«… In diesem Teil meines Lebenslaufs spiegelt sich das saisonale Auf und Ab der Branche. Im Gegensatz zu anderen fand ich mich aber dann doch nicht mehr damit ab. Sie haben ja sicher bemerkt, dass ich meinem Leben ziemlich entschieden eine andere Wendung gegeben habe …»

«… Ich habe in dieser turbulenten Phase öfter gewechselt und bewegte mich aber auch in den Zeiten ohne feste Anstellung stets im Umfeld des Technologieparks. So war ich an frühen Projekten von Bernd-Maria Hügginsfeld beteiligt …»

«… Ich habe gemerkt, als ich zweimal hintereinander unter den Leuten rangierte, denen zuallererst betriebsbedingt gekündigt wurde, dass ich mir eine ausgesprochene Krisenbranche ausgesucht hatte. Ich habe dann eine Weile gebraucht, aber ich denke, jetzt habe ich mich absolut mit meinem neuen Arbeitsfeld vertraut gemacht …»

Bevor Sie weiterlesen

Es ist eigentlich verwunderlich, dass man nicht seinen Plan A wie Arbeitslosigkeit in der Hinterhand hat und ständig aktualisiert: was man alles einleitet, in Gang setzt, aktiviert, betreibt, unternimmt, lernt und macht, wenn es einen selber trifft. Gute Unternehmer sehen zu, dass ihr Auftragsbuch stets voll ist. Gute Arbeitnehmer sehen zu, dass ihr Adressbuch stets voll ist. Mit Telefonnummern und Mailadressen von Leuten, die sich gleichzeitig mit Ihnen irgendwo auf dem Jobmarkt bewegen.

17 Keine Berufswahl ohne Berufsbild

«Was macht man genau als Diplom-Ingenieur Allgemeiner Maschinenbau (FH), Konstruktionstechnik oder Fahrzeugtechnik …?»

Was man da genau macht? Ich jedenfalls mache, dass ich Technikern bei der Ausübung ihres Berufs nicht im Weg stehe …

Sie möchten erfahren, wie das Tätigkeitsbild eines Ingenieurs aussieht, vielleicht, weil Sie sich als begabter Schüler für ein Studium des klassischen Maschinenbaus oder einer seiner Varianten interessieren. Das Internet versammelt darüber mehr an Informationen, als ein Studienberater in seiner Schublade hat. Recherchieren Sie in einer Suchmaschine wie `google.de` nach «Diplom-Ingenieur Allgemeiner Maschinenbau (FH)» und auf Ihrem Bildschirm werden rund 300 Resultate aufgelistet.

Suchen Sie im Web aber auch gezielt. Sites von Berufsverbänden, Standesorganisationen, Fachzeitschriften sind erste Adressen. Künftige und berufserfahrene Techniker profitieren beide vom Portal des Verbands Deutscher Ingenieure: `www.vdi.de` Nehmen Sie sich Zeit für einen Rundgang durch das sauber aufbereitete Info-Angebot.

Unter `www.berufswahl.de` erreicht man den «offiziellen Server» in Sachen Studien- und Berufswahl, betrieben von einer Bund-Länder-Kommission, gestaltet von einem Farbenblinden, aber alle Frames randvoll bestückt mit segensreichen Infos.

Und fast hätte ich es vergessen: Clevere Schulabgänger lesen sich vorab in die Literatur ihres Fachs ein. Der Ingenieur, dem nichts zu schwer fallen sollte, greift zum Standardwerk *DUBBEL – Taschenbuch für den Maschinenbau.* Ist auch nicht teurer als zwei Karten für Metallica, dröhnt aber länger.

Nebenbei bemerkt

Wenn Sie noch zur Schule gehen und dort nichts lernen, weil die Lehrer nichts taugen und die Mitschüler ihre Lehrer noch fördern, wechseln Sie die Schule. Reden Sie darüber mit den Eltern. Akzeptieren Sie keine Lernumgebung, die Ihnen nichts abfordert und die Sie nicht optimal vorbereitet ins Leben entlässt. Es ist nicht gut, wenn das wirkliche Leben um so viel mehr von einem verlangt als ein üblicher Lehrer.

Bewerber live: kontakten, verhandeln, gewinnen

«Universität Kickshafen, Fachbereich B7.»

«Guten Tag. Ich habe in der Zeitung gelesen, dass Ihr Fachbereich Quantenmechanik zusammen mit dem ASTA einen Einführungstag macht.»

«Davon weiß ich nichts.»

«Müssten Sie das nicht wissen? Ich meine, Sie sind doch die Fachbereichssekretärin?»

«Bleiben Sie dran.»

Bevor Sie weiterlesen

Nehmen Sie sich einen Tag frei, fahren Sie in die nächste Uni-Stadt, suchen Sie die Fakultäts-Bibliothek auf, stöbern Sie dort herum in den Handapparaten für Veranstaltungen und in den einführenden Schriften. Wandern Sie durch die Fakultätseinrichtungen. Besorgen Sie sich ein Vorlesungsverzeichnis. Besuchen Sie eine Lehrveranstaltung. Lassen Sie sich nicht davon ins Bockshorn jagen, dass alle hier so cool aussehen und nur Sie herumstolpern wie Babyface Nelson. Das ändert sich schon im Moment der Immatrikulation.

18 Trockenbauer im Web

«Wie kann ich eine Arbeit als Handwerker finden?»

Ob Trockenbauer oder Feuchtrauminstallateur – selbstverständlich finden auch Handwerker Arbeit übers Internet.

Ihre ersten Schritte sind leicht. Starten Sie am besten von einer guten Metasuchseite. Die meisten Jobbörsen und Online-Zeitschriften bieten zum Beispiel diesen bequemen und kostenlosen Service.

Dort geben Sie die gewünschten Begriffe und Berufsbezeichnungen ein. In wenigen Sekunden sucht die Suchmaschine für Sie in (fast) allen Stellenbörsen nach aktuellen Angeboten und listet sie auf.

In Ihrem Fall listet zum Beispiel der Suchroboter aus der ZEIT in kürzester Zeit Angebote auf, die des Trockenbauers trockene Hände vor Aufregung feucht werden lassen:

> *Trockenbaumonteure!!! Suche zuverlässige, flexible, selbstständig arbeitende Trockenbaumonteure. Zum Arbeitsbild gehören alle anfallenden Akustik- und Trockenbauarbeiten …*

Nutzen Sie dann Online-Tools wie das Bewerber-Office auf `Jobs.de` als Basis für alle Ihre Online-Bewerbungsaktivitäten. Stellen Sie Ihre persönlichen und beruflichen Daten ein, erstellen und speichern Sie ein Profil und machen Sie Ihr Anschreiben fertig. Diesen Service bieten auch andere Jobbörsen – schauen Sie sich ein wenig um. Ihr Bewerberprofil wird in der Regel gleichzeitig als eine Art Online-Stellengesuch verwendet. Sie haben also den doppelten Nutzen von Ihrer Dateneingabe.

Ich würde an Ihrer Stelle aber auch selbständig im Web recherchieren, z. B. auf `handwerk.de` oder ähnlichen Online-Portalen. Dort können Sie sich auch über aktuelle Entwicklungen und Tendenzen Ihrer Branche unterrichten und eigene Stellengesuche aufgeben.

Mein Tipp als Bewerberberater: Zu einem Job führen immer mehrere Wege.

- Kontakten und Leute ansprechen.
- Betriebe ausfindig machen und dort anrufen.
- Auf Stellenangebote reagieren. Firmen anschreiben und sich vorstellen.

Gehen Sie nie eingleisig vor. Verlassen Sie sich nicht darauf, dass man schon mittels Ihrer Online-Profile auf Sie aufmerksam werden wird. Gelegenheiten schafft man am besten selbst!

Nebenbei bemerkt

Da Sie schon surfen, verlassen Sie Ihren heimatlichen Turf und surfen Sie weiter:

Jobsuche im Land der unbegrenzten Trockenbaumöglichkeiten ...

www.Monster.com
www.Hotjobs.com
www.Headhunter.net
www.Recruitersonline.com
www.Dice.com
www.Gorillajobsearch.com
www.Flipdog.com
www.Brassring.com
www.Salary.com
www.6figurejobs.com

Bewerber live: kontakten, verhandeln, gewinnen

«Schweikart.»

«Guten Abend, Herr Schweikart. Löwenhartz ist mein Name. Ich rufe aus Celle an. Es ist eigentlich schon zu spät für einen Anruf, aber ich habe nur eine ganz kurze Frage: Glauben Sie, dass man als Trockenbauer bei Ihnen im Eschborner Land Arbeit findet?»

«Ja, Herr Löwenhartz, da erwischen Sie mich ... als Trockenbauer ...»

«Ich komme gerade aus einem 6-monatigen Einsatz in Dubai zurück und möchte ehrlich gesagt, die nächste Zeit gern im Großhessischen arbeiten ...»

«... Trockenbauer ... da fällt mir nur die Fa. Dann & Hicks ein. Haben Sie was zum Schreiben?»

«Aber klar.»

Bevor Sie weiterlesen

Globalisierung meint nicht nur, dass die alle zu uns kommen, sondern, dass wir auch zu denen gehen können. *Dry mortarless construction in Alameda County? Sounds good to me!*

19 Berufe selber finden

«Welchen Weg muss ich von der Realschule bis zum Automobilingenieur (FH) gehen?»

Eine Stunde Webrecherche, und Sie sind um einiges schlauer: Im technischen Bereich hat man es mit der Forschung, Entwicklung und Konstruktion von Maschinen und Motoren zu tun. Schwerpunktthemen im Ingenieurwesen sind zum Beispiel Werkstoffe, Thermodynamik, Elektrotechnik, Regeltechnik, Mathematik, Physik und Mechanik.

Ein Studium vereinigt heute immer verschiedene Disziplinen wie Elektronik, Optik, Informatik, Mechanik und mehr. Die hohen Anforderungen meistern

Leute, die sich unter anderem durch eine ausgeprägte mathematisch-logische Begabung, durch strukturiertes Denken, durch räumliches Vorstellungsvermögen und manuelle Geschicklichkeit auszeichnen. Verlangt sind sicher auch allgemeine Tugenden wie Disziplin, Ausdauer und hohe Selbstmotivation. Teamfähigkeit ist unabdingbar, ob in Forschung und Entwicklung, in Produktion oder Vertrieb.

Englisch ist absolute Pflicht auch für jemanden, der sich mit Sprachen eher schwer tut. Deshalb: Die Fundamente für ausgezeichnete Englischkenntnisse am besten schon im ersten schulischen Lernjahr legen!

Als Realschüler führen die erfolgreichen Ausbildungswege über eine erste berufliche Ausbildung und anschließendem Studium oder über eine allgemein bildende Schule, bei der man die Zugangsberechtigung für die FH oder Hochschule erwirbt. Die Möglichkeiten sind von Bundesland zu Bundesland verschieden. Auskunft geben dazu Lehrer, die Berufsberatung im Arbeitsamt, Schulämter oder Studienberatungen in (Fach-) Hochschulen.

Im Internet veröffentlichen Behörden und Einrichtungen dazu Basis-Informationen. Was in diesem Tipp steht, kommt aus dem Web. Allerdings: Veraltete Broschüren landen im Reißwolf, veraltete Bücher nimmt man aus dem Markt. Im Web finden Sie Informationen, die schon so tot sind, dass die Buchstaben vom Bildschirm bröseln müssten. Machen Sie dasselbe wie jeder gestandene Web-Rechercheur: Sichern Sie Ihre Suchergebnisse ab und greifen Sie zusätzlich auf andere Medien und Infoquellen zurück.

Außerdem: Es gibt immer mehrere Karrierewege. Es gibt zudem auch Alternativen zu einer Ausbildung. Geben Sie sich nicht nur mit einer einzigen Auskunft zufrieden. Fragen Sie sich durch und recherchieren Sie selbst in Handbüchern und Info-Broschüren. In Stadtbibliotheken, in der Schulbücherei oder durch direkte Anfragen bei Institutionen wird man immer fündig.

Als Schüler nutzt man die Ferien um ein Praktikum in einem entsprechendem Unternehmen zu absolvieren. Selbst in einem Aushilfsjob kann man interessante und wichtige Leute kennen lernen, sie um Rat fragen, sich Tipps und Empfehlungen besorgen.

Je älter und berufserfahrener die Leute, die man anspricht, desto besser. Sie sind schon da angelangt, wo man später einmal hinkommen möchte. Je mehr junge Berufstätige man fragen kann, desto mehr wird man über Startschwierigkeiten und prinzipielle Vor- und Nachteile des Jobs erfahren: Gerade Berufsanfänger setzen sich in der Regel mit ihrer Arbeit intensiv auseinander. Das cleverste, was Schulabgänger tun können ist immer: vorab Informationen sammeln.

Nebenbei bemerkt

Als cleverer Nutzer orientieren Sie sich bereits prima im Web. Da es bei Fragen der Berufsfindung und Karriereplanung ans Eingemachte geht, klopfen Sie alle Informationen, die Sie recherchiert haben und zur Entscheidungsfindung nutzen, auf diese Kriterien ab: Quelle verlässlich? Site aktuell? Ansprechpartner erreichbar? Information von zweiter, verlässlicher Quelle bestätigt?

Bewerber live: kontakten, verhandeln, gewinnen

Fünf Fragen an eine Person, die meinen Traumjob ausübt:

«Würden Sie diesen Beruf noch einmal wählen?»

«Wenn Sie einen Praktikanten einstellen würden, was würden Sie von ihm verlangen?»

«Sehen Sie sich selbst in fünf Jahren noch in diesem Beruf?»

«Worüber klagt Ihre Familie am meisten im Zusammenhang mit Ihrer beruflichen Tätigkeit?»

«Wem würden Sie ganz dringend von diesem Beruf abraten und warum?

Bevor Sie weiterlesen

Finden Sie jemanden, dem Sie diese fünf Fragen stellen können. Sprechen Sie ihn an.

20 Keine Vorstellung von gar nichts

«Was können Jugendliche tun, die noch gar keine Vorstellung davon haben, welchen Beruf sie lernen möchten?»

Sobald man seinen persönlichen Gipfel an Verstand, Vernunft und Reife erreicht hat, also ungefähr mit Fünfzehn, stellt man fest, dass der Ernst des Lebens ein verdammt schneller Kerl ist. Besser heute als morgen soll man seinen beruflichen Weg starten und eine Ausbildungsstelle finden. Was kann man tun?

Da ist zunächst der Ausgangspunkt Schule. Kernfrage: Muss man nach dem Abschluss wirklich raus oder könnte man vielleicht weitermachen? Nicht der schlechteste Karrieretipp lautet: «Bleib im System, mach's dir dort schön.» Dann darf man aber nicht gegen die Schule kämpfen oder an ihr verzweifeln. Unser Bildungssystem kommt einem zwar manchmal vor wie die Straße zum Baggersee an einem heißen Julisamstag: In keiner Richtung geht's vorwärts, alle blockieren sich gegenseitig und die besten Plätze auf der Liegewiese sind sowieso alle weg. Falls in Ihrer schulischen Lernumgebung wider Erwarten Leistung verlangt wird, freuen Sie sich darüber und engagieren Sie sich. Sie werden dabei erfahren, was Ihnen mehr liegt und was weniger, wofür Sie begabt sind und was Sie von Herzen interessiert. Sie werden sich an Leistungsvorgaben und mit anderen Leuten messen und sich nach und nach besser einschätzen lernen. Die allgemein bildende Schule kann ein prima Ort sein, um zwei, drei Jahre Zeit zum persönlichen Wachsen zu gewinnen und dabei mehr über die eigenen Stärken herauszufinden.

Wenn Sie in der Schule nichts und niemand zur Leistung anspornt, setzen Sie sich selbst Ziele. Später werden Sie genug damit zu tun haben, sich Fachwissen anzueignen. Für Ihr elementares Know-how und Ihre Allgemeinbildung haben Sie aber bloß in dieser Lebensphase Zeit.

Falls Sie sich gegen eine weiterführende Schule entscheiden, kommt Entscheidungshilfe in Sachen Berufsfindung einfach so: Sie wird von außen an Sie herangetragen, Sie spüren sie selbst auf oder Sie stolpern darüber.

Im letzteren Fall können Sie sich blaue Flecken holen. Nicht jede günstige Gelegenheit auf dem Ausbildungsmarkt war speziell auf Sie gemünzt.

Sind Sie überhaupt erreichbar? Viele wollen Sie ansprechen: Schulen, Arbeitsamt, Kommunen, die Regierung, Berufsverbände, Arbeitgeber- und Arbeitnehmereinrichtungen, kirchliche und soziale Vereinigungen, Jugendclubs, Stadtbibliotheken und nicht zuletzt die ausbildenden Firmen. Sie können teilnehmen an Info-Tagen, Tagen der Offenen Tür, Zukunftstagen, Karriere-Tagen (und vielleicht auch schon an Berufsfindungsnächten). Erleben können Sie Events, Workshops, Besichtigungen, rollende Diskos und grollende Lehrer (falls wieder nur zwei Schüler von den 100 eingeladenen erscheinen). Übersehen Sie nicht die Plakate, Handzettel und Einladungen. Überhören Sie nicht die Radiotipps. Lesen Sie den Lokalteil Ihrer Tageszeitung. Lesen Sie kein Blatt mit roten Balken. Man wird vom Lesen so wie die Leute, die dort schreiben. Kaufen Sie sich in der Berufsfindungsphase morgens die Zeitung, falls es Ihre Eltern nicht tun. Klar, mit dem Geld könnten Sie auch massig Klingeltöne downloaden, aber worauf stehen Sie mehr: auf Karriere-Infos oder auf geiles Fiepen? Schreiben Sie an jede Organisation, die per Briefpost oder E-Mail über Veranstaltungen informiert: «Sehr geehrte Damen und Herren, könnten Sie mich bitte in Ihren Verteiler aufnehmen? Vielen Dank im Voraus. Mit freundlichem Gruß».

Beruf und Bewerbung, Betriebsbesichtigungen, Schnupperpraktika sind in jeder Schule angesagte Themen. Schließen Sie sich mit anderen in der Klasse und mit den fähigen Lehrern zusammen. Organisieren Sie gemeinsam die besten Info-Tage, die Ihre Schule jemals hatte.

Glauben Sie jedoch nicht, dass es Pflicht der Lehrer, Eltern oder gar der Gesellschaft ist, Ihnen eine passende Ausbildung vorzuschlagen oder einzurichten. Lassen Sie niemals, unter gar keinen Umständen, andere über Ihren Kopf hinweg den Beruf für Sie bestimmen.

Keiner der klugen Ratgeber wird an Ihrer Seite stehen, wenn Sie Ihren endlosen, einsamen, staubigen Ausbildungsweg gehen (ich übertreibe). Und wenn Sie Ihre Berufswahl nicht eigenverantwortlich und guten Gewissens selber entscheiden, bleiben Sie bloß Knetmasse in den Händen von anderen.

Holen Sie sich Rat und Infos ein. Tun Sie das aktiv. Die Welt ist voller Angebote. Besprechen Sie sich mit jedem, dem Sie vertrauen, den Sie respektieren, dessen Meinung für Sie zählt. Aber die Entscheidung kommt immer aus Ihnen selbst.

Ob Ihr älterer Bruder Spengler lernt, Ihr Onkel schon den dritten Beruf ausübt, der Vater Ihres Freundes sich selbständig gemacht hat oder Ihr Handballtrainer zufällig auch einen Zimmermannsbetrieb leitet: Überall werkeln Berufstätige, die Sie ansprechen können. Sie werden erfahren, dass die Erwachsenen sich mit seltsamen Dingen beschäftigen, die für Sie selber nie in Frage kommen. Je mehr Sie wissen und sich konkret vorstellen können, desto schneller finden Sie heraus, was Sie selbst am liebsten tun würden:

Stellen Sie sich vor, wie Sie mit Gerätschaften oder Menschen umgehen, etwas herstellen, reparieren, warten oder reinigen, wie Sie Menschen pflegen, bedienen, unterstützen, beraten, wie Sie etwas verwalten oder organisieren, wie Sie Güter lagern, transportieren oder umschlagen. Schließen Sie die Augen, betrachten Sie sich selber wie in einem Film. Klappt das nicht, fehlen Ihnen noch wichtige Job-Informationen oder Sie wollen bestimmte Sachen nicht wirklich tun.

Zum Thema Arbeitsleben ein paar harte Fakten:

- Was du am Ende deines Berufslebens tun wirst, wird nicht das sein, was du am Anfang gelernt hast.
- Es gibt keine Jobs mehr, in denen sich die Globalisierung nicht auswirkt.
- Es gibt keine Berufswege mehr, bei denen es egal ist, dass man nicht reden, auftreten, kommunizieren kann.
- Vergiss die Idee vom sicheren Job.
- Vergiss die Idee vom schnellen oder leicht verdienten Geld.

Und so stellen Sie sich auf die Anforderungen des Alltags ein:

- Bring dir bei, wie du dir rasch und effizient etwas beibringst.
- Halt dich immer fit in Englisch. Nutz deinen Computer zum Schreiben und für das Internet.
- Sei hart zu dir selbst und stell fest, wo deine Defizite liegen. Fang jetzt an, daran zu arbeiten. Wenn du noch kein guter Teamplayer bist, such dir eine Gruppe. Wenn du schüchtern bist, bring dich in Situationen, in denen du auf Fremde triffst. Wenn du dich nicht konzentrieren kannst, erlerne etwas, das höchste Konzentration verlangt. Lerne Bogenschießen. Oder anderen Leuten zuzuhören.

Mit dem Können kommt Selbstvertrauen. Wer selbstbewusst ist, dem trauen andere mehr zu. Denken Sie das Undenkbare und setzen Sie sich ein 10-Jahres-Ziel. Wo wollen Sie mit 25 stehen? Wie wollen Sie dahin kommen? Bauen Sie Selbstvertrauen auf, setzen Sie sich erreichbare Marken. Sobald Sie diese erreicht haben, setzen Sie sich neue. Ziehen Sie die Lehre aus Kung-Fu-Filmen: Die besten Schüler gehen zu den anspruchsvollsten Meistern.

Was kann man sonst noch tun, wenn man noch gar keine Vorstellung davon hat, welchen Beruf man erlernen möchte? Man kann über das Naheliegende hinaus denken. Muss ich unbedingt während meiner Ausbildung zu Hause wohnen? Was könnte ich in der nächsten Großstadt lernen? Was zum Beispiel in der Schweiz? Auf welche Weise könnte ich ein lehrreiches und spannendes Jahr im Ausland verbringen?

Und vergessen Sie nicht: Es geht nur um die erste berufliche Ausbildung. Danach fällt einem die Berufsplanung leichter.

Nebenbei bemerkt

Machen Sie's wie die Profis und holen Sie mehrere Beurteilungen Ihrer Chancen und Perspektiven ein. Vergessen Sie nicht: Der einzige Mensch, vor dem Sie Ihre Entscheidung Ihr Leben lang rechtfertigen müssen, sind Sie.

Wie macht man sich Mut?

Am wirkungsvollsten und am schönsten: Man hilft sich gegenseitig und stützt sich gemeinsam in einer Gruppe von Freunden.

Bevor Sie weiterlesen

Schreiben Sie auf, aus welchen Gründen Sie nicht die für Sie passende Ausbildung finden. Machen Sie einen Brief daraus. Schreiben Sie handschriftlich und schicken Sie Ihre Überlegungen mit der Briefpost an den Lehrer, dem Sie am meisten vertrauen. Geben Sie es ihm nicht persönlich und legen Sie es auch nicht in sein Fach. Als Brief verschickt, gewinnt Ihr Problem für Ihren Lehrer Prioritätsstufe eins.

21 Eltern – der schlimmste Fall

«Was können Missgeschicke, zum Beispiel wenn man im Bewerbungsbogen als Zwanzigjähriger die Erziehungsberechtigten angibt, im schlimmsten Fall nach sich ziehen?»

Als Sprössling bewerbungsrelevanter Eltern würden Sie sowieso durch Vermittlung von Mama oder Papa zu Ihrem Vorstellungsgespräch kommen. Alles in allem wären Sie dann froh, dass einem jungen Menschen aus gutem Haus auch heute noch adäquate Ausbildungswege offen stehen.

Vater und Mutter sollte man das ganze Jahr über ehren. Sie aber beim Bewerben mit ins Spiel springen, ist für die Jugend nur dann angesagt,

- wenn zwischen Beruf eines Elternteils und angestrebtem Beruf eine direkte Verbindung besteht,
- wenn Eltern einen während Ausbildungsphasen, Auslandsaufenthalten oder ähnlichen Projekten versorgen werden und dies als Argument dienen soll,
- wenn man vererbte Eigenschaften und Begabungen argumentativ einsetzen kann.

Geschwister erwähnen Sie im Lebenslauf wirklich nur in jenem zarten Alter, in dem die Abschlussklasse Ihnen noch ein ganzes Schuljahr voraus ist und Sie Ihren bevorzugten Schnupperausbildungsplatzanbieter darauf hinweisen wollen,

- dass Sie keines dieser tristen Einzelkinderschicksale haben (aber heutzutage ist ja doch jeder irgendwie Einzelkind),
- dass Ihre Geschwister grundanständige Leute sind, die alle etwas Ordentliches lernen und man deshalb guter Hoffnung sein darf, dass auch Sie nicht die Reifen des Firmentransporters zerstechen.

Fazit: Familie im Lebenslauf bloß, wenn man damit wirklich punkten kann.

Und Online-Bewerbungsbögen am besten ausfüllen, ausdrucken, fünf Minuten liegen lassen, noch einmal kritisch überprüfen und dann absenden.

Nebenbei bemerkt

Trainieren Sie die Online-Bewerbung mit dem entsprechenden Arbeitsblatt auf jova-nova.com. Habe ich schon erwähnt, dass alle Seiten dort kostenlos sind? Und werbefrei? So viel zum Thema Selbstvermarktung eines Bewerberberaters.

Bewerber live: kontakten, verhandeln, gewinnen

So thematisiert man die Familienbande schamlos (aber effektiv) im Vorstellungsgespräch:

«Ich habe schon mit 15 bei einem Geschäftsfreund meines Vaters ein Praktikum gemacht.»

«Meine Tante ist Ingenieurin und ich bin dank ihr sozusagen in das Thema hineingewachsen.»

«Ein Jahr an dieser Auslandsschule ist gewissermaßen Familientradition.»

«Ich möchte es wie meine Schwester machen und das Geschäft von Grund auf erlernen.»

Bevor Sie weiterlesen

Ohne Rollenmodelle und Vorbilder wird das mit der Karriere doch nichts. In der Schule lernen wir von Medizinern, die fiebrigen Kralbewohnern fromme Fugen fiedeln. Wir hören von forschenden Frauen, die ihren Institutsleitern nachts um drei braune Brühe auf dem Bunsenbrenner aufkochen. Das macht Mut, aber für die nächste Unterrichtsstunde wünsche ich mir noch die Story vom Gründer, der so viel Geld gemacht hat, dass er der Menschheit ein Uni-Institut oder ein Fußballstadium stiften konnte. Ein Vorbild zur rechten Zeit reißt den engen Horizont von Mittelschichtkindern auf. Lehrer! Weist eure Schüler darauf hin, lebt euren Schülern vor, dass es Menschen gibt, die sich auszeichnen: durch Selbstdisziplin, einen wachen Sinn für Fairness und Anstand, durch Courage, Witz und Handlungsfreude …

22 Bewerber auf Reisen

«Meine Bewerbungsaktionen fallen zeitlich mit meiner wohl verdienten Urlaubsreise zusammen. Kann ich nicht doch ab und zu beim Stellenanbieter anrufen und kurz fragen, wie meine Aktien stehen?»

Zwischen Brandung und Gipfelkreuz ist man dank Handy und Web-Mail jederzeit erreichbar. Selbst nachfragen ist also nur o.k., wenn man einen nachvollziehbaren und triftigen Grund angibt. So ein Anlass wäre das starke Interesse einer zweiten Firma, wogegen man jedoch selbst das erste Unternehmen vorziehen würde. Sich nach dem Stand der Dinge erkundigen kann man in der Entscheidungsphase nach den Jobinterviews, wenn man sich gerade zu einer einwöchigen Schulung absentiert hat oder auf Geschäftsreise ist. Eine selten genutzte Möglichkeit, die aber eine sehr gute Firmenkenntnis voraussetzt: den Betriebsrat als Informationsquelle und möglichen Fürsprecher nutzen.

Steht der Kontakt, dann dürfen und müssen Sie ihn nicht abreißen lassen. Haben Sie aber erst einmal eine Bewerbung verschickt und damit Ihren Kontaktwunsch signalisiert, dann blinken Sie nicht ständig herum wie ein nervöser Leuchtturm. Richten Sie es stattdessen ein, dass man Sie auf den von Ihnen angegebenen Kommunikationswegen auch wirklich erreicht. Seien Sie nicht umständlich. Im Notfall öffnet eben der Nachbar ein paar Tage lang für Sie die Post. Bringen Sie ihm dafür was Nettes mit!

Nebenbei bemerkt

Richten Sie sich ein kostenloses, Web-basiertes E-Mail-Konto ein und leiten Sie Korrespondenz dorthin weiter. Vorteil: Vom lauschigen Internet-Cafe an Ihrem Urlaubsort können Sie leicht Post lesen und verschicken. Nachteil: Das Internet-Cafe ist nicht lauschig.

Bewerber live: kontakten, verhandeln, gewinnen

«Innovative Hardware, Bauer.»

«Guten Tag, Herr Bauer. Ich bin Frau Leptien.»

«… Ach Frau Leptien, schön, dass Sie anrufen!»

«Herr Bauer, Sie haben mir geschrieben, ob ich nicht kommenden Montag schon anfangen könnte. Das freut mich sehr und ich würde das auch sehr gern machen, aber ich habe gerade eine Kurzreise angetreten und komme erst wieder am Mittwochabend zurück. Ich möchte Ihnen vorschlagen, Sie gönnen mir meine kurze Erholungspause und ich fange dann frisch ausgeruht am 26. bei Ihnen an.»

Bevor Sie weiterlesen

Gewöhnen Sie sich an, am Arbeitsplatz jede private Korrespondenz ausschließlich über die Web-Mail-Adresse zu erledigen. Bevor Sie irgendeine Mail über das Firmenkonto versenden: Kann der Geschäftsführer diese Mail seinem Bruder, dem Prälaten, vorlesen, ohne dass dieser errötet? Firmenmail ist für alle Interessierte so leicht zugänglich wie das Tagebuch Ihrer Tochter in der Schachtel unter den T-Shirts. Und die Mailforscher unter den Netzwerk-Admins, Geschäftsführern und virtuellen Blockwarten machen *Lesen* zu ihrem Hobby.

23 Bewerber: In weiter Ferne so nah

«Ist es in unserer leistungsorientierten Gesellschaft nicht überhaupt ein schwerer taktischer Fehler, nach der Bewerbung zu verreisen?»

Es geht ein Bewerber auf Reisen und fragt sich, ob das nicht doch ein schlechtes Licht auf ihn wirft. Dies ist aber kein moralisches Problem, sondern höchstens ein praktisches. Und noch nicht einmal das. Bewerben soll einen nicht vom Leben abhalten. Schreiben Sie doch einfach: «Bin vom … bis zum … in Urlaub und über das Hotelfax in Marokko ++56 69 78 60 77 oder über mein Handy ++44 170 16 33 98 zu erreichen.»

Nutzen Sie die Gelegenheit und schinden Sie zusätzlich Eindruck. Zum Beispiel so: «Leider musste ich kurzfristig einen Vortrag beim Fonds-Analysten-Kongress in Malmö übernehmen und stehe Ihnen deshalb in der kommenden Woche nicht zur Verfügung …»

Fazit: Seien Sie jederzeit erreichbar und falls nicht, stellen Sie klar, ab wann Sie wieder im Lande sind. Sagen Sie, was Sache ist. Und wenn die Sache auch noch für Sie spricht, sagen Sie's deutlich.

Nebenbei bemerkt

Kommen Sie nicht auf die Idee, Sie könnten auf Kosten des Stellenanbieters den Urlaub unterbrechen und ins Hauptquartier zur Verhandlung einschweben. Und falls Sie doch drauf kommen, schlagen Sie das nicht vor.

Bevor Sie weiterlesen

Sprechen Sie unterwegs Mitreisende und Einheimische an. Je wildfremder, desto besser. Üben Sie das auf jeder Reise. In jeder Sprache, der Sie mächtig sind. Wenn Ihnen das zu unheimlich ist, beobachten Sie Leute, die spontan miteinander ins Gespräch kommen. Machen Sie es ihnen nach. Den ersten Schritt zu tun übt man bei jeder Gelegenheit ein. Solange ein, bis man wie selbstverständlich die Initiative ergreift, wenn die Situation angespannt oder verfahren oder zweifelhaft oder prekär ist. Jemanden ansprechen ist ein großartiges und kostenloses Vergnügen. Und wenn Sie später auf der Terrasse des Bayerischen Hofs stehen und denken, Sie könnten jetzt den Herrn Dr. Henning von den Hilfsmotorenwerken ansprechen, wenn Ihnen nur etwas einfallen würde … dann fällt Ihnen auch etwas ein.

24 Marketing für Jobsucher

«SCHRIFTLICHKEIT ist nicht mein Ding. Alle Ihre Ratschläge laufen jedoch auf SCHRIFTLICHES Bewerben hinaus. Könnten Sie nicht auch mal ein paar KONKRETE Aktionen vorschlagen?»

Wer nicht schreiben will, der muss sich ins Gespräch bringen. Wie das geht, erkläre ich gern. Für diesen Tipp schrieb ich einen jener beliebten Office-Scherze um, die als anonyme Kettenmail täglich in der Mailbox landen. Nützlicher Nebeneffekt: Sie lernen nebenbei Rasselwörter aus dem Marketing. Bitte vor Übernahme auf Erfolgsaussichten prüfen!

Konkrete Aktion 1
Abendliches Get together des Blech- & Zink Kongresses vereinigt mit eBlech. Im Gewühl erblicken Sie einen attraktiven Vorstandsvorsitzenden. Sie gehen zu ihm und sagen: «Hallo. Ich weiß, dass Sie Ihren Verkaufsleiter lieber heute als morgen loswerden möchten. Sofern ihn nur jemand ersetzen kann, der so gut ist wie ich.»

Dies ist ein Beispiel für Direktmarketing.

Konkrete Aktion 2
Mittagsbüffet der Fachtagung Ostallgäuer Bergbahnbetriebe. Im Gewühl erblicken Sie einen potenziellen Arbeitgeber. Sie zahlen einer Kollegin zehn Euro dafür, dass sie sich vor dem Geschäftsführer aufbaut und ihm sagt «Hallo. Mein Kollege dort drüben ist der härteste Verkaufsleiter überhaupt. Den sollten Sie sich mal anschaun.»

Das kann man nicht anders nennen als Werbung.

Konkrete Aktion 3
Verschnaufpause im Seminar. Was uns der Fluss sagt. Führungskräfte im Entscheidungskontinuum. Unten am Ufer lagert ein Vorstand Personal. Sie geben zwei Kursteilnehmern je 20 Eichel, damit sie sich in Hörweite des guten Mannes darüber unterhalten, was Sie doch für ein großartiger, vom Erfolg verwöhnter Marketing-Crack sind.

In der Fachwelt heißt das Public Relations.

Konkrete Aktion 4

Kaffee und Kekse nach dem dritten Vortrag während des Retreats Ihrer Firma. Auf dem Gang erkennen Sie den Unit-Leiter Osteuropa wieder. Sie nähern sich ihm, sprechen ihn an, erwähnen die goldenen Zeiten in Budapest, bringen ihn zum Lachen. Und dann werfen Sie ein: «Aber hallo, ich bin immer noch das Verkaufsgenie von früher. Und Ihre Unit könnte mich echt wieder brauchen.»

Das ist Customer Relationship Management.

Konkrete Aktion 5

325 Jahre IHK Altrhein. Die Gäste drucksen herum. Sie stecken im scharf gebügelten Outfit, treten mit großer Geste an jedes Grüppchen heran. Ihr Lächeln überstrahlt noch den Deckenlüster. Ihr Witz taut schwer unterkühlte Gattinnen von Produktionsleitern auf. Ihr Charme bringt die Sektkelche krisenfester Mittelstandsfrauen zum Klirren. Sie sind Mr. Nice Guy des Abends. Wie zufällig wenden Sie sich an den Besitzer der Rechtsrheinischen Kies- und Schotterwerke und sagen: «Hallo, auch kleine Kiesel brauchen große Vermarkter. Wollen wir miteinander ins Geschäft kommen?»

Das ist Hard Selling.

Konkrete Aktion 6

Candle Light Dinner im Caduta Sassi. Sie sind gut drauf und völlig entspannt, als drei Tische weiter eine Bewegung entsteht, jemand beim Aufstehen die Serviette weglegt, zielstrebig Ihren Tisch ansteuert: CEO Wörbel von Personal Cult & Consult. Er sagt: «Hallo. Wörbel mein Name. Personal Cult & Consult. Sie machen jetzt also das Westend zu Ihrem Turf?»

Das, liebe Leser, ist nichts anderes als die *Kraft der Marke.*

Nebenbei bemerkt

Im Esoterik-Business jagt eine Mode die andere. Letzten Monat trug man noch Navajo-Amulette, diesen Monat schnüffelt man heiligen Kuhdung. Im Beratungsgeschäft wirken dagegen Mondsüchtige, die auf ihre Lehre selbst hineinfallen. Aus einer Berliner Frauen-Site: «Stellen Sie sich vor, Sie erhalten einen Auftrag, sich selbst zu vermarkten. Produkte vermarkten, o.k., aber sich selbst? Wie geht frau vor? Nicht anders, als wenn frau ein Produkt vermarktet. Nur mit dem Unterschied, dass Sie im Gegensatz zu einem Produkt höchst lebendig sind.» In manchem Scheitern steckt wirklich auch etwas Unappetitliches.

Die einzig wahre konkrete Aktion

Die besten Jobs dieser Welt bekommt man, weil man sich kennt oder weil ein Mittelsmann den Kontakt herstellt. Es gibt deshalb nur eine sinnvolle konkrete Aktion: andere Menschen zu Agenten seiner Sache machen. Leute, die das kritisieren, können sich typischerweise nicht vorstellen, selber für andere aktiv zu werden. Helfen Sie gern. Lassen Sie zu, dass andere Ihnen helfen.

Bevor Sie weiterlesen

Ihr Job bringt Sie nur mit wenigen und nicht besonders interessanten oder nützlichen Leuten zusammen. Gehen Sie in eine Yoga-Klasse oder lernen Sie in einer netten Sprachschule Französisch. Werden Sie Mitglied bei Amnesty. Die absolut interessanten Leute, die man trifft, sind immer selbst interessiert, weltoffen und kommunikativ.

25 Selbstdarstellung im Assessment-Center

«Ich habe die Chance, an einem Assessment teilzunehmen. Die Firma nennt es zwar Kennenlerntag, doch meiner Auffassung nach ist es ein typisches Assessment-Center. Zur Vorbereitung sollen die Teilnehmer eine Präsentation ihrer eigenen Person entwerfen. Genau damit habe ich so meine Probleme. Ich grüble schon einige Tage darüber, wie ich das erstellen soll. Uns wurde nicht mitgeteilt, welche Technik zur Verfügung stehen wird. Und vor allem: Welcher Tonfall kommt am besten an? Bleibe ich besser ernst oder mache ich auf Entertainer?»

Freuen Sie sich, dass Sie Ihren Hut in den Ring werfen dürfen und sich im edlen Wettstreit mit den Konkurrenten messen. Assessment-Center sind einerseits von Psychologen gestaltete Auswahlverfahren, andererseits durchaus sinnvoll. Wie soll man Teamverhalten anders beobachten und werten als in der Gruppe? Aus Firmensicht gibt es kaum eine Alternative, um Rekruten dem Lackmustest der eigenen korporativen Kultur auszusetzen. Auch Weltfirmen sind Mikrokosmen, die sich nicht für jedermann öffnen. Sieger beweisen in einem Assessment ihre guten Umgangsformen, Verlierer bewahren Haltung und die Beobachter wahren allzeit professionelle Distanz.

Die Selbstpräsentation in der Anfangsphase eines Kennenlerntags dient auch dazu, dass Ihre Gegenspieler etwas über Sie erfahren. Wie viel genau? Nicht mehr, als personalplanerische Umsicht, wohlverstandenes geschäftliches Interesse und vor allem der Zwang zum Management von Beziehungen verlangen. Die anwesenden Firmenvertreter sind dabei an Ihrer Individualität selbst viel weniger interessiert als an Auswahl, Zusammenstellung und Vermittlung ihrer persönlichen Daten. Betrachten wir einen naiven Assessment-Teilnehmer und einen selbstbewussten. Der eine packt einen reichhaltigen Datenkorb aus, der andere liefert handverlesene, arrangierte, aufpolierte Informationen.

In der Vorstellungsrunde rücken Sie mit Ihren persönlichen Informationen nicht heraus, damit man Sie umfassend würdigt. Man wird Sie dank Ihrer Selbstpräsentation genauer unterscheiden und optimal mit Ihnen rechnen können. Daraus folgt: Plazieren Sie die Informationen spärlich und präzise. Nicht anders, als wenn Sie ein paar Steine in einem Bachbett auslegen, um jemandem sicher von der einen Seite auf die andere zu lotsen. Die Informationsmenge verringert man aus grundsätzlichen Erwägungen heraus, aber auch weil man sich umso mehr Blößen gibt, je mehr man von sich selber enthüllt.

Kleiden Sie die nackten Daten beim Vortrag stets ein. Ein witziges Bonmot, eine kurze Anekdote sind mehr als nur moderatorenhaftes Getue. Solange Zuhörer schmunzeln, werden sie die Information aufnehmen und nicht abwehren. Jede Pointe ist ein trojanisches Pferd, mit dem Sie Ihre Botschaft unter das Publikum schmuggeln.

Ein Beispiel: «Ich bin in Biel geboren und in Berlin aufgewachsen. Die Lehrer der dortigen International School ermuntern einen ja, sich zu exponieren und zu bewähren. Theaterkenner haben schon erkannt, dass es sich bei diesem Foto um … genau, um eine Aufführung des Mittsommernachtstraums handelt. Ich stehe tatsächlich mit auf der Bühne, allerdings als einziger Darsteller in einem Tierkostüm.»

Sie bringen unter, dass Sie auf einer anspruchsvollen Schule waren, dass Sie dort in der Shakespearetruppe waren und haben gleichzeitig die Lacher auf Ihrer Seite. Was wollen Sie mehr?

Wenn es um Präsentationsfragen geht, müssen Sie keineswegs um jeden Preis ein witziger Kopf sein. Sie müssen sich aber bei jedem Stückchen Information aufs Neue fragen:

- Warum möchte ich das der Runde überhaupt nahe bringen?
- Welchen wichtigen Aspekt meines Eignungsprofils soll die Information abdecken?
- Passt diese Information, als Mosaiksteinchen betrachtet, zum Gesamtbild?
- Kann ich aus den wenigen Zahlen und Fakten zu meinen Lebens-, Lern-, Tätigkeitsphasen eine gute Handlungslinie ziehen?

Ihre Selbstdarstellung zielt auf andere. Sie setzen damit Marken, wollen sicher auch die Gruppe beeindrucken und ein klares Bild von sich zeichnen. Exemplarische Ereignisse sind für einen typisch. Arbeiten Sie das für Sie Typische heraus. Geben Sie Anknüpfungspunkte. Wer sich vorstellt, ohne damit Gesprächsanlässe zu liefern, ist in der Pause auch nicht gefragt.

Das Assessment-Center versucht, Bewerber aus der Ausnahmesituation des Bewerbungsgesprächs zu nehmen und sie in modellhafte Situationen des beruflichen Alltags zu versetzen. Um mit Ihnen zusammenarbeiten zu können, braucht man eine Idee davon, wie Sie ticken. Nicht mehr als das vermitteln Sie.

PowerPoint ist das Tool, mit dem Sie geschäftliche Präsentationen aller Art nach allen Regeln der Kunst produzieren. Falls Ihnen sämtliche Regeln nicht auf Anhieb einfallen wollen, halten Sie sich an diese drei:

1. Teilen Sie die Präsentation sinnvoll auf sehr wenige Seiten auf. Zum Beispiel so: Ausbildungsstationen – Praktische Erfahrung – Aktivitäten.
2. Streichen Sie von Ihrem ersten Entwurf 75 – 50 Prozent an Text.
3. Finden Sie für die verbleibenden Informationen möglichst bildhafte Umsetzungen.

Für ein paar US-Dollar können Sie bei `newyorker.com` Business-Cartoons für Ihre Präsentation laden. O.k., es sind ein paar Dollar mehr, aber bessere Illustrationen finden Sie nicht in diesem Sonnensystem.

Storyboard einer kleinen Personality-Show: 1 Aufmacher -> 2 Start: Geburtsdatum, Ort -> 3 ein Highlight während der Schulzeit -> 4 schulischer Abschluss –> 5 Studium -> 6 studienbegleitende Aktivitäten -> 7 Menschen, die für den eigenen Werdegang wichtig sind.

Grundregel: Wann immer Sie etwas bildhaft veranschaulichen können, entscheiden Sie sich für die Illustration und gegen den Text. Textzeilen kürzen Sie auf sieben Worte herunter. Finden sich in Ihrer Präsentation immer noch mehr als nur ein paar Stichworte? Streichen Sie erbarmungslos!

Reichern Sie während des Vortrags die Ausbildungsstationen mit Namen von Leuten an, die für Sie wichtig waren. Erwähnen Sie als praktische Erfahrung den schlecht bezahlten, Ihre Erfahrung prägenden Freizeitjob, aber kleistern Sie nicht die Seite mit Zwei-Wochen-Stunts zu. Notieren Sie nur Hobbys und Interessen, über die Sie jederzeit fachsimpeln können. Anscheinend gilt man als nicht sozialfähig, wenn man nicht darlegt, womit man seine freie Zeit verbringt. Psychologen schätzen zudem vielseitig interessierte Menschen. Eine Passion, zu der man sich guten Gewissens bekennt, reicht im Leben einer jungen Fach- oder Führungskraft vollkommen aus.

Als Ausgabemedium sollte man OHP-Folien plus eine CD-ROM (oder Diskette) wählen. Falls Ihr unglückseliger Vorredner den OH-Projektor vom Brett gefegt hat und auch keine PC-Beamer-Kombination disponibel ist, handeln Sie natürlich umsichtig, indem Sie eine mehrfach ausgedruckte und bereits zusammengeheftete Präsentation aus der Mappe ziehen. Selbstsicherheit zeigt sich aber nicht darin, gleich nach Eintritt in den Konferenzraum seinen kleinen Papierstapel auszupacken und bündig vor sich auf dem Tisch auszurichten.

Drei bis fünf Seiten Selbstpräsentation müssen reichen. Selbst für einen göttlichen Schöpfungsplan braucht man nicht mehr als sieben Folien.

Arrangieren Sie unauffällig, dass Sie als letzter in der Gruppe präsentieren. Nehmen Sie Informationen Ihrer Vorgänger auf, weisen Sie auf Gemeinsamkeiten hin. Stellen Sie sich souverän in eine Reihe und weisen Sie diskret darauf hin, was Sie von den anderen abhebt. Kürzen Sie Ihren Vortrag, wenn die Langweiler vor ihnen schon zu sehr genervt haben. Unterschlagen Sie nie Ihre eigentliche Kernbotschaft, nur weil Sie sich beeilen wollen.

Ihre unterschwellige Kernbotschaft lautet, dass Ihr ganzes bisheriges Leben Sie bestens auf diesen großen Tag des Wettbewerbs vorbereitet hat.

Nebenbei bemerkt

Was bieten Sie an sozial sinnvollen Aktivitäten? Ehrenamtliches Engagement: da spitzt jeder Personaler aufmerksam die Ohren. Sie sind sozial eingebunden, kommunikativ orientiert, positiv eingestellt, altruistisch im Wesen, engagiert und leistungsfähig. Sie sind ein Team Leader. Sie können Krisen meistern, Niederlagen überstehen und Ihre kleine Truppe in Richtung Blaue Berge führen … Soll ich weiter loben?

Bewerber live: kontakten, verhandeln, gewinnen

Ausschnitt aus einer Bewerberpräsentation:

«Haben Sie die strukturellen Ähnlichkeiten in den bisherigen fünf Slide-Shows bemerkt? Sie haben alle die Firmenfarben in Ihrer Präsentation eingesetzt. Da bin ich aber froh, dass ich nicht aus dem Rahmen falle … (zeigt ersten Slide) … Die Gemeinsamkeiten gehen noch weiter: Wir haben alle zügig studiert, dabei Praxiserfahrungen gesammelt und es hat die meisten von uns irgendwann an die Ostküste gezogen. Meine Stationen passen ganz gut ins Schema: Abitur – Ausbildung bei Siemens – Auslandseinsatz; in meinem Fall Mexiko – Studium in Mannheim und London …»

Bevor Sie weiterlesen

Ich kenne Leute, die völlig frei und sicher Auditorien zu fesseln vermochten und für Investorenmeetings wieder trainieren mussten, sich aktiv den Inhalten

Ihrer Folien zuzuwenden. (Man dirigiert und choreografiert die gesamte Informationsaufnahme, also nicht nur das Hörverstehen, sondern auch die Textrezeption.) Sie können sich keinen teuren Coach fürs Einzeltraining Präsentation leisten. Sie können sich aber mit ein paar Freunden gegenseitig filmen und die Aufnahmen hinterher bei einem Glas Milch analysieren.

26 Einfach handeln

Stellen Sie sich vor, Sie fahren im Sportcoupé durch die stürmischste, wildeste Nacht. Aus dem Dunkel tritt eine Bushaltestelle hervor. Sie erblicken drei Menschen, die in Regen und Kälte auf den Bus warten:

- Eine alte Dame. Wie es aussieht, liegt sie im Sterben.
- Ein alter Freund von ihnen, der Ihnen einmal das Leben gerettet hat.
- Der Traummann (die Traumfrau), auf den (die) Sie schon Ihr ganzes Leben lang gewartet haben.

Nur einen einzigen Fahrgast können Sie mitnehmen. Doch welchen? Das ist nicht nur eine Frage der Moral. Sie stehen vor einem ethischen Dilemma. Wie würden Sie das Problem lösen?

Diese Story, so die Saga, wurde vielen Bewerbern in Jobinterviews vorgelegt. Wie reagieren? Man könnte die Alte auswählen und in den Wagen verfrachten. Man würde ihr damit das Leben retten, schließlich scheint es ihr ausgesprochen schlecht zu gehen. Andererseits steht dort auch der beste Kumpel, den Sie jemals hatten. Immerhin hat er Ihnen vor Jahren das Leben gerettet. Ob Sie es je wieder gut machen können? Doch wenn Sie das gerade jetzt tun, verpassen Sie sicher die Liebe Ihres Lebens.

Wie handeln? Was ist richtig? Denken Sie nach.

…

Der Folklore nach wurde die erfolgreiche Bewerberin aus 200 Kandidaten ausgewählt. Irgendwie hatte sie es geschafft, den Personaler zu überzeugen.

Was, glauben Sie, war ihr eingefallen?

Sie erklärte:

«Natürlich würde ich die Schlüssel meinem besten Freund geben und ihn bitten, die kranke alte Dame ins nächste Hospital zu fahren. Ich selbst würde an der Bushaltestelle zurückbleiben und dafür Sorge tragen, dass mein Traummann keinen Schaden nimmt.»

Muss ich Ihnen die Moral der Geschichte auch noch aufschreiben? Sie lautet, dass Sie sich nicht begeistert in große Konflikte verstricken sollen, wenn sich das Problem auch pragmatisch lösen lässt.

Pragmatisch handeln heißt einfach handeln.

Statt lange darüber zu brüten, ob Ihnen eine Jobofferte genehm ist, rufen Sie den Stellenanbieter an und stellen Sie ihm Ihre Fragen.

Statt lange darüber zu grübeln, ob man Ihnen ein Arbeitszeugnis ausstellen wird, schreiben Sie es selbst und legen Sie es zur Unterschrift vor.

Statt lange darüber nachzudenken, ob man Sie als Fünfzigjährigen überhaupt noch nehmen wird, bauen Sie die Förderzuschüsse des Arbeitsamts als Argument in Ihr Anschreiben ein.

Statt lange darüber zu sinnieren, wie Ihre schreckliche Vergangenheit Ihnen stets das berufliche Überleben verunmöglicht, nehmen Sie den nächsten Job an und bewähren Sie sich.

Statt lange darüber zu reflektieren, ob es die Firma wieder schafft oder ob sie dieses Mal doch pleite geht, wechseln Sie.

Statt einmal mehr über die «Herren da oben» zu schimpfen, finden Sie heraus, ob es sich wirklich um einen Herrn oder nicht doch um eine Dame handelt und schreiben Sie ihm oder ihr eine Mail.

Und statt sich hier noch weitere Handlungsanweisungen zu Gemüte zu führen, machen Sie sich besser wieder an die Arbeit.

Aus einem Anschreiben

Schreiben ist Handeln. Einfach schreiben? Geradlinig handeln!

> *«Sehr geehrte …,*
>
> *noch einmal besten Dank für Ihre freundlichen Auskünfte und Ihren guten Rat in Sachen beruflicher Wiedereinstieg!*
>
> *Als engagierte und tüchtige Fachkraft habe ich mich bereits während meiner Ausbildung bei der Stadtverwaltung Nellenkamp erwiesen. Mein unmittelbarer Vorgesetzter war zuletzt Herr Hurtz. Über meine fachliche Kompetenz und Leistungsstärke als Mitarbeiterin im Bereich Verkehrswesen kann Ihnen Herr Hurtz (Durchwahl -023) sicher umfassende Auskunft geben.*
>
> *Meine damaligen Schwerpunkte waren Sachbearbeitung, Dateneingabe und -abgleich und nicht zuletzt Parteienverkehr. Das Arbeitsverhältnis musste ich mit großem Bedauern zum September 200x kündigen um mich uneingeschränkt der Pflege meiner Mutter zu widmen. In dieser Zeit habe ich jedoch mein EDV-Wissen in eigener Initiative auf dem aktuellen Stand halten können.*

Jetzt erlauben es mir meine privaten Umstände, wieder in meinen Beruf zurückkehren. Ich bin vielseitig, flexibel und belastbar. Meinem Kompetenzprofil zugute kommen mein organisatorisches Geschick, meine administrative Erfahrung und nicht zuletzt eine erste schulische Ausbildung zur Wirtschaftsassistentin. Gern würde ich meine Fähigkeiten als serviceorientierte Sachbearbeiterin künftig wieder zum Nutzen der Stadt Nellenkamp und ihrer Bürger einsetzen.

Ich strebe eine Vollzeitbeschäftigung an, übernehme jedoch auch jederzeit Teilzeit- oder Vertretungsaufgaben. Sollte derzeit keine Vakanz zu besetzen sein bitte ich Sie mich für eine künftige administrative Verwendung vorzumerken …»

27 Zu voreingenommen von sich selber?

«Ich habe noch eine Frage zum von Ihnen optimierten Bewerbungsschreiben: Irgendwie bin ich doch nicht der Erfolgstyp, als den Sie mich darstellen. Vielleicht ist man zu bescheiden, ich weiß es nicht. Erscheine ich im Schreiben nicht zu voreingenommen von mir selber?»

Geübte Briefschreiber treffen den richtigen Ton. Es gibt viele Bewerber, die sind mehr von sich überzeugt, als ihnen gut tut. Und dann gibt es noch eine erstaunlich große Zahl an Jobsuchern, die macht das Thema unglaublich verlegen. Wenn ich für jemanden aus dieser Gruppe der möglichst unsichtbaren Untertreiber die Bewerbung optimiere, reagiert man darauf oft so, wie der Fragesteller. Meine Antwort:

Understatement ist die erstrebenswerte Fähigkeit großer Geister, sich selbst auf normalmenschliches Maß zu reduzieren. Gelassenheit wirkt aber nur, wenn alle Welt Sie sowieso kennt, von Ihnen schwer beeindruckt ist und Ihre vielen Verdienste ohnehin dreimal täglich lobt. Wetten, dass Sie dem Stellenanbieter noch gar kein Begriff sind? Haben Sie vor, ihn auf sich aufmerksam zu machen? Selbst wenn ein ausgesprochener Wintertyp gefragt ist: Blässe und Farblosigkeit sind nicht die besten Argumente.

Ich will Sie keinesfalls verbiegen. Sie müssen sich mit dem Anschreiben wohl fühlen und sich unverzerrt darin gespiegelt sehen. Andererseits sind Sie in der ersten Bewerbungsphase tatsächlich die einzige Person, die für Sie spricht. Hat Ihnen doch bereits ein Fürsprecher oder Vermittler die Tür geöffnet, dann wurden Ihnen allemal vorab dicke Lorbeerkränze geflochten. Ansonsten liegt es ganz allein an Ihnen, wie Sie auf andere wirken.

Entscheiden Sie einfach wie folgt: Wenn Sie eine im Anschreiben behauptete Eigenschaft oder Fähigkeit guten Gewissens unterschreiben können, dann lassen Sie's stehen. Überlegen Sie an dieser Stelle aber noch einmal, wer Sie sind, was Sie können und was Sie alles bereits geleistet haben. Vergessen Sie nicht: Gebot 9 sagt, wer lügt, fällt auf die Nase. Die Ergänzung 9b lautet aber: Wer Positives verschweigt, fällt nicht auf. Fakten auf eine ansprechende Weise darzustellen, ist nichts Ehrenrühriges.

Haben Sie also den Mut, sich zu sich selbst zu bekennen.

Und last not least: In gewisser Hinsicht entwerfen Sie im Anschreiben schon ein recht idealisiertes Bild von sich. Es funkelt eben ein bisschen, wenn die Sonne freundlich lächelt. Diesen Trick beherrschen Stellenanbieter mit Ihren Anzeigen aber nicht minder.

Noch nicht ganz überzeugt? Dann suchen Sie für jede positive Behauptung den Beweis oder den Beleg oder das Beispiel aus Ihrer beruflichen Praxis. Im Anschreiben haben wir ja nicht nur Aufgabenbereiche aufgezählt, sondern mit der Performance verknüpft: «Als Rezeptionistin ...» (= Tätigkeit) «... veranlasste ich die Einrichtung eines Gruppenzeitplaners im Intranet.» (=Leistung). Auch im Lebenslauf haben wir den Arbeits- und Ausbildungsphasen immer auch reale und nachweisbare Aufgaben und Erfolge zugewiesen. Und? Sie sind tatsächlich exzellent? Wurde aber auch Zeit, dass Sie sich und anderen das sagen.

Nebenbei bemerkt

Beim Lesen dieser Zeilen denken Sie: Wie gut, dass ich alle meine Arbeitszeugnisse beisammen habe. Und dass ich stets darauf insistierte, sie so lange umzuschreiben zu lassen, bis am Ende nichts drinsteht als die reine und nackte und mit viel Glanzpolitur aufgefrischte Wahrheit.

Bewerber live: kontakten, verhandeln, gewinnen

Was machen Sie beruflich? Antworten Sie auf diese Frage in einem Drei-Wort-Satz:

> «Ich bin ...»

Widerstehen Sie der Versuchung, zu erläutern, zu erklären, einzuschränken oder auszuufern. Sagen Sie nicht «Ich bin arbeitslos», wenn Sie arbeitslos sind und man Sie nach Ihrem Beruf fragt.

Bevor Sie weiterlesen

Leuchten Sie alle dunklen Winkel in Anschreiben und Lebenslauf aus und formulieren Sie Ihr berufliches Tun so, dass Sie stolz darauf sein können.

28 Selbst vermarkten!

Schließen Sie bitte die Augen und stellen Sie sich Selbstvermarktung vor. Sie hören dem Politiker zu, wie er sich am Gegner reibt. Sie sehen den Sportler, der sein Tagebuch in ein Busenblatt stellt. Sie sehen Bruder Haffa hinter schwarzen Gläsern. Sie wittern das Boxenluder neben dem Brieftaschen-Mann. Stopp! Der Marktplatz, auf den es uns ankommt, ist nicht der öffentliche Raum. Und das *Selbst* in Selbstvermarktung hat etwas mit Selbstachtung zu tun.

Hier sind meine Goldenen Regeln zur karrierefördernden Selbstvermarktung:

1. Definieren Sie sich in drei Worten

Auf die Frage, was Sie sind oder tun, antworten Sie stets: I*ch bin Landvermesser.* Ersetzen Sie *Landvermesser* durch ein einziges auf Sie passendes Hauptwort. Auch in Zeiten der Arbeitslosigkeit antworten Sie nicht *stellensuchend*, sondern *Landvermesser.* Falls Sie nicht genau wissen, was Sie sind oder falls Sie vieles zugleich tun, dann sind Sie *Landvermesser.*

Nicht vergessen: Sich selbst finden können Sie nach 22 Uhr. In jedem Gespräch während der üblichen Geschäftszeiten sind Sie *Landvermesser.* Nichts sonst. Nichts weiter. Und nichts drum herum.

2. Verstehen Sie die Aufforderung

Gelegentlich werden Sie aufgefordert, Ihren beruflichen Werdegang zu schildern. *Berichten Sie doch, was Sie bisher gemacht haben*, meint aber in Wahrheit: Warum sind Sie hier? Dampfen Sie Ihre Story auf 60 Sekunden Vortragszeit ein. Steuern Sie zielgenau auf die Antwort zu und machen Sie klar, was Sie her führt.

3. Verschwenden Sie Ihre Visitenkarten

Bringen Sie Ihre Geschäftskarte in Umlauf. Als effizientes Medium drückt sie Ihren Rang und Ihre Wertigkeit aus. Falls Sie keine Businesskarte haben, schleusen Sie Ihre privaten Visitenkarten in den Jobmarkt ein. Basteln und drucken Sie Ihre Karten nicht selbst – Small Budget rechtfertigt nicht Bad Taste.

4. Legen Sie für geschäftliche Gespräche zwei Linien fest

Die erste ist Ihre Ziellinie. Sie können sie nur gemeinsam mit Ihrem Gesprächspartner erreichen. Überlegen Sie deshalb gut, auf welchem Weg Sie beide gut ankommen. Drängt man Sie in der Verhandlung hinter die zweite Linie oder werden Sie veranlasst, hinter diese Grenzlinie zu gehen, dann beenden Sie freundlich aber bestimmt das Gespräch.

Es ist gut, kommunikativ zu sein und zu kooperieren. Es ist ebenso gut, auf das innere Signal zum Rückzug zu hören. Ihre Zeit ist viel zu kostbar um herumzustehen oder herumzureden.

5. Nehmen Sie keine Herausforderung an

Nehmen Sie nur einen definierten Auftrag an. Oder ein Jobangebot. Nehmen Sie nur an, was Geld bringt oder der Karriere dient. Selbstmarketing heißt, auf dem Markt den bestmöglichen Stand ausfindig zu machen und zu besetzen. Es heißt nicht, sich provozieren zu lassen und blindlings hinter jedem Herausforderer herzujagen – womöglich noch rund um den Markt oder hasengleich mitten durch ihn hindurch.

6. Produzieren Sie Stories statt Slogans

Marktschreier propagieren, dass man sich und seine Leistungen unaufhörlich promoten soll. Verwechseln Sie nicht Marketing mit Werbung. Stricken Sie stattdessen aus Ihren Erfolgen (und auch aus Ihren Missgeschicken) kurze Storys und bringen Sie die in Umlauf. Jede Kultur fährt auf gute Geschichten ab. Auch eine Firmenkultur.

Sie haben weitergedacht und produzieren schon Ihre Daily Soaps, in denen Ihre Freunde und Mentoren die Hauptrolle spielen. Besetzen Sie Themen. Verschaffen Sie den anderen eine gute Zeit. (Und nehmen Sie mich in Ihr Netz auf.)

7. Messen Sie Ihre Wirkung

Stellen Sie sich Ihr Arbeitsleben einmal als Dokudrama vor. In diesem Film hat der Produzent Ihren Körper unsichtbar gemacht. Sie können nur an Ihrer Stimme sowie am Handeln und Sprechen der anderen herausfinden, ob Sie existieren. Schauen und hören Sie sich diese Filmszenen an. Wie nimmt man Sie wahr? Bringen Sie sich zu Gehör? Bemerkt man überhaupt etwas von Ihnen? Geht man auf Sie ein? Werden Sie häufig von anderen angespielt?

Selbstmarketing beginnt, indem man dort *präsent* ist, wo man sich gerade aufhält.

8. Legen Sie Ihr Handeln vertrauensbildend aus

Alle Verkäufer in ebay, der Online-Plattform für Auktionen, werden von denen bewertet, die ihnen etwas abkaufen. Je mehr gute Bewertungen, desto höher die Einstufung. Organisieren Sie ebenso Ihr breit angelegtes, personalisiertes Rankingverfahren. Fordern Sie unentwegt Komplimente ein und fischen Sie unverdrossen nach Kritik. Qualität nährt sich aus beidem.

Machen Sie jeden Job perfekt. Verwenden Sie dafür nur 50 Prozent Ihrer Zeit. Die übrige Zeit über machen Sie sich gefragt, beliebt und schlau.

9. Selbstmarketing ist eine Investitionsentscheidung

Ohne Budget kein erfolgreiches Marketing. Ihr Selbstmarketing verlangt vielleicht Ausgaben für Kleidung, Schulung, Werkzeug, Bewirtung, Promotionsmaterial, Beratung. Manche Investitionen zahlen sich nie aus, manche nicht zum erwarteten Zeitpunkt. Sei's drum. Selbstmarketing ist obendrein eine andauernde Anstrengung, keine befriste Aktion.

Bauen Sie sich langsam auf. Kontrollieren Sie Ihr Budget. Passen Sie Ihre Strategie an.

10. Überfliegen Sie alle klugen Ratschläge

Je allgemeiner die Tipps, desto leichter gehen sie Ihnen ein. Nur werden die Tipps da nicht bleiben. Denn allen Rat, den Sie beifällig abnicken, können Sie wirklich bloß absegnen. Die meisten Tipps sind nicht für diese Welt. Von Halbgöttern des Wissens geschrieben, für Engel gedacht. Wie wollen Sie einen himmlischen Rat umsetzen, der zur platten Wirklichkeit im selben Verhältnis steht wie ein Engel zum Maikäfer?

Wie viele Regeln haben wir schon? *Zehn.* Stellen Sie sich vor, die Zahl 173 wäre eine beliebte symbolische Einheit. Nicht auszudenken! Und nun los. Schwirren Sie ab. Richtung Markt!

29 Spiegeltest für Stellenbewerber

«Ich finde die Jobsucherei dermaßen entwürdigend. Was kann ich tun, um bei all dieser Selbstverleugnung noch meine Selbstachtung zu bewahren?»

Verlieren Sie sich nicht selbst bei der Arbeitssuche. Gerade wenn es nicht auf Anhieb klappt, meint man, der eigenen Selbstachtung allerhand zumuten zu können. Prüfen Sie deshalb bei Gelegenheit vor dem Spiegel, ob Sie sich überhaupt noch in die Augen schauen können.

Leiten Sie aus Ihren Erfahrungen und Beobachtungen Verhaltensregeln ab. Halten Sie sich auch daran. Machen Sie sich nicht zum Clown. Selbstvermarktung ist keine Masche und kein Verfahren zur Selbstentäußerung.

Lassen Sie nicht alles mit sich geschehen, agieren Sie immer von sich aus. Entwickeln Sie Ihre Bewerbertugenden:

- Findigkeit – Lösungen auch auf unkonventionelle Weise suchen
- Routine – entmutigende Wechselfälle gelassen überstehen
- Einfallsreichtum – nicht bloß wiederholen, was andere tun
- Initiative – eigene Interessen energisch vertreten

Gründen Sie Ihr Handeln auf ein starkes Fundament. Auf die sichere Einschätzung, wer Sie sind.

Mit anderen Worten: Sie müssen sich nicht verkaufen! Personaler suchen gezielt nach Bewerbern mit festen Konturen und mit klarem Verständnis für die Belange und Interessen des Unternehmens. Halten Sie im Vorstellungsgespräch die Balance: Thematisieren Sie durchaus auch Ihr eigenes Interesse. Treten Sie aber nicht ganz und gar selbstbezogen auf. Sind Sie übrigens selbst noch unerfahren und etwas schwach auf der Brust, fahren Sie weitaus besser mit einem starken Chef, der Sie gnadenlos fordert und optimal fördert und Ihnen echte Bewährungsproben stellt, an denen Sie sich entwickeln können. Ein schwacher Chef ist nicht die Lösung für mangelndes Selbstwertgefühl. Er verstärkt das Problem.

Nebenbei bemerkt

Arbeitslose haben keine Lobby. In Arbeitsloseninitiativen nimmt man die Vereinzelung nicht hin und man tut gemeinsam was gegen Ausschließung und

Abgrenzung von Leuten ohne Arbeit. Informieren Sie sich bei `google.de`. Stichworte: «Arbeitsloseninitiativen» – «arbeitslos+Selbsthilfe» – «Treff für Arbeitslose».

Bewerber live: kontakten, verhandeln, gewinnen

«Jobtreff, Schiller am Apparat.»

«Grüß Gott, Herr Schiller. Mein Name ist Ortisi. Ich habe im Internet von Ihrer Initiative gelesen und wollte fragen, ob ich einmal persönlich vorbeischauen kann.»

«Aber selbstverständlich, Frau Ortisi. Wir haben täglich von eins bis vier geöffnet. Wissen Sie, wie Sie uns finden oder soll ich Ihnen eine Lageskizze mailen?»

«Ja, ich habe mir die Lageskizze schon ausgedruckt.»

Bevor Sie weiterlesen

Gestalten Sie eine eigene Visitenkarte. Eine Visitenkarte liefert Informationen um Sie zu identifizieren, einzuordnen und zu erreichen. Wer sind Sie? Mit welchen Angaben erreichen Sie das? Bezeichnen Sie Ihren Beruf mit einem einzigen Begriff. In meinen Trainings frage ich die Teilnehmer nach ihrem Beruf. Die meisten halten eine kleine Rede. Nach dem Beruf gefragt zu werden ist wie nach dem Namen gefragt zu werden. Antworten Sie mit einem Drei-Wort-Satz: «Ich heiße Winkler. Ich bin Bewerbungshelfer.»

30 Von den Zeitungsmännern lernen

«Ich bin schon drei Monate arbeitslos. Die von mir angeschriebenen Firmen scheinen meine Bewerbungen beinahe schon zu verschleppen. Muss ich mir das gefallen lassen?»

Gegenfrage: Was kann man als Bewerber von den Zeitungsverkäufern lernen, die sich an einer Großstadtkreuzung postieren und während der roten Ampelphasen auf die wartenden Autos zugehen?

Beobachten Sie einmal diese Leute: Gelegenheit kommt mit der Zeit. Und mit Gelassenheit überbrückt man Warteschleifen.

Bewerber sind aber leider auch nur Menschen und verlieren manchmal die Nerven:

«Ich habe Ihnen vor kurzem eine Bewerbung zugesandt. Wie ich feststellen muss, suchen Sie weiterhin jemanden für die ausgeschriebene Stelle, was mich darauf schließen lässt, dass ich für Sie als Mitarbeiter nicht in Frage komme. Ich bitte Sie daher, mir meine Bewerbungsunterlagen in einem wieder verwendbaren Zustand zurückzusenden!»

Und Personaler – wie kann es anders sein – reagieren darauf nicht immer gelassen:

«Kann er haben. Der hat's bei mir sowieso schon verscherzt!»

Schlussfolgerung: Fragen Sie ruhig, wenn Sie Fragen haben. Klären Sie ab, was unklar ist. Klopfen Sie höflich an, wenn der Stellenanbieter in einen überlangen Dornröschenschlaf versunken ist und sich gar nicht mehr bei Ihnen meldet. Telefonieren oder mailen Sie. Eine Mail zu beantworten schaffen auch Vielbeschäftigte: Es ist Personalern oder Geschäftsführern immer zumutbar, in einer freien Minute mit Mausklick und wenigen Worten auf Ihre triftige Anfrage zu reagieren.

Reagieren Sie aber nicht beleidigt. Selbst dann nicht, wenn Sie tatsächlich übergangen, übersehen, nicht berücksichtigt werden. Ein guter Straßenverkäufer ohne Erfolg sucht sich eine andere Kreuzung oder eine andere Zeitung oder eine andere Tageszeit oder er poliert sein Lächeln auf und wechselt die Jacke. Aber er nimmt Misserfolg nicht persönlich.

Nebenbei bemerkt

Nur unverdrossene Bewerber sind erfolgreiche Bewerber. Sorry, aber wenn Sie bei der Jobsuche häufig ausrasten, müssen Sie sich und vermutlich auch Ihre Bewerbungsstrategie ändern.

Bewerber live: kontakten, verhandeln, gewinnen

«PompTower Deutschland, Pechstein.»

«Herr Pechstein, ich wünsche Ihnen einen guten Morgen! Mein Name ist Georgi, ich habe mich vor vier Wochen bei Ihnen um die Stelle als Bauzeichner beworben.»

«Ja, Herr Georgi, unser Bewerbungsverfahren läuft noch. Da müssen Sie schon Geduld haben.»

«Herr Pechstein. In vier Wochen, da laufen Ihnen aber alle qualifizierten Bewerber weg. Sie haben ja Glück, dass ich der PompTower ganz besonders verbunden bin.»

«Inwiefern ganz verbunden?»

«Na, ich habe schon einmal in den Schulferien bei Ihnen gearbeitet ...»

Bevor Sie weiterlesen

Vielleicht reagiert man nicht, weil Sie komplett uninteressant sind. Suchen und analysieren Sie alle Stellenangebote, in denen die von Ihnen angestrebte Tätigkeit umrissen wird. Nutzen Sie zur Auswertung das Online-Arbeitsblatt auf `jova-nova.com`. Ordnen Sie die verlangten und von Ihnen nicht erfüllbaren Fähigkeiten nach ihrer Häufigkeit. Was fehlt Ihnen zur Akzeptanz? Wie können Sie nachbessern? Mailen Sie mir Ihre Überlegungen: *gwinkler@jova-nova.com.*

31 Treuherzige Stellenanbieter

«In manchen Stellenanzeigen wird geradezu treuherzig versichert, wie gut es die Mitarbeiter dort haben. Kann man dem Stellenanbieter unbesorgt alles abkaufen?»

Unser Experte Michael Altieri lächelt sein fast unsichtbares Personalerlächeln und meint: «Niemand sollte vergessen, dass beide Parteien versuchen, im besten Licht zu erscheinen. Deshalb ist jedes Unternehmen immer mit einem tollen Betriebsklima gesegnet, es vergibt ausschließlich verantwortliche Aufgaben und lässt fußballfeldgroße individuelle Spielräume. Überhaupt herrscht von der Pförtnerloge bis zur Chefetage Friede und Eintracht. Schließlich wirbt man ja im Interview um die Bewerber. Dazu gehört eben wie im Fernsehen etwas Werbung, die ja auch immer ein wenig mehr verspricht ...»

Bei aller Freude über die mehr oder minder gelungene Vorstellung: Bohren Sie nach oder denken Sie wenigstens darüber nach, wenn Ihnen etwas Seltsames oder Ungereimtes auffällt. Die folgenden Beobachtungen sind sicher nicht typisch, wurden mir aber im Laufe meiner Beratungstätigkeit tatsächlich berichtet: Die Office-Admin schaut Sie schon bei der Begrüßung mitleidig an. Der ganze Laden wirkt irgendwie desorganisiert. Das Ambiente ist irgendwie trostlos. Mitarbeiter hängen in der Kaffeeküche herum und tuscheln in Zweiergrüppchen. Die Luft schmeckt stark nach Insolvenz. Ihre Gesprächspartner sind sich gegenseitig spinnefeind. Man ergeht sich in dunklen Andeutungen über Mitarbeiter, Chefs, Abteilungen oder das schreckliche Firmenganze.

Der clevere Bewerber lässt sich im Gespräch den organisatorischen Aufbau, die Zuständigkeiten und Aufgabenbereiche genau erklären. Eigentlich müsste er sich schon vorab über das Geschäftsziel, die Produkte und Services informiert haben. Falls nicht, hakt er spätestens jetzt nach. Bei den Gründervätern und -müttern einer Start-Up erfragt man die Finanzierung ihres Unternehmens – damit beschäftigt sich ein CEO sowieso tagein, tagaus. Wer beim Bewerbungsgespräch nicht haarklein beschreibt, wie und wozu er einen Bewerber einsetzen will, dem fällt auch nach Arbeitsantritt keine vernünftige Aufgabenstellung ein. Auch selbständig agierende Problemlöser vom Schlage eines Bruce Willis werden ohne definierten Auftrag und verbindlichen Rahmen scheitern. Vergessen Sie deshalb in der Aufregung des Jobinterviews nicht: Wo Sie hingehen, soll es Ihnen gut gehen. Haben Sie begründete Zweifel? Dann schauen Sie die Empfangsdame beim Verabschieden mitleidig an.

Nebenbei bemerkt

Sie suchen keine Arbeit, sondern eine Organisation, die Sie für Ihre Arbeitsleistung entlohnt. Arbeit selbst ist auf der Welt so verbreitet wie Wasser. Jemand, der Ihnen Ihre Arbeit bezahlt, ist gut wie Gold. Ob ein Unternehmen gesund ist, erfahren Sie über die Menschen und Unternehmen, die damit zu tun haben, über Zeitungsberichte, über Finanzreports und Meldungen.

Bewerber live: kontakten, verhandeln, gewinnen

«Wem bin ich zugeordnet?»
«Wer ist mir gegenüber weisungsberechtigt?»
«Ist die Position neu geschaffen oder ersetze ich jemand anderen?»
«Warum ist mein Vorgänger gegangen?»
«Gibt es für die Stelle eine Aufgabenbeschreibung?»

Bevor Sie weiterlesen

Scharf auf Insidertalk? Über drei Ecken finden Sie immer jemanden, der den Laden genau kennt. Nehmen Sie aber nichts, was Sie so erfahren, für bare Münze. Schöpfen Sie Informationen immer aus mehreren Quellen.

32 Gibt es eine neue Form des Deckblatts?

»Zu meinem mitgesandten Deckblatt gleich die Frage: Verwendet man noch solch eine Version oder gibt es schon eine neue Form eines Deckblatts?»

Eine Frage wie: «Was gibt's Neues in Sachen Deckblätter» kann man nur in einem Zigarrenladen stellen. Deckblätter an Bewerbungsmappen haben wie Bauchbinden an Würdenträgern eine sehr begrenzte ästhetische Wirkung. Und irgendeine Funktion? Die kann man ihnen kaum unterstellen. Was sollen die zentrierten Adressdaten? Seit wann ist postalische Erreichbarkeit ein Argument? Die Betitelung «Bewerbungsmappe» oder «Bewerbungsunterlagen» ist Mumpitz, ein postkartengroßes Porträt ist ein bisschen kinky, vor Kaffee und Kinderhänden schützt so ein Schmutzblatt eigentlich auch nicht.

Das Entwerfen und Ausgestalten von Deckblättern hält Bewerber bloß vom Bewerben ab.

Ich lasse mich als Bewerberberater ja jederzeit von der normativen Kraft des Faktischen überzeugen, aber an meinem Statement halte ich fest. Konzentrieren Sie sich besser auf zielgenaue Anschreiben und einen aussagefähigen Lebenslauf. Nutzen Sie Ihre Zeit dazu, aktiv – per Fon, Mail und nicht zuletzt im persönlichen Gespräch – ihre Karriere-Kontakte zu knüpfen und zu pflegen.

Einzigartig und absolut unterscheidbar von allen anderen Bewerbern machen Sie sich, wenn Sie im nächsten Fontshop ein paar Euro in einen Schriftschnitt investieren. Der verleiht Ihren Bewerbungen wie Ihrer gesamten Korrespondenz Stil und Gestalt. Einige Tipps zum Gebrauch: Anlagen von E-Mails konvertieren Sie einfach ins PDF-Format, da bleibt die Schrift erhalten. Finger weg von Shareware-Fonts. Der in der Textverarbeitung vorab definierte Zeichensatz heißt Times. Wussten Sie, dass es noch mehr Fonts gibt? Auf Ihrem Computer! Ja, auch auf Windows-Maschinen.

Kurzum: Design ist eine gute Idee. Deckblatt ist Design ohne Idee.

Nebenbei bemerkt

Hier gibt's Fonts: `www.fontshop.de` oder `www.fonthaus.com`.

Einige Bewerbertypen & wie sie scheitern:

- Papiertiger: bastelt Vorsatzblätter, Fotoseiten, Mein-Profil-Seiten
- Lackaffe: würde am liebsten einen Porträt-Set versenden
- Glücksschweinchen: lügt sich durch sein Motivationsschreiben
- Blindes Huhn: schickt immergleiche Blindtexte an unspezifische Adressen
- Büffel: setzt sein Glück auf lederne Bewerbungsmappen
- Klapperschlange: klappert laut und falsch im Anschreiben, windet sich im Jobinterview

Bevor Sie weiterlesen

Wenn Sie Bewerben heute einer anderen Präsentationsform zuordnen: Es ähnelt am meisten dem Vorsprechen auf der Bühne. Sie treten auf und zeigen, was Sie drauf haben. Nichts weiter. Es gibt kein drum herum. In keinem Fall ähnelt eine Bewerbung der Produktwerbung. Ihre Aufgabe: Legen Sie eine Stoppuhr neben sich. Trainieren Sie, bei normaler Redegeschwindigkeit Ihre EBV, die einzigartigen Bewerbervorteile, zu umreißen. Sie haben dafür eigentlich keine Zeit. Die Aufmerksamkeitsspanne eines überarbeiteten Personalers geht gegen Null. Wenn Sie in diesen Nullkommanichts Ihre Botschaft rüberbringen, dann nimmt er sich für Sie mehr Zeit.

33 Deckblatt – nein, danke!

«Alle empfehlen ein Deckblatt. In jedem Fall schadet es nicht, eines zu haben. Wieso sollte ich es dann aus meiner Bewerbung entfernen?»

Bäume müssen sowieso sterben, aber für ein Deckblatt zu sterben ist besonders gemein. Wovor soll ein Deckblatt die Bewerbungsunterlagen schützen? Vor Mäusefraß? Indiskretion? Vorzeitigem Vergilben?

Zugegeben, viele Zusammenstellungen haben ein Vorsatz- oder Schmutzblatt. Ihre schöne Bewerbungsmappe besitzt aber bereits einen Umschlag – diese schützende Funktion nimmt es einem Deckblatt schon einmal weg.

Ihre Bewerbungsabsicht drückt sich zudem bereits voll und unmissverständlich durch die Bewerbungsmappe und deren Inhalt aus. Kein Empfänger kann annehmen, Sie würden ihm einen Marketing-Forecast, einen Kontrollbericht oder Ihre Memoiren schicken. Ihre Bewerbung ist eine Bewerbung. Und aus diesem einfachen Grund braucht man nicht gesondert darauf verweisen. Schon auf der Bewerbungsmappe muss darum keineswegs Bewerbungsunterlagen oder Ähnliches stehen. Und wenn es dort doch eingeprägt ist, dann erzielt es dieselbe Wirkung wie der famose Zahnputzbecher-Set mit dem unvergesslichen Aufdruck Sie, Er, Es. Die Dinge dieser Welt zu beschriften hat vielleicht Methode, aber es ist immer auch ein bisschen Wahn dabei.

Unternehmen, die Ihnen wertige Mappen mit Prägedruck andrehen wollen, wenden einfach die Marketing-Erkenntnis «größer ist teurer» auf Bewerberpräsentationen an. Sie sagen:

> Produkte verkaufen sich viel besser in aufwändigen Umverpackungen.

Denken Sie an Software: 90 Prozent Luft und der Rest ist Pappe und Plastik. Die Verpackung entscheidet. Kommen deswegen aber dicke Mappen in Pergament oder Leder besser an? Nein. Wenn die protzige Form die Hauptbotschaft ausmacht, wird jeder sofort annehmen, dass der Bewerber ohne echte Substanz dasteht. Selbstvermarktung hat mit Produktvermarktung nichts zu tun.

Für wertvolle Bewerbungen nur das feinste Tuch: dann würde der Bewerber gewinnen, der seine Unterlagen von Graf Poups im Samtrock überbringen lassen würde. Jeder Personaler denkt:

> Wer keine Kosten scheut um sich selbst ins rechte Licht zu rücken, der wird später keine Firmenkosten scheuen um für sich die meisten Vorteile herauszuholen.

Menschen reagieren immer allergischer auf überflüssige Daten. Winklers Theorie der Information besagt, dass jeder schon genug davon hat. Die Kommunikationsdaten eines Bewerbers finden sich immer in Anschreiben und Lebenslauf. In beiden Dokumenten sind Name, Anschrift, Fon und Mail auch absolut notwendig. Sie ein weiteres Mal auf das Deckblatt zu setzen, ist allerdings nichts als eine krude Form von Info-Müll.

Bewerber machen sich mit einem Deckblatt unnötig Arbeit. Damit drücken sie aus, dass sie sich unnötig verzetteln. Die Wahrheit ist: Ein Deckblatt hält vom Bewerben ab. Bis so eine Seite nach etwas aussieht, hat man schon bei drei Firmen angerufen. Ein Deckblatt beweist immer, dass ein Bewerber sich von der eigentlichen Sache ablenken lässt. Die Informationen auf einem Zusatzblatt können also gar nicht so viel für einen Bewerber sprechen, wie das Blatt selbst sich gegen ihn wendet.

Wie lange bleibt das Bewerberporträt auf dem Deckblatt im Gesichtsfeld? Und wie lange betrachtet man Seite eins des Lebenslaufs? Eine der unscheinbarsten und zugleich wichtigsten Bewerberweisheiten lautet: Je länger sich der Leser mit Anschreiben und Lebenslauf beschäftigt, desto besser. Das Bewerberfoto kann ein wichtiges Pro-Argument sein. Ich würde es immer dort einfügen, wo es am längsten einwirken kann. Montieren Sie das Foto rechts oben in den Lebenslauf, dort prägt sich Ihr Konterfei dem erfreuten Personalerauge ein.

> Lieber doch kein Deckblatt. Und niemals Luxus-Mappen.

Den beruflichen und sozialen Status drückt man in seiner Bewerberkorrespondenz mittels Sprache und Informationsdesign aus. Angemessenheit ist eine soziale Übereinkunft. Handeln Sie konform.

Nebenbei bemerkt

Überall dort, wo Kompetenz den arbeitsreichen Alltag bewältigt, reichen Sie schlanke Bewerbungen ein. Überall dort, wo Indolenz sich einen faulen Tag macht, reichen Sie fette Bewerbungen ein.

Anm. des Bewerbungshelfers: Jetzt interessiert es mich doch selbst, was ich mit Indolenz meine: *Gleichgültigkeit.* «Wo *Veränderung* nur ein Schlagwort ist, ist

Indolenz eine Form von Schlagfertigkeit.» – Sagen Sie das zu einem Funktionär und lächeln Sie dabei gewinnend.

Bewerber live: kontakten, verhandeln, gewinnen

«Lieber Herr Winkler, wenn Sie mir mein Deckblatt nehmen, dann müssen Sie mir dafür etwas anderes geben.»

«Ich gebe ihnen eine Aufgabe: Man lege einen tabellarischen Lebenslauf so an, dass das Porträt oben rechts Platz findet. Nach den persönlichen und Kommunikationsdaten in der Rubrik PERSÖNLICHE DATEN setze man einen Eintrag ANGESTREBTE POSITION. Die nächste Rubrik beinhaltet dann schon, was sachlich am meisten für einen spricht: BERUFLICHE ERFOLGE oder AUSBILDUNG. In der Regel ist es das, was man gerade macht oder abgeschlossen hat. Wer diese Seite auswertet, wird sich Ihr Foto mehrfach anschauen und sich Ihre Bewerberdaten besser merken.

Bevor Sie weiterlesen

Versuchen Sie mal, eine spezielle dreigliedrige Bewerbermappe auf einem überladenen Schreibtisch aufzuklappen und durchzuarbeiten.

34 Welche Schrift?

«Ich bin unschlüssig, welche Schrift ich für Lebenslauf und Bewerbungsschreiben verwenden soll. Können Sie mir da etwas empfehlen?»

So ziemlich das einzige, was Bewerbern noch heilig ist, ist die Schrift. Das verwundert schon, denn von den tausend Features eines Textprogramms kapiert man das Zeichensatzmenü doch gleich. Schnell verpasst man damit seinem Text neue Kleider. Klar gibt es gut betuchte Konservative, die ihr Look & Feel unter keinen Umständen mehr wechseln. Doch selbst die müssten versucht sein, ein paar altersweise Zeilen spontan zu markieren, die gute alte Times in Tahoma zu ändern und zu schauen, wie der neue Typo-Look einem steht.

Bewerbungen aus dem PC erreichen mich Jahr für Jahr unverändert in Times. Manchmal in Arial. Ganz selten in Garamond. Und zwei, drei nette Anschreiben trugen sogar Trebuchet.

Dem Anschein nach schalten PC-Nutzer nur dann auf eine andere Schrift um damit Todesanzeigen zu gestalten (mit Comic) oder um zur Office-Party einzuladen (mit Dom Casual) oder um zwei laufende Meter Billyregal am Schwarzen Brett zu verhökern (mit Hattenschweiler Fett).

Sobald es aber offiziell wird im Schriftverkehr von Privatpersonen, Firmen, Behörden und Organisationen, gilt offenbar stets: Tipp mit der Times.

Times ist universell, unauffällig und unaufdringlich. Man kann sein Dokument zwar übergestalten: Textblöcke zum Beispiel grau oder farbig unterlegen. Wörter mit *zwei Attributen gleichzeitig* markieren, diesen ***Horror*** produzieren oder auch das noch. (Egal wie man es macht, sobald man zwei Stile miteinander kombiniert, macht man es falsch.) Wer mit allem spielt, was er findet, der wird auch Outline, Shaded, Emboss oder Engrave ausprobieren. Freuen Sie sich über die Resultate wie ein Kind, aber lassen Sie das nur stehen, wenn Sie wirklich eines sind.

Unterlässt man typografische Todsünden und zeichnet man seine Texte dezent aus, dann läuft einem garantiert kein Times-Leser nur wegen des Schriftbilds davon. Etwas nicht falsch machen heißt aber noch lange nicht, etwas gut machen.

Wie korrespondieren Firmen? Große Organisationen schwören ihre Mitarbeiter auf ein unverwechselbares, verbindliches und gleichbleibendes Auftreten ein. Zum einheitlichen Unternehmensbild tragen Firmenlogo oder Briefpapier bei.

Damit nicht genug: Den Mitarbeitern werden Schreib-, Stil- und Gestaltungsregeln für alle Arten von schriftlicher Kommunikation vorgeschrieben. Ein derartiges Handbuch deckt auch und gerade die zu verwendenden Zeichensätze ab.

Manche Unternehmen lassen eine eigene Hausschrift entwickeln. Das Besondere von Apple hebt zum Beispiel eine eigene Garamond hervor. Dem mit dem Entwurf beauftragten Typographen geht es um den Nutzen einer Schrift, so wie es dem Architekten, der einen Firmensitz entwerfen soll, um den Gebrauch von Raum geht. Das Berliner Sony-Gebäude hat eine unverwechselbare, einzigartige Gestalt und ebenso *Die Tageszeitung.* (Mein Tipp: Lesen Sie mehr über Corporate Typography auf der Web Site von `www.fontshop.de` und überlegen Sie, ob das nicht auch auf Ihre eigene kleine Ich-Start-Up passt.)

Als selbstbewusster Bewerber haben Sie in der Tat etwas gemeinsam mit Firmen, die ihre Corporate Identity bewusst pflegen: Sie wollen kontrollieren, wie Sie nach außen hin wirken, und Sie wollen steuern, wie man Sie wahrnimmt.

Wertigkeit, Relevanz und Unterscheidbarkeit: Um ihr USP (unverwechselbares Stärke-Profil) zu verdeutlichen, stapeln Jobsucher Papier, legen noch ein Deckblatt auf, investieren heftig in schnieke Mappen und pumpen ihre Bewerbungsfotos auf Pixie-Format.

Vielleicht werden Sie erstaunt sein, wenn ich Ihnen erkläre, dass Bewerber mit Informationsabbau und Seitenstreichen, mit einem anständigen Zeichensatz und einem diskretem Design die Personaler weit mehr beglücken als mit in Lifestyle-Mappen eingeklemmtem Schnickschnack.

Orientieren Sie sich am Ideal einer schlanken Bewerbung.

Und wozu haben Sie dann in freudlosen Nachmittagsstunden Präsentationstechniken erlernt? Keine Ahnung. Jede Präsentation braucht einen Live-Präsentator und einen zeitlichen Rahmen. Ihre schriftliche Bewerbung ist aber keine Veranstaltung. Sie sind nicht anwesend, Sie steuern nicht den Ablauf und Sie verfügen nicht über ein Zeitbudget. Hüten Sie sich deshalb vor der Idee, Methoden des Briefings, des Vortrags oder der Kunden- oder Mitarbeiterinformation auf Ihre schriftliche Bewerbung anzuwenden.

Informationsdesign ist keine Technik zum Aufpeppen von Inhalt. Es ist eine Technik um Informationen besser zu vermitteln.

Fragen Sie also nicht: Welche Schrift? Fragen Sie sich: Welche Schrift ist …

- diskret und zugleich eine Spur anders,
- lesbar und einladend,
- ein Zeichen dafür, dass Bewerber und Stellenanbieter zueinander passen?

Dass der erste Eindruck zählt, ist banal, aber wahr. Die *Good Vibrations* bei einer schriftlichen Bewerbung komponieren Sie per Schrifttype und Textgestalt sowie über das Look & Feel von Papier und Hefter.

In Sachen Schriftauswahl gehen Sie für Papierbewerbungen so vor:

Alles auf die Firmenschrift setzen

Aufwand: unvernünftig hoch. Effekt: verblüffend.

Methode: Wenn der Stellenanbieter eine Hausschrift hat und Sie finden sie heraus, nehmen Sie die. Beispiel: Eine Direktmail und ein Flyer der Winkler-Werke verwendet Cronos. Setzen Sie diese Schrift für Ihre Korrespondenz mit dem Unternehmen inklusive alle Ihrer selbst erfassten Anlagen ein. Ihre Erscheinung wird dem Entscheider auf Anhieb vertraut vorkommen.

Dazu benötigen Sie Printvorlagen für die Recherche sowie einen Schriftexperten (Graphiker oder Mitarbeiter aus einer Kreativagentur). Der Schriftschnitt kostet außerdem Geld. Zuviel Font für einen einzigen Adressaten? – Gehen Sie zum nächsten Punkt.

Alles auf die eigene Schrift setzen

Zusätzliche Kosten: 25 – 150 Euro. Effekt: Nicht zu schlagen.

Besuchen Sie die Web Site eines Schriftenanbieters, wählen Sie sorgsam einen Zeichensatz als Ihre persönliche Hausschrift aus und erwerben Sie den. Ihre Bewerbung in Officina Serif (oder Meta, Rotis, Thesis, Futura, Frutiger …) wird den denkbar vorteilhaftesten Effekt erzielen.

Sie haben's nicht so mit der Schriftlichkeit oder schätzen keine Ratgeber, die Ihnen nahe legen, Ihr Haushaltsgeld für eine Schrift zu verbraten? – Folgen Sie mir in die Low-Budget-Abteilung.

Alles auf Bill Gates setzen

Aufwand: Vielleicht müssen Sie ein paar Schriften aus Ihrer Office-CD-ROM nachinstallieren.

Gehen Sie die mit Ihrer Textverarbeitung mitgelieferten Schriften durch und wählen Sie eine passende aus. Eine Schriftenübersicht für Windows-Nutzer finden Sie auf meiner Seite: `www.jova-nova.com/Schrifttypen.PDF`.

Toll, was Sie so alles empfehlen. Und welche Schrift soll man jetzt bitte nehmen?

Zunächst die Negativ-Liste. Nicht geeignet für seriöse Korrespondenz (und meist nicht geeignet für alle Texte länger als eine Zeile) sind diese Windows-Fonts:

- Arial Black, Arial Narrow, Dom Casual, Franklin Condensed, Franklin Extra Condensed, Haettenschweiler, Helvetica-Narrow, Impact, Lucida Blackletter, Lucida Calligraphy, Lucida Console, Monotype Corsiva, Papyros, Poor Richard, Serpentine, Viner Hand ITC, Zapf Chancery.

Als serifenlose Schrift nicht so leicht in seitenlangen Textblöcken zu lesen:

- AvantGarde, Century Gothic, Comic, Helvetica, Verdana.

Weit laufende Schriften – es passt weniger Text in eine Zeile:

- Bookmann, Courier, Lucida Bright, Verdana.

Schriften für Online-Bewerbungen – gut am Bildschirm zu lesen und auf nahezu jedem System installiert:

- Arial, Georgia, Tahoma, Trebuchet, Verdana.

Textschriften, die auf Papier gut aussehen:

- Arial, Book Antiqua, Bookman, Garamond, Georgia, Goudy Old Style, Helvetica, Lubalin Graph, Lucida Bright, New Century Schoolbook, Optimum, Palatino, Tahoma, Times, Times New Roman, Trebuchet, Verdana, Windsor.

Ersetzen Sie für Papierbewerbungen Times oder Arial versuchshalber mit Schriften, die für Korrespondenz wie für tabellarische Lebensläufe taugen:

- Bookman, Bookman Old Style, Georgia, Helvetica, Optimum, Palatino, Tahoma, Trebuchet.

Nehmen Sie e i n e einzige Schrift für alle Ihre schriftlichen Sachen. Sollten Sie doch zwei Fonts in einem Text verwenden, hören Sie auf Ihre innere Stimme.

Die sagt erschrocken Oha!, wenn Sie zwei verschiedene Serifenschriften auf eine Seite bringen. Serifen sind die kleinen Wurmfortsätze an einem Zeichen. Verwenden Sie die Non-Serife für Überschriften und Titel. Beispiel: Avantgarde für die linksspaltigen Titel im Lebenslauf, Bookmann für die rechte Spalte und für die Daten.

Gehen Sie nicht unter 10 oder 11 Punkt. Geben Sie zwei Punkte dazu, wenn Sie sich bei einem Strukturvertrieb bewerben. Legen Sie als jobsuchender Motivationstrainer unbesorgt noch mal zwei Punkte drauf. Viel hilft viel. Ich empfehle 10 Punkt für den längeren Lebenslauf von Jobwechslern. Ellenlange Publikationslisten würde ich in 9 Punkt setzen. An Auszeichnungen nur Fett oder Kursiv. Von allen anderen Attributen lassen Sie bitte die Finger: Don't underline. (Robin Williams).

Es gibt keinen Shareware-Font, den Sie als Korrespondenzschrift einsetzen können. Auch nicht der im Internet gefundene, der Ihre Persönlichkeit so unglaublich gut ausdrückt. Erstens feiern Sie als Bewerber nicht Ihre Außergewöhnlichkeit, Sie suchen Übereinstimmung. Zweitens wird man Ihren Text nicht lesen. Und wenn Sie es selbst versuchen, werden Sie feststellen, dass auch Augen stolpern.

Betrachten Sie Ihren Ausdruck aus einem Meter Abstand. Sehen Sie nur schwarz, streichen Sie unbarmherzig Text, bis Ihnen das Verhältnis zwischen weißer Fläche und Text als ausbalanciert erscheint. Trauern Sie keinem Satz nach. Wenn Sie jemandem nicht auf 15 – 20 Zeilen erklären können, wer Sie sind, dann schaffen Sie's auch nicht auf zwei Seiten.

Schreiben Sie linksbündig. Haben Sie am Zeilenende Mut zur Trennung. Orientieren Sie sich an der DIN 5008. (Einen Online-Workshop bietet `www.intertast.de`)

Den dort aufgestellten Schreib- und Gestaltungsregeln müssen Sie nicht folgen, wenn sich für Sie in formalen Vorschriften bloß tendenziell repressives Herrschaftswissen manifestiert. Es sind aber nicht nur die Herren und Damen da oben, die auf Briefränder, korrekte Adressdaten und die Schreibweise von Telefonnummern achten. Beweisen Sie, dass Sie die Regeln kennen und Formen respektieren.

Und nehmen Sie sich ein wenig Zeit und ersetzen Sie Times.

Nebenbei bemerkt

Die Bewerber-Typo ist ab und zu recht gruselig. Man stößt auf lange Grabreihen von Bullet Points. Das ist die typische Signatur der Projekt-Präsentierer, der akademischen Paper-Produzenten und der Marketing-Bewerber. Irgendein Eierkopf hat in den frühen Achtzigern eine Analogie postuliert zwischen den aus Jux und Laune gebastelten Symbol-Zeichen in Textprogrammen und den kleinen Nervenknödeln in der rechten Gehirnhälfte, an denen sich Informationen festsetzen. Bullets, das ist bloß eine schreibpolitisch korrekte Konvention, die signalisieren soll, dass man keine womöglich unstrukturierten Informationsmengen über Anwesende ausschütten möchte.

De facto sind aber die Info-Bits mit den Bullets so gut wie nie nach Relevanz oder einem anderen rhetorischen Verfahren gewichtet. Ich würde auf Bullets wie auf alle anderen Mainstream-Gedankenlosigkeiten besser verzichten. Machen Sie Aufzählungen nicht zum Hindernislauf fürs Auge. Gliederungen sind unaufdringlich oder missglückt.

Von mir haben Sie das nicht

Bei vielen Sparkassen gibt es für nett nachfragende Kunden ein A4-Heft *Mein Job! – Mustergültig bewerben.* Der Autor, ein Herr Winkler, war so clever, die Bewerbungsbeispiele in verschiedenen gängigen Windows-Schriften auszeichnen zu lassen. Da gibt es sogar noch mehr Hefte aus der Reihe, die Sie glücklich machen, wenn Sie ca. fünfzehn und noch recht *dumm* sind und ins Bewerben verliebt.

35 Wie schreibt man eigentlich …?

»Schreibt man eigentlich mit der mittleren Reife oder mit der Mittleren Reife?»

Weder noch. Mit dem Abschluss der Realschule oder der 10. Klasse der höheren Schule verleiht man Leuten, die sich nicht dagegen wehren können, das Attribut der mittleren Reife. Die sind aber nicht mittelreif. Und falls doch, was kommt als Nächstes? Die volle Reife? Schreiben Sie besser Realschulabschluss.

Auch andere Ausdrücke machen Bewerbern das Leben schwer. Als Deutsche(r) ist man stolz (oder auch nicht) auf seine deutsche Staatsangehörigkeit. Im Lebenslauf notieren Sie deshalb Staatsangehörigkeit deutsch – aber nur, wenn Sie beispielsweise Makele Ghebreamlak heißen und klarstellen wollen, dass Sie trotz Ihres fremd klingenden Namens *Am Brunnen vor dem Tore* schmettern können. Ein Müller, Schiller oder auch Kowalski produziert im Lebenslauf mit der Angabe seiner deutschen Nationalität keinen Erkenntnisgewinn. Listen Sie die Staatsangehörigkeit nur auf, wenn sie ein ausdrücklich genanntes Einstellungskriterium ist und sparen Sie sich das ansonsten.

Zu den Kommunikationsdaten in Anschreiben und Lebenslauf zählt die E-Mail – in dieser und keiner anderen Schreibweise. Ausschreiben sollten Sie unter allen, auch unter den eiligsten Umständen das unhöfliche Kürzel MFG. Sollten Sie zu den orthografisch Herausgeforderten zählen und trotzdem tippen wollen – nur zu! Schreiben über die angesagte Länge von 160 Zeichen hinaus ist nur so spannend wie Weicheierkochen, aber manchmal eben doch unvermeidbar. Formulieren Sie zunächst unbefangen: «Ich suche ein Job ich bin 17 und finde Giene Ausbildung» oder «werte damen und herren Ich würde mich freuen wenn sie mich vermitteln könnten.» Ich reagiere da nicht anders als ein moderner Deutschlehrer und freue mich riesig, dass zehnjähriges Lernen solch ermutigende Ergebnisse produziert. Schicken Sie Ihr Schreiben aber ausnahmslos erst dann ab, wenn es jemand gegengelesen und verbessert hat. Diese Person sollte vertrauenswürdig, belastbar und fit in Rechtschreibung sein. Und nicht vergessen: Ihr Text ist vielleicht so lecker wie ein Kuchen, aber die *!* und *?* sind keine Streusel. Vorsicht beim Drüberstreuen! Ein *!* pro Satzende reicht!

Nebenbei bemerkt

Halten Sie's mit der Rechtschreibprüfung in Word und in Mailprogrammen wie ein Intellektueller mit dem *Deutschlandfunk*: Immer eingeschaltet lassen. Nutzen Sie zusätzlich das Standardwerk der Rechtschreibung.

Fünf Schreibsünden, die man Ihnen nur schwer verzeiht.

Mangelhafte Sprachkompetenz, stereotypes Auftreten und miese Umgangsformen fallen immer voll auf Sie zurück. Unter der täglichen Leserpost findet sich Mail

1. nur mit Anlagen, ohne jeden Begleittext,
2. ohne Anrede,
3. ohne Grußformel und Name des Absenders,
4. die vor dem Absenden offensichtlich nicht noch einmal durchgelesen wurde,
5. in der über Bewerbungsabsichten und Jobnöte von einem Firmenkonto aus informiert wurden.

Lernen Sie die elementaren Höflichkeitsregeln und folgen Sie den Korrekturvorschlägen Ihres Textprogramms.

36 Lebenslauf aus der Hand

«Ich möchte mich beim Auswärtigen Amt bewerben und benötige dafür einen ausformulierten, handgeschriebenen Lebenslauf. Wie schreibe ich den? Worauf muss ich achten?»

Gibt es noch diese linierten Hilfsblätter? Die man exakt unter einem perlweißen Din A4-Blatt ausrichtet? Solche Hilfen braucht man, denn Schönschreiben ist wieder angesagt. Tatsächlich ereichen einen diese Hilferufe gar nicht so selten:

- «Ich habe mich bei der Zollverwaltung beworben und soll nun einen ausführlichen Lebenslauf verfassen.»
- «Ich plane in diesem Jahr eine Bewerbung bei der Polizei. Zu diesem Zweck soll ich einen Lebenslauf, handschriftlich und in Aufsatzform schreiben …»

Es muss der Staatsdienst sein. Nun gut. Erteilen Sie also Ihrem jüngeren Bruder einen gebührenpflichtigen Verweis wegen Ruhestörung, weisen Sie ihn aus dem Zimmer und setzen Sie sich selbst an den PC. Fangen Sie so oder so ähnlich an:

«Am 28.9.1955 wurde ich in Heidelberg geboren. Mein Vater Wilhelm G. Zwinger ist Spargelhändler, meine Mutter Catharina Zwinger-Neustadt war in der Kurpfälzischen Frauenförderung tätig. Meine um vier Jahre ältere Schwester Lydia schließt derzeit Ihre Ausbildung zur Brokerin ab.»

Die Stationen im Text lauten sodann:

- Herkunft (Beruf der Eltern)
- Schulische Ausbildung (Neigungsfächer, Sprachkenntnisse, außerschulisches Engagement, Vereinsaktivitäten, interessante Ferienjobs); Orts- und Schulwechsel mit aufführen!
- Gegebenenfalls berufliche bzw. akademische Ausbildung (Ausbildungsort und -institution, Lehrer, Schwerpunkte, Praktika, Joberfahrungen, herausragende Leistungen …)
- Gegebenenfalls berufliche Stationen (Arbeitgeber und -ort, Branche, Aufgaben, Erfolge). Wechsel immer kurz begründen!

Daran anschließend führen Sie Ihre privaten Aktivitäten und Interessensgebiete auf. Kriterium dabei ist nicht, was Sie gern und häufig tun, sondern was Ihre Persönlichkeit bildet, Ihr Talent fördert, Ihren Nutzen für die Gesellschaft belegt. Dazu zählen Vereinssport, ehrenamtliches, soziales, künstlerisches oder politisches Engagement. Belegen Sie Ihre Stärken: Teamfähigkeit, Verantwortungsbewusstsein, Ehrgeiz, Durchhaltevermögen, breite Bildung, soziale Kompetenz, Kommunikations- und Kontaktstärke und dergleichen. Als praktizierender Musiker («spiele Bratsche in einem Quartett, bestehend aus Schülern meiner Schule») oder aktiver Sportler oder sonst wie einem ideellen Zweck verpflichteter Zeitgenosse können Sie in diesem Abschnitt zusätzlich punkten. Erwähnen Sie auf keinen Fall Mitgliedschaften in dubiosen Vereinigungen. (Überhaupt, was haben Sie dort zu suchen?)

Wenn Sie Auslandsaufenthalte notieren, dann halten Sie bitte auch fest, inwiefern Sie davon profitierten: In welche Richtung hat sich Ihr Horizont erweitert? Was haben Sie dort gelernt? Wen haben Sie dort getroffen?

Führen Sie immer auf, wenn Ihnen herausragende Menschen begegneten: «Als Teilnehmer beim 4. Starnberger Schulteichtreffen lernte ich den Präsidenten der europäischen Biotop-Gesellschaft, Herrn von Wörlitz kennen.»

Formulieren Sie klar, knapp, neutral und nüchtern. Allgemeinplätze vermeiden Sie sowieso. Keine Statements über Gott, die Welt, die Regierung oder wer sich derzeit auf dem kleinen blauen Planeten sonst noch die Knie aufschürft.

Notieren Sie am Ende, wie Sie sich auf dem Laufenden halten – zum Beispiel, indem Sie die Tageszeitung lesen. Seien Sie besonders sorgsam bei der Entscheidung, welche Medien Sie angeben. Vielleicht wird das Thema beim Vorstellungsgespräch angeschnitten.

Sind Sie mit modernen Kommunikationstechnologien vertraut? Mit anderen Worten: Daddeln Sie am PC? Programmieren, Daten organisieren, kreatives Gestalten sind alles Pro-Argumente.

Jagen Sie Ihren Entwurf durch die Rechtschreibkorrektur, jagen Sie dann jemandem nach, der weniger schnell läuft als Sie. Halten Sie die Person fest und lassen Sie ihren Fang erst wieder frei, wenn man Ihren Text aufmerksam geprüft und kommentiert hat. Gönnen Sie sich eine Stunde bis einen Tag Auszeit und sehen Sie dann Ihr Schreiben noch einmal mit einem neuen scharfen Blick durch. Feilen Sie, kürzen Sie und formulieren Sie um, worüber Sie stolpern.

Verwenden Sie für die Reinschrift möglichst weißes, unliniertes Papier in Laserdruckqualität. Bitte ohne jeden Aufdruck – außer, Sie verwenden Ihre persönlichen Briefbögen. (Versuchen Sie nicht, so etwas mit dem Tintenstrahler nachzubasteln.)

Woher den exzellenten Füllfederhalter nehmen? Papi hat zwar einen Montblanc, doch wehe, er erwischt Sie damit. Umfasst Ihre Reinschrift nur eine Seite, dann bringen Sie nicht genug mit für eine anspruchsvolle Ausbildung bzw. einen erstklassigen Job. Der handgeschriebene Lebenslauf ist vollkommen fehler- und korrekturfrei, lesbar und gut gegliedert. Er verlangt alles, was man in einer Schule nicht mehr lernt. Links lassen Sie einen angemessenen Rand von zwei Zentimetern. Als Titel schreiben Sie «Deutschland. Ein Wintermärchen» – war nur ein Scherz, notieren Sie «Lebenslauf». Am Ende notieren Sie Ihr «Frankfurt, den 03.09.» plus die vorher separat trainierte Unterschrift. – Puh, das hat jetzt Zeit und Mühe gekostet. Dafür sieht Ihr Lebenslauf aber auch aus wie altes Kunsthandwerk!

Nebenbei bemerkt

Nehmen Sie die Beispiele auf `jova-nova.com` nicht als Abkupferbleche um darauf Duplikate zu backen. Der ausführliche Lebenslauf in seiner modernen Variante ist weitaus persönlicher als jedes andere Dokument in der ganzen Bewerbungsmappe. Er gibt Ihnen die einzigartige Chance, sich in Ihrer Totalität zu entwerfen.

Bewerber live: kontakten, verhandeln, gewinnen

«So, jetzt hast du meinen Lebenslauf gehört. Was hast du dir alles gemerkt?»

«Freude am Lesen. Umgang mit Menschen. Lieblingsfächer. Gespräche mit dem Fachberater im Arbeitsamt.»

«Das sind die guten Sachen in meinem Lebenslauf?!»

«Das sind die Floskeln.»

Bevor Sie weiterlesen

Qualitätssicherung ausgeschriebener Lebenslauf:

1. Sich die handschriftliche Version laut vorlesen lassen.
2. Die Word-Fassung dem Deutschlehrer mailen.
3. Als junge Frau die vielen Bandwurmsätze erbarmungslos kappen.
4. Als junger Mann doppelt sorgsam auf die Rechtschreibung achten.

5. Falls Sie am Textende in Ihre berufliche Zukunft blicken: Konkret bleiben und zwei bis drei Jahre voraus schauen.

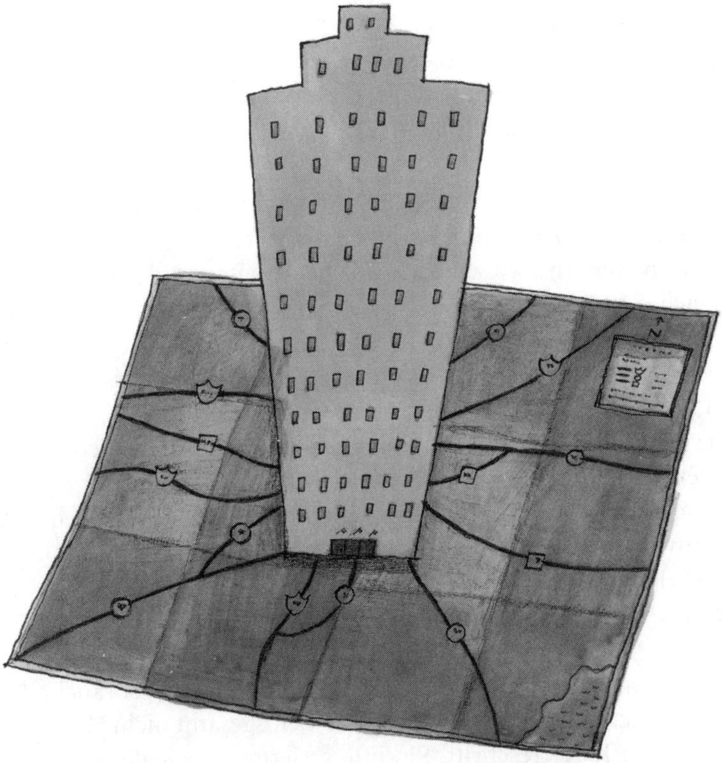

37 Wie chronologisch ist der Lebenslauf?

«Die Daten in tabellarischen Lebensläufen erscheinen oft so auseinander gerissen und kunterbunt durcheinander. Sollte ein Lebenslauf aber nicht durchgängig chronologisch aufgebaut sein?»

Warum sollte er das? Damit ein Personaler erkennt, dass man lückenlos gelebt hat? Natürlich wird man innerhalb von Themenfeldern wie AUSBILDUNG, BERUFLICHE DATEN, WEITERBILDUNG seine Daten chronologisch aufführen. Zeitliche Abschnitte im Lebenslauf fädeln Sie aber nicht auf wie Perlen. Nehmen Sie, um im Bild zu bleiben, die Perlen heraus, sortieren Sie alles in die Themen-Schubladen ein und reihen Sie Ihre Perlen erst dort wieder auf. Je nach Karrierestand kann man dies auch in umgekehrter zeitlicher Reihenfolge tun und das Aktuellste oder zeitlich Jüngste an oberster Stelle einordnen.

Egal, wie Sie Ihren Lebenslauf gestalten: er ist o.k., wenn Sie selbst beim Überfliegen leicht und schnell diese Fragen beantworten können:

- Was habe ich wann und wo gelernt?
- Wie erfolgreich war ich dabei?
- Habe ich mich besonders bewährt?
- Außergewöhnliches geleistet?
- Mehr getan als üblich?
- Habe ich in Lernperioden zugleich praktische Erfahrungen gesammelt?
- Mich vielleicht sogar schon beruflich bewährt?
- Wann, für wen und wo habe ich welche Arbeiten und Aufgaben erledigt?
- In welcher Position?
- Worin bestanden meine Aktivitäten genau?
- Habe ich da vielleicht sogar Überdurchschnittliches geleistet?
- Sind meine Erfolge klar benannt und deutlich sichtbar?
- Habe ich nach den ersten Ausbildungsphasen im Leben auch weiterhin dazugelernt? Neues erlernt? Mich vielleicht auch ganz und gar umorientiert?
- Was weiß ich, was kann ich sonst noch, das für meine beruflichen Aktivitäten notwendig und wichtig ist?
- Halten diese Angaben einer Nachprüfung stand?
- Ist das Gelernte überhaupt noch anwendbar?

Was Sie auch unternommen haben: Sie haben dafür Zeit gebraucht, Sie haben Ortswechsel erlebt und hoffentlich dauerte es insgesamt nicht zu lange bis zum jeweils nächsten Karriereschritt. Ein interessierter Personaler nimmt sich Zeit um all dem nachzugehen. – Wehe, er tappt dabei in ein Zeitloch!

Und wie soll der Lebenslauf aussehen? Doch schon irgendwie amtlich, oder?

Die Form des Lebenslaufs ergibt sich einfach aus der Anforderung, einem wahrscheinlich übermüdeten und vermutlich gereizten Personaler seinen Job leichter statt schwerer zu machen. Präsentieren Sie harte Fakten und sonst gar nichts. Servieren Sie ihm die Daten so, dass er das Ganze auf den ersten Blick hin erfasst, auf den zweiten versteht und mit dem dritten Blick schon interessiert in die nicht zu vielen Details geht.

Ein Lebenslauf ist kein Formular, sondern eine Arbeitsvorlage. Seien Sie also nicht formalistisch. Liefern Sie stattdessen das Papier, das zur Gesprächseinladung führt.

Nebenbei bemerkt

Seit 1997 veröffentliche ich optimierte Vorlagen und Beispiele aus meiner Praxis als Bewerbungshelfer auf `jova-nova.com`.

Bewerber live: kontakten, verhandeln, gewinnen

Letzte Fragen, bevor der Lebenslauf eingetütet wird:

«Habe ich dieselbe Schrift wie im Anschreiben verwendet?»

Wenn das letzte Blatt nur wenige Zeilen hat: «Kann man den Lebenslauf so formatieren, dass alles noch auf die vorhergehenden Seiten passt? Und falls nicht, kann man dann die Daten nicht großzügiger über die gesamte Fläche verteilen?»

«Sind Anordnung und Aufteilung durchgängig?»

«Wirkt die Seite – aus einem Meter Abstand betrachtet – durcheinander oder wohlgeordnet?»

Bevor Sie weiterlesen

Hier die Profiregeln zur Formulargestaltung für den Fall, dass Sie das Genre um eigene Entwürfe bereichern möchten: 1. Absolutes Minimum an Spaltentiteln. 2. Zwei Spalten. Für jede weitere brauchen Sie einen sehr guten Grund. 3. Spaltenaufteilung im *Goldenen Schnitt.* 4. Keine Doppelpunkte als Spaltentrenner. 5. Nicht mehr als zwei Schriften. 6. In der Mappe eingeheftet, muss die linke Spalte noch leicht lesbar sein. 7. Design heißt, so viel weiße Fläche wie möglich um so viele Einträge wie nötig. 8. As Times goes by, bye bye Times. 9. Das Foto krönt den Lebenslauf. 10. Deckblätter stinken.

38 Foto im Alter

«Fotos und Altersangaben werte ich eigentlich als Diskriminierung. Muss man das mitmachen?»

Ab und zu macht ein Bewerber seinem Unmut so Luft. Bewerbungserfolge erzielen die Mitmacher, sofern unter ihnen kein Bessermacher herausragt. Die Regelverletzer gewinnen, wenn der Normverstoß den Betrachterblick auf eine überzeugende Kompetenz lenkt. Allerdings sagt eine uralte Volksweise: «Schleicht sich der Fuchs an und du bist ein Vogel, dann mach's wie die anderen und benutz deine Flügel.» Aufs Bewerberverhalten gemünzt: Solange einem nichts Besseres einfällt, folgt man am besten der Konvention.

Völlig konventionell und vom Lebenslauf nicht wegzudenken ist die Angabe von Geburtsdatum und -ort. Und wehe, das Bewerberfoto fehlt in den Unterlagen oder fällt gar zu unkonventionell aus.

Wer weiß, was Stellenanbieter wirklich wollen? Jeder, der ihre Anzeigen genau studiert. Auf konkrete Wünsche antworten Sie konkret. Falls in der Annonce ein bestimmtes Alter oder eine in Jahren gemessene Berufserfahrung gefordert wird und Ihre Werte liegen innerhalb des Limits, dann ist es ziemlich ungeschickt, der Forderung im Anschreiben nicht eine deutliche Antwort entgegenzusetzen.

Frustrierte Bewerber zitieren die Forderung nach dem Mittzwanziger mit Studienabschluss und Berufserfahrung. In der Regel sind die Anbieterwünsche aber nicht widersprüchlich, sondern klar. Natürlich malt ein Personaler den bestmöglichen Kandidaten aus. Er will ja auch den Traummitarbeiter ansprechen. Entsprechen Sie dem Bild dieses Wunschkandidaten so ganz und gar nicht? Dann verschwenden Sie keine Zeit damit, sich zu bewerben. Wenn Sie's dennoch tun, bieten Sie Kohlrabi an, wo doch Erdbeeren verlangt sind. (Mag sein, Sie bringen den Personaler auf den Geschmack oder er erinnert sich an ein gutes Gemüserezept.)

Eine Bedingung nicht zu erfüllen, ist ein Chancenkiller. Das Unheil kann man dennoch abwenden: Machen Sie aus dem Defizit eine Alternative.

Sie sind zum Beispiel 45, hören nicht auf Bewerbungsberater, bewerben sich auf die Stelle eines 25jährigen. Das Alter im Anschreiben verschweigen? Im Gegenteil. Stellen Sie es groß raus und leiten Sie davon Pro-Argumente ab: dass Sie derzeit in einem jungen Team eingebettet sind. Dass man Sie als erfahrenen Berater und zugleich als Impulsgeber schätzt.

Auch abgeklärte Bewerber, die nicht nur alles erlebt haben, sondern sogar das Gegenteil von allem, tun sich unglaublich schwer, Altersangabe und Porträtstudie nicht persönlich zu nehmen. Aber Personalbüro und Besprechungszimmer sind keine Orte, wo Bewerber um ihrer selbst willen wahrgenommen werden. Was treibt einen Personaler an? Sehen Sie ihn als Hüter der Firma. Sein stärkster Antrieb wird, wenn er Ihre Mappe aufschlägt, die Frage sein, ob Sie als Neuer im Unternehmen irreparablen Schaden anrichten werden. Beim ersten Ansehen sind Sie der große Unbekannte. Signalisieren Sie, dass Sie in guter Absicht kommen.

Passendes Outfit, offenes Lächeln, günstige Ausleuchtung – wer mit sich selbst sichtbar in Einklang ist, wer seine Augen nicht versteckt, wer Blickkontakt herstellt, der sorgt mit dem Bewerbungsfoto für einen guten ersten Eindruck.

Man sollte einzelne Elemente der Bewerbung nicht überbewerten. Ein sympathisches Bewerberporträt kompensiert nicht fehlende Kompetenz. Achten Sie selbst aber einmal darauf, wie viele Ihrer eigenen Entscheidungen vom ersten schnellen Eindruck unterstützt werden.

Kommen wir zur Bewerberfrage, die den Sunny-Girls und Boys unter den Lesern wirklich am Herzen liegt: Darf das Foto unterstreichen, wie attraktiv ich bin? Weibliches Sex-Appeal ist ein klares Pro-Argument in der Machowelt der Medien und auch überall sonst, wo es als Statussymbol des Unternehmens eingesetzt wird, also nicht allein in Rezeption oder Vorzimmer, sondern bis hinauf zur Vorstandsetage.

Ansonsten haben es auffallend attraktive Leute in der Arbeitswelt eher schwerer, einfach weil sie nicht aufhören zu irritieren. Die Anmutung von ausgesprochen hässlichen Menschen verliert sich dagegen nach wenigen Minuten – sie wird bald nicht mehr bemerkt.

Am Erscheinungsbild interessiert schließlich nicht die spitze Nase. Es interessiert dagegen, ob man hochnäsig blickt. Von Belang ist auch nicht das fliehende Kinn. Wichtig ist, ob der Kandidat selbst nach vorn schaut. Man achtet nicht darauf, ob Ihr Haar dünn ist. Es zählt, ob Sie in Ihrer Funktion stets in der Façon bleiben.

Das wichtigste Argument zum Schluss: Profile von Bewerbern, die ihr Foto mitschicken, prägen sich allemal leichter ein. «War da nicht noch jemand, der interessant war? Ja, die mit der Brille. Die mit der Start-Up-Erfahrung? Nein, die mit dem Schwarz-Weiß-Foto.»

Nebenbei bemerkt

Im amerikanischen Resume oder englischen Curriculum Vitae geben Sie kein Alter an – außer, wenn Sie damit aufzeigen wollen, dass Lebensalter und angestrebte Karriereetappe optimal passen.

Da wundert sich der Personaler

- Großprint auf separater Fotoseite gleich hinter dem Deckblatt
- Im Sparmodus auf Inkjet-Papier appliziertes, aquamarinfarbenes Pixelgeviert
- Im Kunstlicht digital aufgenommener Schnappschuss aus dem Leichenschauhaus
- Resteverwertung der Porträtserie «Ich in den Neunzigern»
- Schnappschuss aus der Reihe «Ich und mein süßes Pony»

Bevor Sie weiterlesen

Das nie ausgesprochene Ressentiment im jugendseligen Deutschland: *Knowhow nicht auf dem aktuellen Stand. Plus viel zu teuer. Plus passt nicht in die Hierarchie oder Gruppe.* Erster bescheidener Vorschlag: Verlieren Sie nicht den Anschluss an Ihr Fach. Zweiter bescheidener Vorschlag: Rechnen Sie Ihre Verdiensterwartung herunter. Lebensstandard ist keine Naturkonstante. Dritter bescheidener Vorschlag: Auf dem Land oder in einer gemütlichen Kleinstadt fehlen Ihnen die Rollenvorbilder und Sie verlieren Ihre wettbewerbsfreudige Einstellung. Fahren Sie in eine großstädtische Agglomeration (Berlin, Hamburg, Frankfurt, Düsseldorf …) und studieren Sie dort die «Jungen Mittfünfziger». Die Wirtschafts- und Leistungselite treibt sich an. Sie treibt Sport. Ich treffe auf sie beim Joggen. Wann treffe ich Sie?

39 Mitten im Lebenslauf

«Wegen einer Gehirnoperation musste ich meine Ausbildung abbrechen. Ich brauchte fast ein Jahr um mich zu regenerieren, musste erst wieder sprechen und schreiben lernen. Wie formuliere ich diesen Abschnitt in meinem Lebenslauf? Soll ich das irgendwie bemänteln?»

Als nicht wenig beanspruchter Bewerbungsberater erlaube ich mir vorab einen nicht sehr netten Kommentar: Eigentlich müsste man vielen Schulabgängern empfehlen, noch einmal, dann aber gleich richtig schreiben zu lernen. Kann man sich in der Schule nicht ausdrücken, rückt man im Beruf nicht auf und kommt man sein Berufsleben lang in keine Position mehr, für die nicht bloß fachliche, sondern auch sprachliche Kompetenz verlangt wird – das heißt, in praktisch alle besser dotierten, interessanten Jobs. Wer aus einer bildungsfernen Familie stammt und in der Schule ernsthaft was fürs Leben lernen will, der müsste eigentlich alle unsere Bildungsexperten und Schulamtsinhaber nach Norditalien jagen: es sind Chancenkiller.

Zurück zum Thema. Unverschuldetes Unglück, persönliche Katastrophen verstecken sich in vielen Lebensläufen. Sie bleiben meist verborgen, wenn sie sich innerhalb von Ausbildungs- oder Arbeitsverhältnissen ereigneten und keine Zeugnisbemerkung darauf verweist.

Solche persönlichen Krisenerfahrungen zählen zu den bestimmenden Ereignissen im Leben. Man hält sie dennoch aus dem Lebenslauf; schon allein, weil man dem Personaler nur das gibt, was des Personalers ist. Aus Bewerbersicht sind das:

1. Informationen, die den Personaler dazu motivieren, jemanden einzustellen.
2. Informationen, die zu erfahren der Personaler ein Recht hat.

In jedem Jobinterview ist es von Vorteil, gesprächsbereit, offen, dialogorientiert und redegewandt aufzutreten, ohne aber mehr von sich preiszugeben, als zum Erreichen der Gesprächsziele notwendig ist. Denken Sie sich jede Selbstaussage als eine Spielkarte: Warum ausspielen, wenn man damit nicht sicher punktet?

Ihr Lebenslauf wird jedoch unverständlich, wenn Sie augenscheinliche Wendemarken und zur Neuausrichtung führende Einschnitte nicht kennzeichnen. Dazu gehören Krankheiten und Unglücksfälle, die Sie länger eingeschränkt, Ihre Leistungen stark vermindert, einen beruflichen Ausstieg, eine komplette Neuorientierung erzwungen haben.

Im Lebenslauf könnte man das so formulieren:

7/200x – 3/200x	Studienabbruch (Erkrankung); Rehabilitation im Reha-Zentrum Nürnberg
7/200x – 3/200x	Abbruch der Ausbildung (Verkehrsunfall); dreimonatige Rekonvaleszenzphase, Rehabilitation im Reha-Zentrum Nürnberg
7/200x – 3/200x	Abbruch der Ausbildung (Tod der Mutter); Haushaltsführung, Betreuung der Geschwister

Auch im Vorstellungsgespräch wird man den Schicksalsschlag ansprechen und erfahren wollen, wie Sie ihn überwunden haben. Machen Sie dabei Ihren Mut, Ihr Durchhaltevermögen und Ihre Charakterstärke deutlich. Sollte Ihre Arbeits- und Leistungsfähigkeit dauerhaft eingeschränkt sein, dann bewerben Sie sich nicht für Jobs, von denen Sie annehmen müssen, dass ein hohes Maß an Belastbarkeit vorausgesetzt wird.

Zur beruflichen Reintegration steuern Sie Ihren Kahn in ruhigere Gewässer. Bewerben Sie sich bevorzugt bei Non-Profit-Einrichtungen, Behörden und Ämtern, bei kleinen Familienbetrieben mit noch intaktem Verantwortungsethos sowie bei sehr großen Unternehmen, die ruhigere Nischen bieten als die Ameisenhaufen der New Economy.

Nebenbei bemerkt

Die gewieftesten Strategen des Überlebenskampfes warnen seit Jahrhunderten davor, zuviel von sich selbst und von seinen Absichten preiszugeben. Es ist durchaus möglich, offen zu reden ohne vertraulich zu werden. Werden Sie nicht vertrauensselig, nur weil Ihr Gegenüber nett ist.

Bewerber live: kontakten, verhandeln, gewinnen

«Fassen Sie doch für uns Ihre bisherigen beruflichen Stationen zusammen!»

«... ja, und im Frühjahr 200x warf mich plötzlich eine Erkrankung für volle 13 Wochen aus dem Rennen. Das war nicht schön, weil ich gerade abgeordnet worden war, die Filiale Gohrsleben neu aufzubauen. Ich bin inzwischen vollkommen gesundet, ein ärztliches Attest kann da auch jeden Zweifel ausräumen ...»

Bevor Sie weiterlesen

Abgebrochene Ausbildungsverhältnisse, häufige Wechsel, größere Zeitlöcher, lakonische Arbeitszeugnisse, in den Personalakten von Behörden schlummernde Verweise, merkwürdig stille Phasen ohne Anstellungen: Wappnen Sie sich vor dem Jobinterview dafür, das im Gespräch nachvollziehbar zu kommentieren. Entwerfen Sie ein kurzes Statement zu Ihrem wunden Punkt in der Bewerberbiographie und testen Sie es im Gespräch mit Ihrem *Karriere-Buddy*.

40 Was ist eigentlich eine Vita?

In Stuttgart wirkt Edith Nebel als Career-Guide und hilft den Schwaben zum Joble. Wir schätzen aneinander unser fachliches Wissen, unsere Zuverlässigkeit und dass man den anderen wirklich alles fragen kann, ohne dass der über einen lacht.

Edith mailt: «Ein Bewerber wurde gebeten, anstelle einer Bewerbung mit Lebenslauf eine Vita abzugeben. Jetzt kenne ich neben Helen Vita und Vitamalz nur noch die Künstler-Vita, die entweder als reine chronologische Auflistung von

Auftritten und Ausstellungen verstanden wird oder als ein um diese Angaben erweiterter Lebenslauf. Ferner verwenden manche Leute den Begriff als Synonym für Lebenslauf. Doch wenn es das alles nicht ist, was könnte eine Firma dann wohl darunter verstehen?»

Meine Antwort: Ich bin mehr Experte für DOLCE VITA und würde auch niemandem zureden wollen, dass er seine VITA einfach so dem Vaterland oder einem Arbeitgeber überlässt. Schließlich hat man ja bloß eine. Dank meines ausgezeichneten VITAmin B zum letzten lebenden Personaler, der sein Großes Latinum noch vor der Oberstufenreform bestanden hat, kannst Du aber getrost diese Expertenmeinung weitergeben:

Wird von einem Kandidaten statt einer üblichen Bewerbung eine Vita verlangt, so sollte der umgehend antworten: «Sende meine Vita nur gegen Einladung zum Colloquium».

Erscheint diese Antwort doch zu frech, dann fügt man sich und sendet einen ausführlichen handgeschriebenen Lebenslauf ein. Wie man das angeht und bewältigt, ist ganz einfach und steht auf meiner Site `jova-nova.com`, wo nicht nur Schwaben auf über 200 kostenlosen Webseiten neben Bewerberinfos auch Eintopfrezepte und Ideen rund um den Hausbau finden. – O.k., Werbung sollte immer ehrlich sein: Keine Tipps für hungrige (Bau)Sparer auf `jova-nova.com`. Dafür lernen Bewerber, wie sie sich unnötigen Aufwand ersparen und dennoch nachhaltig Personaler und sonstige Entscheider beeindrucken.

Nebenbei bemerkt

Auf 83,5 Prozent der mir eingesandten Bewerbungen steht oben links oder mittenzentriert entweder «Lebenslauf» oder «Curriculum Vitae» oder «Persönliche Daten». 83,5 Prozent der Bewerber bewerben sich gedankenlos. Ein Titel identifiziert etwas. Aber einen Lebenslauf gesondert als Lebenslauf zu bezeichnen ist wie Feuerwehrauto auf ein Feuerwehrauto zu schreiben.

Bewerber live: kontakten, verhandeln, gewinnen

«Welche Station in Ihrem Lebenslauf würden Sie am ehesten ausstreichen?»
«Welche Phase Ihres Lebenslaufs war für Sie am erfolgreichsten?»
«Welchen Kurs möchten Sie am liebsten noch unter die Rubrik Weiterbildung einreihen?»

«Welche Entwicklungslinie sehen Sie selbst in Ihrem Lebenslauf?»
«Wodurch unterscheidet sich Ihr Werdegang von dem gleichaltriger Mitbewerber?»

Bevor Sie weiterlesen

Für die Optimierung von tabellarischen Lebensläufen verwende ich ein Grundlayout in Form einer zweispaltigen WORD-Tabelle. In Word hat die Funktion sogar ein eigenes Klapp-Menü. Rahmenstärke natürlich null. Damit lässt sich viel leichter arbeiten als mit Tabulatoren. Auf dieses Grundgerüst können Sie ein Karriereleben lang bauen.

41 EU-Lebenslauf

«Soll ich meinen Lebenslauf sofort nach der EU-Norm umformatieren oder gibt es eine Übergangsfrist?»

In Brüssel hat man der erstaunten Öffentlichkeit den speziell für uns Europäer konzipierten NORM-LEBENSLAUF vorgestellt. Um dieses schöne Produkt gemeinschaftlicher Geistesarbeit ist es dann aber sofort wieder still geworden.

Was jetzt? Setzt sich dieses Bewerber-Formular durch? In welchen Redaktionen, Bildungsstätten und Ämtern wird der Musterlebenslauf bereits propagiert? Auf welchem Arbeitsmarkt ist er schon der heimliche Hit?

Vielleicht bei uns in Deutschland? Wir haben doch mustergültige Voraussetzungen: Hier ist das Land, wo keiner mehr verdienen soll als der andere und wo jeder so viel davon wieder abgeben muss, bis sich alles wieder ausgleicht. Wo soviel Gleichklang herrscht, da gilt am besten auch für jedermann dasselbe Einheitsformular.

Doch solange deutsche Jobsucher keine kostenlosen Vordrucke vom Arbeitsamt plus einen Ganztageskurs zum Erwerb lebenslaufspezifischer Fill-Out-Qualifikationen erhalten, warten sie erst einmal bedächtig ab. Schön wäre es in diesem Zusammenhang, wenn unser Staat zum EU-Lebenslauf gleich einen Stift aus nachwachsendem Blei dazulegen würde, mit Aufdruck «Nachhaltig bewerben – Lebenslauf mehrfach verwenden».

Und in Italien? Dort versieht man bekanntlich jedes Formular mit einer auf dem Amt erhältlichen Wertmarke. Und da man sich in Rom bislang nicht auf Größe, Farbe, Bildmotiv und Klebestärke des bollo di curriculo vitae europeo meraviglioso geeinigt hat, muss der tolle Plan aus Brüssel in Italien vorerst ruhen.

Die Franzosen haben ohne Zaudern ein überparteiliches Comité d'Unification gebildet, das aus der Brüsseler Vorlage sehr zügig ein paar praktikable Lebenslauf-Varianten abgeleitet hat: Jetzt gibt es Versionen für die verschiedenen Geschlechter, 23 regionale und 1583 berufsspezifische Sonderfälle sowie Formulare für die Mitglieder der wichtigsten Gewerkschaften, den Syndicats d'Initiatives. Der Staatspräsident erhält einen separaten Grand CV Européen d'Honneur.

Die Engländer haben eine gewisse Art, die Luft anzuhalten und sehr unglücklich auszusehen, wenn man sie nach europäischen Errungenschaften wie dem Musterlebenslauf fragt.

Die Dänen verweisen einen des Landes.

In den Niederlanden fragen sich verzweifelte Familienvorstände, ob jedes Familienmitglied einen eigenen Antrag abgeben muss, ob man sich den Durchschlag dazu denken muss, an welcher deutschen Tankstelle man das Papier schließlich abgibt und was man am Ende dafür kriegt.

Die Griechen bestehen darauf, dass sie schon die Tragödie, die Demokratie sowie die spartanischen Arbeitsbedingungen erfunden haben. Und jetzt, so sagen sie, erfindet Brüssel etwas, mit dem man noch nicht einmal Fische auf dem Markt einwickeln kann.

Kurzum, der EU-Lebenslauf überwindet gerade die üblichen Anfangswiderstände. Dabei ist er das beste Mittel gegen den amerikanischen Wirtschaftsimperialismus, wo trotz eines unifizierten Wirtschaftsraumes verwirrend viele Resume-Varianten konkurrieren. Kampf der Unübersichtlichkeit! Unser Leben soll in Zukunft gleich bleiben, von Porto bis Grmzybirsk.

Für einen non-konformen GW-Lebenslauf ziehen Sie eine zweispaltige Tabelle in Word auf. (Art: kein Rahmen; Verhältnis der Spalten im Goldenen Schnitt; Schrift 10 – 10.5 Punkt.) Setzen Sie in die linke Spalte Ihre Überschriften sowie die Zeitangaben. Letztere nach der ersten allgemeinbildenden Lernphase immer monatsgenau. Vermeiden Sie in der linken Spalte Kokolores wie Doppelpunkte und nicht notwendige Feldnamen.

Im Anschreiben argumentieren Sie und führen Sie aus. Im Lebenslauf zählen Sie auf. Für beide Teile gilt: Wer chronologisch aneinander reiht, hat weder vom Bewerbungsschreiben noch vom Lebenslauf ein klares Konzept. Chronologie ist im Lebenslauf erst das zweite Gliederungskriterium. Und was ist das erste? Sie haben die Auswahl:

1. Rubrik
PERSÖNLICHE DATEN
PERSÖNLICHE ANGABEN
ZUR PERSON

2. Rubrik
ANGESTREBTE POSITION
ANGESTREBTE TÄTIGKEIT
BERUFLICHE ZIELE
BERUFLICHES ZIEL
ANGESTREBTES PRAKTIKUM
ANGESTREBTE AUSBILDUNG
ANGESTREBTER BERUF
AUSBILDUNGSZIEL

3. (oder 4.) Rubrik
AUSBILDUNG
AUSBILDUNGSDATEN
SCHULISCHE DATEN
SCHULE & AUSBILDUNG

4. (oder 3.) Rubrik
BERUFLICHE ERFOLGE
BERUFLICHE PRAXIS
BERUFLICHE ERFAHRUNGEN
BERUFLICHE DATEN
BERUFLICHE TÄTIGKEITEN
BERUFLICHE AKTIVITÄTEN

5. Rubrik
WEITERBILDUNG
WEITERBILDUNGSDATEN
KURSE UND LEHRGÄNGE
TRAININGS

6. Rubrik
KENNTNISSE UND FÄHIGKEITEN
BESONDERE KENNTNISSE
BESONDERE STÄRKEN
EDV & SPRACHEN

7. Rubrik
MITGLIEDSCHAFTEN
EHRENAMTLICHES ENGAGEMENT
EHRENAMTLICHE TÄTIGKEITEN
MITGLIEDSCHAFTEN UND INTERESSEN

Nutzen Sie den Spielraum, passen Sie die Form immer Ihrem Lebens- und Berufsweg an und gestalten Sie ein präsentables, persönliches Datenblatt. Verwenden Sie den EU-Lebenslauf, wenn Sie sich bei der europäischen Union um eine Mitarbeit bewerben im Projekt «Warum und zu welchem Zweck studieren wir Universalgeschichte, wenn wir am Ende dieser Geschichte dann doch in einem durch eine allerletzte EU-Regelung bedingten, unwiderruflichen Stillstand jeglicher Verstandesregung und Molekularbewegung enden?»

Nebenbei bemerkt

Ihre Hobbys und persönlichen Interessen machen Sie ja sehr sympathisch. Aber nur mir. Personaler haben sich nicht die Bohne dafür zu interessieren. Geschäftsführer auch nicht. Aus gutem Grund. Das Privatleben eines Berufstätigen wird allenfalls dann jobrelevant, wenn es die Performance beeinträchtigt. Personaler interessiert, ob Sie ein halbwegs geregeltes Leben im Rahmen der bürgerlichen Gesellschaft führen, kein sozialer Idiot sind, keinen Drogenabusus betreiben, psychisch und physisch stabil sind, keine ansteckenden Krankheitskeime in sich tragen und nicht die Mäntel in der Garderobe nach Brieftaschen durchwühlen. Personaler interessieren sich nicht für Sie persönlich.

Und wenn ein Ausdenker von Motivationsschreiben oder ein Hobbypsychologe meint, er könne Sie nur einstellen, wenn er weiß, was Sie nach der Arbeit treiben, dann soll er Sie halt im Jobinterview befragen. Antworten Sie, Sie ziehen abends die Vorhänge zu. Erwachsen zu sein, heißt, sich diskret zu verhalten.

Erwachsene von heute haben aber schon als Kinder die TV-Seelenstripper mitverfolgt und finden es eher normal, sich zu outen. Es ist ein strategischer Fehler, seine persönliche Informationspolitik nicht strikt zu steuern. Karriere machen nicht die Seelenblitzer. Man erkennt die Unerfahrenen und Ungeschickten sogar daran, dass sie zutraulich und geschwätzig werden, sobald die Situation sich ein wenig entspannt. Wer sich privat offenbart, offenbart Schwächen. Schwachstellen machen Menschen liebenswürdig. Bei Menschen, die man wirklich liebt, sind deren Schwächen sogar die wahren Stärken. Vielleicht lieben Sie ja auch alle Mitglieder Ihrer Firma mitsamt deren Stärken und Schwächen. Doch leider, liebe *Claudia in Roth*: Nicht jedes Mitglied der Organisation liebt so stark zurück.

Fazit: Bringen Sie sich weder als Bewerber noch als Beschäftigter mit Leib und Seele in den Arbeitsplatz ein. Seelenverkäufer, die darauf insistieren, fahren bald auf Grund.

Das stört am Lebenslauf

- Zu enger oder zu weiter Abstand vom linken Blattrand (am besten: 2,5 cm – Abstand oberer Blattrand zu hoch
- Zeilenabstand nicht einzeilig
- Dreispaltiger Aufbau: komplizierter als nötig – Vorlage aus Rumänien?
- Titel LEBENSLAUF unnötig

- Aufbau zu unruhig: zu viele Schriften, zu viele Schriftauszeichnungen etc. – zu viele Spaltentitel
- Bullet-Punkte stören Lesefluss – Querlinien stören Lesefluss – Kästchen stören, Lesefluss überdesigned
- Kein Platz für Bewerberfoto
- Datendoppelung
- Kopf- und Fußzeilen

Bevor Sie weiterlesen

Alles hat sein Timing. Dass Sie ein engagierter Läufer sind, erzählen Sie nicht im Jobinterview. Sie spielen das aus, wenn Sie den Frankfurter Corporate Challenge Lauf mitorganisieren oder als Schlussläufer für das Firmenquartett im Augsburger Staffelmarathon antreten.

42 Ziviler Lebenslauf

»Was ich in Ihrem ausgiebigen Bewerbungsratgeber, wie auch in allen anderen, leider vermisst habe, war ein Hinweis auf den Zivildienst. Unter welcher Überschrift führe ich diesen an? Unter «Ausbildung – Bildung» passt er nicht wirklich, doch wie schaffe ich es anders, die chronologische Reihenfolge beizubehalten?»

Stellen Sie sich vor, Sie produzieren statt einem tabellarischen Lebenslauf einen Lebenskasten mit mehreren Schüben. Sie benötigen ebenso viele Boxen wie Spaltentitel für den Lebenslauf. Vergleichen Sie Ihre Ausführung mit der von anderen Bewerbern. Schulabgänger stapeln gern Fach auf Fach übereinander. Im Lebenslauf setzen sie ja auch in der linken Spalte einen Kurztitel zu jeder einzelnen Angabe: Lieblingsfächer: … Name der Eltern: … Hobbys: … – Und wer impft Kids dieses diskriminierende Kastendenken ein? – Na wer wohl? Lehrwerksautoren.

Frage ist, ob der soziale Dienst eine eigene Rubrik im Lebenslauf benötigt. Ein Personaler denkt: schön, dass Sie ihn geleistet haben. Gut, wenn Sie ihn hinter sich haben. Aufschlussreich, wenn Sie Tätigkeiten und Zuständigkeiten benennen. Kein Grund, ihn eigens hervorzuheben.

Das mehr oder minder freiwillige Engagement für die Republik findet zwischen zwei Ausbildungen oder unmittelbar nach dem Abitur oder nach der beruflichen Ausbildung statt. Es ist kein Beschäftigungsverhältnis, und man geht allgemein davon aus, dass diese Verpflichtung junge Männer erzieht und ihre soziale Persönlichkeit bildet. Augenfällig wird das freitags abends in Fernzügen.

Aus diesen einleuchtenden Gründen, und weil in keinem Schubkasten mehr Schubläden als nötig stecken sollten, stellen Sie im Lebenslauf den Dienst an der Bettpfanne oder mit dem Schießprügel unter AUSBILDUNG ein. Dort ordnen Sie Ihre Stationen chronologisch. Aufsteigend oder noch besser: absteigend und nach dem letzten allgemein bildenden Abschluss stets monatsgenau.

Wenn Sie Ihre Box von oben nach unten beschriften, kommen Sie zum Beispiel mit PERSÖNLICHE DATEN, BERUFLICHE ZIELE, BERUFLICHE TÄTIGKEITEN, AUSBILDUNG, AUSBILDUNGSBEGLEITENDE TÄTIGKEITEN, WEITERBILDUNG, KENNTNISSE & FÄHIGKEITEN gut aus. Eine solche Aufteilung würde ich einem 35-jährigen Ingenieur empfehlen.

Und kommen Sie bitte nicht auf die Idee, diese Markierungen im Lebenslauf selbst zeitlich zu ordnen. Die Anordnung der Rubriken hängt davon ab, wie man sich präsentiert.

Nebenbei bemerkt

Machen Sie's als Berufseinsteiger ungefähr so:

AUSBILDUNG
…
…

8/2001 – 12/2002	Zivildienst, Barke e.V., Paderborn Fahrdienst, Verwaltung, Telefonberatung

Bewerber live: kontakten, verhandeln, gewinnen

«Was haben Sie während Ihres Zivildiensts eigentlich gemacht?»

«Ich hätte eigentlich Essen ausfahren sollen, aber ich habe die Geschäftsstelle neu vernetzt, das Programm KariKat IV angepasst und unsere Verwaltungsangestellte geschult und als die dann spontan geheiratet hat und in den Jemen gezogen ist, habe ich ein halbes Jahr lang allein die gesamte Verwaltung geschmissen.»

«Na, sowas. Das hätten Sie aber gut im Lebenslauf notieren können!»

«Ich wusste nicht, wie ich das mit dem Jemen erklären sollte.»

Bevor Sie weiterlesen

Jung, männlich und vor dem Wehr- oder Zivildienst? Legen Sie schon vorher fest, wie Sie die Zeit zur dienstbegleitenden Weiterqualifikation nutzen. Lassen Sie sich Ihren Italienisch- oder Rhetorikkurs bezuschussen. Setzen Sie sich im Kurs neben *ein Mädchen.*

43 Danken Sie Ihren Eltern

«Sind Bewerbungstipps nicht eigentlich so unnütz wie Bußpredigten? Man sieht doch, die Leute kommen mit dem unmöglichsten Verhalten durch.»

Sicher bewerben sich die Leute so, wie es ihnen gerade einfällt. Und ihnen fällt alles nur Denkbare ein. Nicht anders sieht es bei den Jobanbietern aus. Im Großen und Ganzen stellen Leute, die Menschen nicht gut einschätzen können, andere Leute ein, die weder sich selbst noch ihre Situation gut einschätzen können. Ich gehe einfach davon aus, dass erfolgreiches Bewerberverhalten einige kleine Tricks und Kniffe, einige clevere Handlungsweisen und bewährte Routinen ebenso einschließt wie eine grundsätzliche ethische Haltung gegenüber seinen Mitmenschen. Und das bedeutet: Was einen zum erfolgreichen Bewerber macht, macht einen auch erfolgreich im Beruf.

Doch ganz sicher kommen Karriereratgeber mittlerweile vom Stöckchen aufs Hölzchen. Ob man sich telefonisch, per E-Mail oder per Rohrpost bewirbt, ob man neue Bewerbungswege zu Lande, in der Luft oder im Wasser erkundet, ob man Frau über 40 oder Mann über Bord ist: Für jeden Anlass und jeden Bewerbertyp ist schon ein eigener Titel publiziert und die passende Web Site gleich dazu.

Das erhält Arbeitsplätze, bringt Leute zum Lesen und Nachdenken, erhöht spürbar die Qualität der Bewerbungen und maximiert die Chancen der Bewerber.

Vielleicht. «Ich brauche Zeit für die Informationsaufnahme» ist aber immer eine gute Begründung, wenn es mit der Arbeitsaufnahme noch nicht geklappt hat.

Was kein Redakteur und kein Autor Ihnen abnehmen können, ist die Mühe, Ihren eigenen Weg zu gehen. Ob Sie es selbst tun oder ob Sie jemanden anheuern, der Sie dazu bringt, es zu tun – beim Handeln ist jeder der Erste. Ihre Handlungsanweisungen:

- Herausfinden, wie sich mit dem, was Sie sind und können, Geld machen lässt
- Sich ehrlich prüfen, welche Defizite Sie ausgleichen müssen, damit Sie dort, wo Sie hinwollen, auch aufgenommen werden
- Von sich aus, aus eigenem Antrieb, Ihr fachliches Wissen und Können auf den Stand bringen
- Prüfen, an welchen Orten der Welt ein besonderer Bedarf an Menschen Ihrer Qualifikation besteht

- Herausfinden, wie viel an Veränderung Sie sich selber (und Ihrer Familie, Ihrem Partner) zumuten können
- Vergleichen und bestimmen, was Ihre Arbeit wert ist
- Eine Rückzugsposition bestimmen für den Fall, dass Sie angepeilte Ziele nicht erreichen
- Eine Alternative aufbauen für den Fall, dass es mit der angestrebten Tätigkeit nicht klappt
- Die richtigen Leute als Helfer für Ihre beruflichen Pläne und Wünsche einspannen
- Jede Bewerbung als effiziente, zeit- und ressourcenoptimierte Lösung einer ganz konkreten Aufgabenstellung vorlegen
- Sich auf angemessene Weise präsentieren
- Andere Menschen von Ihren Fähigkeiten, guten Absichten, Vorstellungen, Plänen, Ideen, Projekten und Ansprüchen überzeugen

Wie macht man das? Wie erkundet man den Markt? Wie eignet man sich Fertigkeiten an? Wie hält man Standards ein? Wie verinnerlicht man Regeln und befolgt sie auch selbst?

Sie schaffen das nicht so sehr, indem Sie die Bewerbungsklassiker oder das neue ABC der «Angepassten Besserwisserischen Career-Guides» auf Ihrem Nachttisch aufstapeln. Sie packen das, indem Sie's schlichtweg tun. Geläufigkeit auf dem Bewerberparkett lernen Sie, indem Sie sich in Gang setzen. Und aus eigenen Fehltritten lernen.

Vieles von dem, was Ratgeber servieren, ist Teeküchengeplaudere. Beispiel aus einer Frauen-Site:

»Der erste Eindruck entsteht zu 55 Prozent durch Kleidung und Körpersprache, zu 38 Prozent durch den Klang der Stimme und den Tonfall, zu sieben Prozent durch den Inhalt des Gesagten. Das heißt, wir können im Vorstellungsgespräch von den Röteln unserer Großmutter erzählen, solange unsere Stimme nicht so klingt wie die der Simpsons? Nicht ganz. Ihr Auftritt entscheidet.»

Dampfen Sie diesen mit Zahlenschnickschnack verzierten Talmi-Talk einmal auf seinen praktischen Nutzwert ein. Man möchte der Verfasserin ins Stammbuch schreiben: Kein Auftritt ohne Skript. Klar gibt es Personaler, die zum Vorsprechen antreten lassen. Das betrifft aber keine Redakteure, denn die beten nach.

Mein praktischer Vorschlag: Leiten Sie als Bewerber Ihre Kleidungs-, Sprach-, Benimmregeln einfach aus dem mit Ihrer guten Erziehung erworbenen Repertoire ab.

Haben Sie das Glück einer guten Kinderstube genossen? Dann meistern Sie auch Vorstellungsgespräche mit Anstand. Ich beweise Ihnen, warum. Dazu prüfen Sie sich bitte selbst: Wie viele dieser Fragen können Sie mit ja beantworten, ohne dass sich dabei Ihre Nasenspitze längt?

1. Ich bewege mich sicher unter Menschen (z. B. während eines großen Familienfests oder unter den Zuschauern im Foyer des Schauspielhauses oder unter den Teilnehmern eines formlosen Treffens während einer Messe).
2. Ich ziehe mich in unterschiedlichen Situationen verschieden an.
3. Ich verschicke zu Weihnachten einen ganzen Stapel selbst geschriebener Karten an Verwandte und Freunde.
4. Ich kann problemlos in einem voll besetzten Zugabteil ein Gespräch mit einem fremden Mitreisenden beginnen.
5. Wenn sich mir ein Unbekannter vorstellt, kann ich mich eine ganze Weile lang angeregt mit ihm unterhalten.
6. Ich kann meine berufliche Tätigkeit Neunjährigen so beschreiben, dass sie es verstehen.
7. Ich kann mein Fachgebiet Neunundzwanzigjährigen so beschreiben, dass sie das spannend finden.
8. Ich bin in der Lage, mich auf die Interessen und Bedürfnisse eines anderen Menschen zu konzentrieren.
9. Ich habe keine Schwierigkeiten auszudrücken, was ich denke.
10. Ich achte auf meine Umgangsformen auch, weil sie für mich Ausdruck des Respekts vor dem anderen sind.

Weniger als zehnmal zustimmend genickt? Dann arbeiten Sie noch ein wenig an sich! Meistern Sie diese zehn Anforderungen, dann sind auch Bewerbungssituationen für Sie nichts grundlegend Neues.

Zehn positive Antworten? Dann wird Ihnen das Karrieregeplauder, das Sie sich aus dem Web oder aus Büchern fischen, nur wenig bringen. Sie werden vielleicht noch zu umständlich formulieren oder unangemessenes Understatement zeigen. Vielleicht müssen Sie nachlesen, wie sich Aufbau und Elemente des Lebenslaufs aus dessen Verwendungszweck ableiten lassen. Doch dafür und für die anderen konkreten Fragen gibt's sachkundigen Rat.

Nebenbei bemerkt

Wenn es eine genügend große Anzahl an Jobvakanzen gibt und Sie sich genügend oft mit durchschnittlichen Unterlagen bewerben, werden Sie ab und zu eingeladen und erhalten am Ende eine Reihe von Zusagen. Jobsuche führt zu Standardsituationen. Ist das nicht tröstlich? Nach einigen Berufsjahren und einigen dieser klassischen Situationen führt aber Alfons einen Betrieb und Bertram führt sich bloß gut. Beruflicher Wechsel ist Karrierebeschleuniger oder Karrierekiller. Es kommt darauf an, was man aus den Standardsituationen macht.

Bewerber live: kontakten, verhandeln, gewinnen

Fragen eines interessierten Bewerbungshelfers:

«Was waren die großen Umbrüche in Ihrem Berufsleben?»
«Was bestimmte damals Ihr Handeln?»
«Welchen Rat hat man Ihnen damals gegeben?»
«Welche Muster sehen Sie in Ihrem Leben?»
«Gibt es so etwas wie immergleiche Konfliktkonstellationen?»

Bevor Sie weiterlesen

Bewerben ist Handeln. Bewerbungstipps bauen eine Haltung auf. Bewerten Sie Ratgeber danach, ob sie Ihnen gute Laune, Mut zum Handeln und Lust auf den Jobmarkt machen.

44 Jobsuche für Ungelernte

«Ich, w., suche einen Job, ich bin 17 und habe nach der Schule nichts gefunden. Am liebsten hätte ich was auf TZ-Basis. Können Sie helfen?»

Sie haben keinen Job, also viel zu tun. Fangen Sie an. Sie haben die Wahl:

- Sie nehmen die Beine in die Hand um eine Stelle als ungelernte Mitarbeiterin zu suchen und anzunehmen.
- Sie stellen sich auf die eigenen Füße und werden selbst aktiv, um sich beruflich weiterzubilden.

In jedem Fall heißt das für Sie: aufstehen & kämpfen. Immerhin brauchen Sie mit etwas Glück noch nicht einmal eine Bewerbungsmappe. Für Sie interessante Stellen werden oft auch gar nicht mehr ausgeschrieben. Es gibt sie dennoch – Sie müssen nur die richtigen Personen finden und ansprechen.

Jobsuche ist für den Jobsucher immer Arbeit. Nehmen Sie diese Arbeit ernst. Teilen Sie sich die Aufgabe in lösbare Teilschritte ein:

Finden Sie zunächst heraus, was Sie besonders gut können. Was macht Ihnen wirklich Spaß? Wo liegen Ihre Erfolgserlebnisse? In welcher Umgebung, mit welchen Leuten möchten Sie arbeiten? Und anders herum: Was können Sie, wollen Sie, schaffen Sie *nicht*? Beispiel: Sie fanden es immer schon stark, anderen etwas zu erklären und in der Schule waren Sie das unschlagbare As im Nähkurs. Sie möchten aber auf keinen Fall den lieben langen Tag an der Kasse sitzen oder Produkte ins Regal einsortieren.

Sie möchten nicht jeden Job, schon gar nicht um jeden Preis. Aber Sie brauchen jetzt ein wenig Fantasie und Mut um auch außerhalb der eigenen Vorlieben, Befürchtungen und Wünsche zu denken.

Bestimmen Sie den Radius, innerhalb dessen Ihre Arbeitsstätte liegen soll. Nehmen Sie dazu eine Karte und die Fahrpläne des Öffentlichen Nahverkehrs zur Hand. Versteifen Sie sich nicht aus Bequemlichkeit auf einen einzigen Ort!

Finden Sie in Ihrem Gebiet alle Betriebe, Geschäfte, Organisationen, die für Sie in Frage kommen könnten. Beschränken Sie sich nicht auf die wenigen Firmen, die in diesen Tagen gerade Stellenanzeigen veröffentlichen. Notieren Sie alle.

Rufen Sie überall dort an oder gehen Sie direkt dort vorbei, wo man vielleicht tüchtige Mitarbeiterinnen brauchen kann: in Verkauf, Produktion, Dienstleistung, für unterstützende und helfende Tätigkeiten. Ganz oben auf der Liste stehen zwei, drei Betriebe, die eigentlich nicht so toll sind. Trainieren Sie mit denen die Kontaktaufnahme und die Gesprächsführung. Lernen Sie aus diesen ersten Versuchen, stellen Sie sich auf die Fragen und Reaktionsweisen Ihrer Ansprechpartner ein.

Bei der aktiven Jobsuche sind angesagt:

- **Selbstdisziplin**: Verschenken Sie keine Stunden oder gar Tage. Jobsuche ist ernsthafte Arbeit. Ein Arbeitstag fängt früh an und hört spät auf.
- **Selbstbewusstsein**: Sobald Sie wirklich wissen, was Sie können und was Sie wollen, dürfen Sie dies auch gegenüber anderen zeigen.
- **Selbstbeherrschung**: Lassen Sie sich durch nichts aus der Bahn bringen. Weder durch abweisende Geschäftsführer, noch durch nörgelnde Familienmitglieder, noch durch Misserfolgserlebnisse.
- **Selbstorganisation**: Von der Terminplanung bis zum Notieren der Gesprächsergebnisse und der Kommunikationsdaten Ihrer Kontaktpersonen: Gehen Sie planvoll vor!
- **Selbstachtung**: Wenn Sie ungepflegt, nachlässig gekleidet und unfrisiert auftreten, wenn Sie den Kopf hängen lassen, griesgrämig sind und jammern, dann zeigen Sie, wie wenig Sie sich selbst achten. Wenn Sie sich selbst nicht ernst nehmen, warum sollte dann Ihr Gegenüber das tun?

Jobsuche ist harte Arbeit. Dazu gehört das Arbeiten an sich selbst. In Rechtschreibung sind Sie nicht besonders fit? Das kann man lernen. Wie steht's mit Rechnen? Englisch? Wie gut sind Ihre PC-Kenntnisse? Wie geschliffen sind Ihre Umgangsformen? Wie gut können Sie sich im Gespräch ausdrücken und sich präsentieren?

Volkshochschulen und andere Bildungseinrichtungen bieten alles, was Lernwillige fördert und sie persönlich wie beruflich weiterbringt. Bildung ist eine Chance. Zupacken und die Chance nützen, das müssen Sie schon selbst.

Am besten managen Sie alle Ihre kommenden Aufgaben mit einer Zu-Erledigen-Liste. Es gibt so viel für Sie zu tun. An die Arbeit!

Nebenbei bemerkt

Erste Anlaufstelle ist immer das Arbeitsamt. In Städten gibt es Job-Initiativen, Beschäftigungsgesellschaften, karikative Einrichtungen: anrufen, Termin ausmachen, hingehen.

Bewerber live: kontakten, verhandeln, gewinnen

«Tu was! Job-Point für Arbeitslose. Guten Tag! Mein Name ist Emilie Freimann. Wie kann ich Ihnen helfen?»

«Guten Tag. Ich heiße Derban, bin Schulabgängerin ohne Ausbildung und suche dringend einen Job.»

«Waren Sie denn schon einmal in unserer Beratung, Frau Derban?»

«War ich noch nicht. Könnten Sie mir einen Termin geben?»

Bevor Sie weiterlesen

Nehmen Sie, wenn Sie nicht mit Klauen und Zähnen um eine berufliche Ausbildung kämpfen wollen, den nächstbesten Job an. Egal welchen. Mit der Zeit kommen Sie sicher weiter, bieten sich Ihnen Gelegenheiten. Wenn Sie sich nicht sputen, holen Sie nicht einmal mehr den Mann aus Ruanda ein, der gerade in der Fußgängerzone den Müll aufliest. Und auch nicht den freundlichen Mann aus der Karibik, der die Pakete liefert. Aus der Arbeitslosigkeit befreit man sich als 17-jähriger wie aus einem brennenden Wrack. Schnell und energisch. Selbst wenn dies bedeutet, dass Sie auf dem Wochenmarkt Weißkohl aufstapeln.

45 Wie viel Computer muss sein?

Welche Computerkenntnisse müssen Jugendliche heutzutage mitbringen, um einen Ausbildungsplatz zu bekommen?

Etwas nicht können, was notwendig ist, endet oft tragisch. Beispiel: die Sahara durchqueren, ohne zu wissen, wie man Reifen wechselt. Etwas können, was nicht notwendig ist, endet oft peinlich. Beispiel: im Schnupperpraktikum gegenüber dem Bäcker mit seinen Programmierkünsten angeben. PC-Kenntnisse sind also kein Selbstzweck. Wie Sie wissen, setzen Organisationen Computer ein um grundlegende Dinge wie Verwaltung, Schriftverkehr, Betriebsführung, Marketing, Organisation, Kommunikation, Warenverkehr, Prozesssteuerung, Einkauf/Verkauf und ähnlich Wichtiges zu meistern.

Doch keine Firma wuchtet ihren Mitarbeitern einen PC auf den Tisch, nur weil das im Trend ist. Eine der wichtigsten Fragen im Arbeitsleben lautet: wozu? Wozu könnten Sie den PC während Ihrer beruflichen Ausbildung in jedem Fall brauchen? Um effizienter zu schreiben, rechnen, organisieren, gestalten, Informationen finden und austauschen. Das heißt nicht unbedingt, dass Aufenthalte im Sichtbereich eines Monitors Teil jeder praktischen Ausbildung sind. Das heißt vor allem nicht, dass man mit irgendwelchen Kenntnissen und Fertigkeiten prahlen muss, wenn sie offensichtlich nicht interessieren. Auch Personaler und Ausbilder, die einen ausgesprochen mögen, werden sonst am Sinn fürs Wesentliche zweifeln.

Ganz sicher unterstützt einen der Computer beim Optimieren der BASIS («**B**estimmte **A**usgesprochen **S**innvolle & **I**ntelligente **S**tärken»). Dies sind:

- Schreiben/sich ausdrücken
- Lesen/Sachverhalte verstehen
- Rechnen/Probleme analysieren und lösen
- Lernen/Lernstoff organisieren

Alles in allem bedeutet das: Fangen Sie an, den PC sinnvoll zu nutzen. Noch vor Ihrer beruflichen Ausbildung. Erwähnen Sie Ihr Know-how, sofern das für Sie spricht. Bleiben Sie fit in Word, E-Mail, Internet. Lassen Sie sich vom Techno-Talk der vornehmlich männlichen Bastelbrigade nicht abschrecken. Die einen schrauben, tunen, crashen, die anderen erledigen mit ihrem PC Dinge.

Als Sprössling von Immigranten oder Lehrern können Sie nicht darauf bauen, dass man Sie richtig schreiben lehrt. Bringen Sie es sich selbst bei. Tippen Sie täglich in Word, prägen Sie sich die Korrekturvorschläge ein, lesen Sie die Grammatiktipps. Trainieren Sie das Schreiben, bis Sie so gut schreiben können wie reden. Auf diese oder eine ähnliche harte Tour gehen in jedem Jahrgang nur eine Handvoll Leute vor. Aus denen wachsen die künftigen erfolgreichen Mitarbeiter, Geschäftsgründer, Entrepreneure.

Solange Sie sich in der Zivilisation aufhalten, gibt es keine universellere symbolverarbeitende Maschine als den Computer. Sofern Sie die Zivilisation verlassen, stecken Sie ein Schweizer Offiziersmesser ein.

Nebenbei bemerkt

Haben Sie kein schlechtes Gewissen, wenn Sie Computer absolut doof und das Internet absolut uninteressant finden. Machen Sie Ihr eigenes Ding und lassen Sie die anderen deren Ding machen. Die Welt ist zu bunt und bietet zu viele Chancen um sich für eine einzige Sache missionieren zu lassen.

Bewerber live: kontakten, verhandeln, gewinnen

«Wie sieht es mit Ihren PC-Kenntnissen aus?»

«Ich kann Mails schicken und Briefe schreiben und ausdrucken. Ich würde mir auch zutrauen, eine integrierte Anwendung selbst zu erlernen und damit die Verwaltungsarbeit zu erledigen. In meiner Freizeit spielt der PC aber sonst keine Rolle.»

Bevor Sie weiterlesen

Sie sind in Schule oder Ausbildung? Erstellen Sie eine 60-Sekunden-Bewerber-Präsentation als eigenständiges Miniprogramm. Selbstablaufend, als Animation oder QuickTime-Movie. Mailen Sie Ihr Ergebnis an *gwinkler@jova-nova.com.*

46 Computer killt Freizeit

«Sollten sich Jugendliche in Ihrer Freizeit zusätzliche Computerkenntnisse erwerben, falls der Schulunterricht wenig hergibt?»

Kurze Gegenfrage: Sind PC-Kenntnisse karrierefördernd?

Aber klar doch. Sind Sie fit am PC, so wirkt sich das nicht nur positiv auf Ihr Selbstvertrauen aus. Sie tun sich mit dem Lernen viel leichter und es eröffnen sich mehr Gelegenheiten für Freizeit- und Ferienjobs. Beweisen Sie als Bewerber vorab, dass Sie ein Werkzeug grundlegend verstehen und jeder Ausbilder wird sich darüber freuen.

An den PC werden Sie sich aber in Ihrer freien Zeit nur dann setzen wollen, sofern Ihnen das konkret etwas bringt: Spaß, Kontakt mit anderen, kreativen Output, Vervielfältigung der eigenen Möglichkeiten, vielleicht sogar Wettbewerbsvorteile.

Ein tolles Mittel zum Zweck ist der Computer um Musik, Fotos, Filme, Grafiken, Animationen, Anwendungen zu produzieren. Um etwas zu gestalten und zu veröffentlichen. Um das Wissen der Welt zu erforschen. Um sich über all das zu informieren, wofür man sich gerade brennend interessiert. Um Kontakt mit den Vernetzten dieser Welt aufzunehmen. Um Leute kennen zu lernen, mit denen man sich dann für Freitag, 18 Uhr, im Café verabreden kann: «Ich bin die mit dem metallicgrünen Nokia».

Als Spielstation oder Medienabspielgerät ist der Computer natürlich das Ablenkungsmittel Nummer eins. Viel Spaß dabei, aber vergessen Sie nicht, Sie lenken sich gerade vom Leben ab.

Kein Mensch muss sich schon vor der Ausbildung etwas beibringen, was er in der Ausbildung an Know-how erwirbt. Aber mit dem PC lernt man besser umgehen, sobald man clever genug ist den Kasten allein zu starten. Wohlmeinende Eltern, die ihren Kindern das spielerische Lernen mit kindgerechten Programmen verbieten, tun ihnen nicht wirklich Gutes.

Kurzum: Finden Sie Ihren eigenen Zugang zum Computer. Nutzen Sie den PC zumindest als Lernmaschine und zum Schreiben. Dann sind Sie schnell fitter als viele Erwachsene.

Nebenbei bemerkt

Kontrollieren Sie Ihre Handgriffe: Überwiegende Maus- oder Joysticknutzung bedeutet, dass Sie überwiegend spielen.

Zu Hause ist kein Platz für den Computer.

Bestehen Sie darauf, dass Sie nachmittags an Ihrer Schule den PC nutzen können. Ist das nicht möglich, scharen Sie Verbündete um sich. Bitten Sie den Deutschlehrer, gemeinsam einen Leserbrief an die Tageszeitung zu entwerfen. Suchen Sie Sponsoren, die der Schule Computer stiften. Uli Ludwig von `uli-ludwig.de` spendet, was er übrig hat. Machen Sie ein großes gemeinsames Projekt aus Beschaffung, Pflege und Einsatz von Computern.

Bevor Sie weiterlesen

Der PC ist neben einer Bibliothek das beste Medium um selbständig und allein zu lernen. Bringen Sie sich doch mal selbst was bei: Maschinenschreiben, Englisch, Texten, technisches oder freies Zeichnen.

47 Königsweg zum Ausbildungsplatz

«Wie findet man den gewünschten Ausbildungsplatz»?

Alle Tipps für Bewerber kranken daran, dass man massig tun und machen muss. Und während man brav den Anweisungen folgt und macht und tut, stolpert die Nachbarin (sie ist eine ganze Note schlechter und sieht mindestens drei Noten schlechter aus) wie blind in einen Traum-Ausbildungsvertrag. Und kassiert dafür anscheinend noch Handgeld.

Das Glück ist ungerecht. Sonst würde es ja nicht Glück, sondern Gleich heißen. Zum Glück für alle Bewerber lassen sich Chancen steuern. Und wenn man ziemlich wahrscheinlich Erfolg hat, dann landet man auch früher oder später einen Coup. Unter diesen Umständen kann nichts schief gehen:

- Du weißt, was die Ausbildung verlangt. (Nagelprobe: Zähl alle Anforderungen Punkt für Punkt beim Abendessen auf. Die Familie wird seufzen und dich loben.)
- Du weißt, wohin die Ausbildung führt. (Nagelprobe: Du kannst auf Anhieb zwei Personen nennen, die in deinem Ausbildungsberuf schon arbeiten und dabei glücklich sind.)
- Du weißt, dass du den Job packst. (Nagelprobe: Liste alles, was für dich spricht, gegenüber deiner besten Freundin auf. Wenn sie skeptisch reagiert, erzähl es ihr gleich noch einmal.)
- Du kannst dich bei der Arbeit sehen. (Wenn du das lieber nicht mit ansehen willst, such dir einen anderen Beruf.)
- Du hast noch vor deiner Bewerbung fleißig Bonuspunkte gesammelt. (Erstens durch Praktika. Zweitens durch Praktika. Drittens durch Ferienjobs. Viertens durch sportliche, soziale, musische, ehrenamtliche, schulische Heldentaten. Etwas, das Erwachsene verstehen und gut finden.)
- Du aktivierst anständige und seriöse Leute, die für dich sprechen können. (Lehrer, Trainer, Jugendleiter, Arbeitgeber ...)
- Du recherchierst selbständig die interessantesten Ausbildungsstätten für deinen Job und konzentrierst dich auf sie.
- Du findest heraus, wer in deinen bevorzugten Unternehmen die Auszubildenden einstellt und schneiderst deine schriftliche Bewerbung zielgenau zu.
- Wenn irgend möglich, setzt du zeitgleich einen deiner Fürsprecher an.

Was immer du während des Bewerbungsverfahrens persönlich regeln kannst: Nimm's in die Hand. Mach einen Termin aus und schau vorbei anstatt zu telefonieren. Telefoniere anstatt zu schreiben. Schreib an jemand Bestimmten statt an die anonymen *Sehr geehrten Damen und Herren.*

Nebenbei bemerkt

Gehen Sie nie uninformiert zu einer Bewerberberatung. Je mehr man weiß, desto mehr erfährt man dazu.

Gemeinsame Anstrengung

Machen Sie die Ausbildungsplatzsuche zu einem Gruppenprojekt und thematisieren Sie täglich die laufenden Ereignisse in der Klasse. Klassenziel: 100 Prozent Vermittlung.

Bevor Sie weiterlesen

Führen Sie während der Ausbildungsplatzsuche ein Bewerbertagebuch.

48 Wie malt man Mangas, Meister?

«Ich würde gerne wissen, an wen ich mich wenden muss, wenn ich Zeichnerin im Bereich von Comics, Trickfilmen, Mangas etc. werden möchte.»

Glückliche Berufsfinder und geschickte Karrieristen tun dasselbe: So akkurat, wie ein Maurer seine Richtschnur zieht, ziehen sie eine gerade Linie in die Zukunft. Und dann halten sie sich daran. Wie das geht, zeige ich Ihnen. Lesen Sie zuerst meine bewährten Regeln für Aufsteiger und dann illustriere ich sie Ihnen mit einem konkreten Fall aus meiner Bewerberberatung. Die 5 Ratschläge lauten:

1. Sprich eine Person an, die bereits macht, was du vorhast.
2. Such die Wasserlöcher auf, wo sich die Meister und Macher deiner Zunft versammeln.
3. Leg deine Pläne und Proben dem strengsten Richter vor.
4. Drück dich in der Nähe der Besten herum.
5. Stell deine Arbeitstasche nur dort ab, wo man dich fördert.

Und so setzt man das in der Praxis um:

Ich habe nicht zurückgefragt, wieso das Obstzeichnen einen ernährt, sondern überlegt, wie ich selbst vorgehen würde. Und mich an Regel 1 erinnert: Such eine Person, die schon dort ackert, wo du aussäen möchtest. In diesem Fall fiel mir die Richtige auf Anhieb ein: Diplom-Designerin Johanna Voss (`johannavoss.de`). Ich gab die Anfrage weiter und Johanna mailte prompt zurück:

«Wenn du bereits gut zeichnen kannst und Kontakt zu Verlagen suchst, dann gehst du am besten zum Comic-Salon nach Erlangen. Der findet einmal im Jahr statt. Man trifft dort alle, die in der Szene Rang und Namen haben. Nimm eine Mappe mit einer Auswahl deiner besten Arbeiten mit.»

Events, Kongresse, Seminare, Messen, alles beste Gelegenheiten zum Kontakten. Zur Eventplanung nutzt man immer auch das Web: `www.comic-salon.de`. Die Uni in Erlangen hütet übrigens einen ganzen Schatz an Links zum Thema Comics: `www.phil.unierlangen.de/~p2gerlw/ressourc/malcomic.html`. Und vielleicht will man sein Glück gleich in der internationalen Szene versuchen: `www.digitalwebbing.com/talent/talent_art.html`.

Für die notwendigen Recherchen im Web nehmen Sie sich besser mehr Zeit als weniger und gehen eher systematisch vor als unüberlegt, aber wenn Sie lieber spontan und assoziativ die Suchmaschinen füttern, kommen Sie am Ende auch hin.

Johannas zweiter Ratschlag zielt genau in die Richtung, nämlich die eigene Begabung erproben, sich fördern, aber auch beurteilen lassen:

«Wenn du gut zeichnen kannst, aber noch nicht sicher bist, ob du wirklich ein Hit wirst, dann nimm an einem so genannten Mappenkurs teil. Diese Kurse dienen der Vorbereitung auf ein Studium und sollen dir helfen, eine Mappe mit deinen besten Arbeiten zusammenzustellen. Sie werden veranstaltet von der Volkshochschule oder von Kunstschulen an deinem Ort.»

Die dritte Empfehlung beweist, dass niemand besser weiß als die Besten, wo man die Besten findet:

«Wenn du Zeichnen mit Schwerpunkt Comic bzw. Manga studieren willst, dann geh zum Studieren am besten ins Ausland, z. B. an die Kunsthochschule Brüssel (die Belgier und Franzosen sind nun mal die Spitze in der europäischen Comic-Szene).»

Ein guter Startpunkt (für Französischsprachige) ist das belgische Zentrum für Comics: `www.freesun.be/Belgique/lecentreBD.html`

Und weil man mit Johanna Voss nicht nur eine Meisterin ihres Fachs gefunden hat, sondern auch eine freundliche Helferin, lauten ihre letzten Ratschläge:

«Es gibt auch in Deutschland einige Akademien, die für dich geeignet wären. Informiere dich im Internet, was die einzelnen Hochschulen anbieten. Auch Fachhochschulen sind geeignet, z. B. die FH Wiesbaden (Studiengang Kommunikationsdesign) oder die FH in Darmstadt. Such dir eine Hochschule, die nicht so stark in Richtung freies Gestalten geht, sondern eher praxisorientiert ist. Wenn du im Raum Frankfurt-Giessen lebst, kannst du in meinem Kurs vorbeikommen und deine Bilder vorlegen. Ich kann dir sagen, welche Chancen du bei den Hochschulen oder den Verlagen hast.»

Nicht immer werden Sie auf Ihrem eigenen Karriereweg so freundliche Ratgeber finden. Es ist sicher eine Kunst, im Leben genau die Richtigen aufzuspüren, die einem den weiten Horizont ebenso wie die eigenen Grenzen aufzeigen. Und die einen lehren, wie man die vielen Schranken und Hindernisse überwindet. Johanna Voss erreichen Sie unter *info@johannavoss.de*. Und Mangas? Die besten 50, ausgewählt von denen, die sie verschlingen, finden Sie durch eine simple Suchabfrage in `google.de`.

Nebenbei bemerkt

Wenn Sie die Biographien von Leuten lesen, die es zu etwas gebracht haben, werden Sie bemerken, dass die selbst alle in jungen Jahren Leute aufgesucht haben, die es zu etwas gebracht hatten. Und bei denen haben sie dann gelernt.

Bewerber live: kontakten, verhandeln, gewinnen

«Lehrstuhl Professor Kiefer, Pollock am Apparat.»

«Guten Tag, Frau Pollock. Mein Name ist Hiroshige. Ich habe eine kurze Frage: Glauben Sie, dass Frau Dr. Kiefer mich empfängt, wenn ich ihr meine Mappe vorlegen möchte?»

«Ja, aber sie ist immer extrem schlecht zu erreichen. Da findet man ja kaum einen Termin.»

«Ich habe ihr schon gemailt, aber noch keine Antwort erhalten. Und auf gut Glück möchte ich nicht von Oldenburg herfahren. Ich weiß, Sie dürfen es eigentlich nicht tun …»

«Hm.»

«… aber könnten Sie mir nicht die Handy-Nummer von Frau Kiefer geben?»

Bevor Sie weiterlesen

In der 3K-Sparte Kunst, Kommunikation, Kultur potenzieren Sie Ihre Erfolge mit dem vierten großen K: Kontakt.

49 Anrufen oder blind bewerben?

«Ich weiß nicht nur von einem neuen Business-Projekt, ich habe sogar Namen und Handynummer des für den Personalaufbau zuständigen Menschen in Erfahrung gebracht. Allerdings wird (noch) nichts in den Stellenbörsen ausgeschrieben. Ich möchte sowieso die Jobnotbremse ziehen, möglichst schnell wechseln und auf keinen Fall eine berufliche Chance verpassen. Also bleibt nur anrufen oder eine Blindbewerbung abschicken. Wie geht man da am besten vor?»

Vorab eine Warnung an alle Frühbewerber: Man kann in einem neuen Gebäude erst arbeiten, wenn es schon steht. Warten Sie zumindest ab, bis das Projekt in trockene Tücher gewickelt wurde. Gehen Sie zum ersten Treffen mit einem wendigen Firmengründer in das trendige Kaffeehaus zwar immer gut gelaunt, aber mit der Gewissheit, dass die Getränke, die man Ihnen dort vorsetzt, mit sehr viel heißem Dampf aufgebrüht werden.

Zu Ihrem Jobinterview kommen Sie so:

1. Recherche
Informieren Sie sich detektivisch genau über Projekt und Leute. Trägt die Idee? Wer sind die Initiatoren? Steht eine Firma, stehen Kapitalgeber im Hintergrund? Wie würde der skeptischste Mensch, den Sie kennen, das Projekt kommentieren? Wie würde Ihre Mutter den Firmengründer beurteilen? Würden Sie, oder jemand den Sie kennen, die Produkte oder Services in Anspruch nehmen? Erklären Sie das Geschäftsmodell Rafael und Herrn Leo. Was sagen die dazu?

2. Den Ansprechpartner anrufen. Um 5 Minuten Gesprächszeit bitten.
Telefonieren Sie um 7.25 morgens oder nach 19 Uhr abends. Wenn der Personaler noch im Stau steckt oder schon in der Sansi Bar Cocktailkrabben köpft, d. h. mit etwas anderem beschäftigt ist als mit seinem Job, dann überdenken Sie noch einmal Ihr Vorhaben.

3. Sofort auf das Projekt kommen:
Beispiel: «Sie sind seit … auf dem europäischen Markt … etablieren sich jetzt in Deutschland … Sie haben beste Aussichten, denn Ihre Services zeichnen sich aus durch …»

Leute, die gerade eine Firma aufbauen, kennen nur ein einziges Thema, nämlich ihr Projekt. Beschäftigen Sie sich mit dem, was den Gesprächspartner beschäftigt und gehen Sie so auf ihn zu.

4. Die eigenen Positionslichter setzen:

Im nächsten Schritt stellen Sie sich selber knapp, klar und präzis vor:

Beispiel: «Ich bin … kann … und habe schon …. Meine besonderen Stärken sind …»

5. Dann erst den Bedarf erfragen:

Machen Sie's clever und geben Sie bei der Gelegenheit noch das Sahnehäubchen drauf:

«Könnten Sie sich mich als Ihren neuen … vorstellen? Oh, jetzt hätte ich fast vergessen zu erwähnen, dass ich fließend Spanisch spreche.»

Wie geht's dann weiter? Karl Schotten sagt, nach der Rede soll man schweigen. Tun Sie das, auch wenn's Ihnen schwerfällt.

6. Warten Sie auf eine Reaktion.

Ihr Gesprächspartner braucht vielleicht Zeit, um sich zu sammeln, um sich eine Antwort zu überlegen. Plappern Sie jetzt nicht drauf los. Der Ball muss zuerst wieder in ihr Feld zurück.

Vielleicht bahnt sich eine fachliche Diskussion an: über den Markt, das Umfeld, die Jobanforderungen, über Ihr Know-how und Ihre Erfahrungen. Dann wird es sich bald zeigen, wie schlau Sie waren, Ihren Lebenslauf und weitere Dokumente griffbereit neben sich zu legen. Ihr Ziel: eine Aufforderung, Ihre Unterlagen einzuschicken. Drängen Sie bei diesem ersten Telefonat keinesfalls auf einen Gesprächstermin.

7. Vielen herzlichen Dank!

Ziehen Sie das Gespräch nicht in die Länge. Lassen Sie sich die Adressdaten Ihres Gesprächspartners geben oder verifizieren Sie die Angaben, die Sie haben. Bedanken Sie sich stets für das Gespräch und die Zeit, die man sich für Sie genommen hat.

8. Zusammenfassung

Fassen Sie sich ein Herz, fassen Sie sich kurz, fassen Sie keine heißen Eisen an. Sie verbrennen sich böse die Finger mit jeder Andeutung über Mobbing, Vorgesetzte, Kollegen, Krankheiten, Katastrophen und Leiden in Deutschland.

9. Und wann sollte man sich stattdessen blind bewerben?

Falls Sie stumm sind. Sollten Sie bloß einem Schweigegelübde unterliegen, brechen Sie es.

10. Und was fehlt noch?

Wenn nichts in der weiten Landschaft steht als ein einsamer Signalmast, halten kleine Dreiradler unbeirrt darauf zu. Wenn nichts gegen einen Bewerber spricht als ein ganz bestimmter Sachverhalt, peilen ihn manche Kandidaten vorhersehbar an. Lernen Sie, Ihre Gedanken zu steuern.

Bewerber wissen nicht nur klar, worüber sie sprechen. Sie wissen auch klar, worüber sie schweigen.

Nebenbei bemerkt

Bewerbungstipps werden nicht nur gelesen um sich Handlungsanweisungen zu holen, sondern auch um sich die eigene Meinung bestätigen zu lassen. Ich freue mich, wenn Sie mir zustimmen – aber wichtiger ist mir, dass Sie tatsächlich loslegen und handeln!

50 Guter Start für Blindbewerber

«Was ist, wenn ich von einem Betrieb lediglich die Adresse habe? Wenn keine Stellenanzeige in der Zeitung ist und ich mich trotzdem dort bewerben möchte? Wie lautet dann zum Beispiel der Einleitungssatz?»

Einige Jobsucher texten blindlings Bewerbungen, um ja nicht irgendwo anrufen und jemanden persönlich ansprechen zu müssen. Andere haben in derselben Zeit schon fleißig Adressen recherchiert und abtelefoniert. Manche Bewerbungswege sind Abkürzungen, aber kaum ein Weg führt an Anschreiben und Lebenslauf vorbei.

Ob Sie sich an die Personalabteilung, an die Geschäftsführung oder an einen Inhaber wenden: «Sehr geehrte Damen und Herren» ist ein Platzhalter, den Sie vor Ausdruck der Bewerbung stets mit einem Namen bestücken. Warum? Weil Sie damit Findigkeit beweisen und die erste Ohm'sche Kontaktkonstante anwenden: Direkte Ansprache überwindet Widerstand.

Unaufgefordert kontakten heißt unaufdringlich klarstellen. In dem winzigen Moment an Aufmerksamkeit, der Ihnen und Ihrem Anliegen meist nur vergönnt ist, machen Sie klar, wer Sie sind und was Sie wollen. Passt das, dann liest man schon weiter. Für den häufigen Fall, dass es nicht passt, hat die Evolution das Achselzucken erfunden.

Leiten Sie Ihr Anschreiben zum Beispiel so ein:

- Sehr geehrter Herr, dessen Namen ich mir telefonisch besorgt habe,
  suchen Sie eine tüchtige und motivierte Baggerführerin? Ich habe drei Jahre Berufserfahrung und kann auch Schaufellader und Lorenkipper steuern …

Oder:

- Sehr geehrte Damen und Herren (Nein! Siehe oben!),
  ich bin Baggerführerin und kann eine dreijährige Berufserfahrung aufweisen. Praxiserfahrung besitze ich außerdem mit Schaufelladern und Lorenkippern …

Oder:

- Sehr geehrte Frau XY (auch bei Blindbewerbungen soll man Namen nennen!), als Bauunternehmerin sind Sie auf tüchtige und verlässliche Baggerführer angewiesen. Ich weise eine dreijährige Berufserfahrung auf. Umzugehen weiß ich außerdem mit Schaufelladern der Typreihe Mighty Yellow und mit Lorenkippern …

Und wie geht's weiter? Das bestimmen Sie selbst. Sie könnten darauf hinweisen, dass Sie in Ihrer derzeitigen Funktion im Straßenbau eingesetzt werden und für den Gasrohrverbund Bad Vilbel ca. 100 Kilometer an Ortsstraßen auf kunstvolle Weise aufgerissen haben.

Nebenbei bemerkt

Bewerben Sie sich bei einem Betrieb, von dem Sie nur die Adresse haben, wenn Sie völlig verzweifelt, völlig unqualifiziert oder völlig unter Zeitdruck sind. Ansonsten sammeln Sie vorab die notwendigen Kontakt-Informationen: Name + Funktion + Abteilung + Telefonnummer + Mail.

Und wenn Sie vom Arbeitsamt einen Zettel erhalten haben: *Kühlfacheinräumer, HH-Markt Nordend?* – Tigern Sie hin, schauen Sie sich Leute und Kühlregale an.

Bewerber live: kontakten, verhandeln, gewinnen

«HH Markt Nordend, Sie sprechen mit Desiree Nödlinger.»

«Hallo, Frau Nödlinger, mein Name ist Weber. Bin ich bei Ihnen schon an der richtigen Adresse, wenn es um Personalangelegenheiten geht?»

«Nein, das macht bei uns der Herr Psichoriaszyk.»

«… Aha. Könnten Sie mir den Namen bitte buchstabieren?»

Bevor Sie weiterlesen

Sie stehen davor, eine Reihe von Blindbewerbungen zu verschicken. Teilen Sie die Adressen in zwei Stapel. Schreiben Sie die eine Hälfte wie von Ihnen geplant an. Bei der anderen Hälfte greifen Sie vorab zum Telefon. Führen Sie über alle Aktivitäten und Ergebnisse Buch. Halten Sie immer Name und Durchwahl, falls sinnvoll auch die Mailadresse Ihrer Gesprächspartner fest. Welche Vorgehensweise bringt Ihnen mehr Jobinterviews ein?

51 Bevor Sie sich blind bewerben

«Wie erfolgreich ist man mit einer Blindbewerbung?»

Blindbewerbungen sind wie Schrotschüsse auf eine Nebelwand. Sie wollen treffen, ohne zu zielen. Beachten Sie aber: Sie sparen immer Zeit und steigern Ihre Erfolgsaussichten, wenn Sie sich bei den Organisationen Ihrer Wahl vorab telefonisch erkundigen oder vorstellen.

Legen Sie dazu Ihren tabellarischen Lebenslauf griffbereit neben das Telefon und memorieren Sie in jedem Fall Ihre wichtigsten Daten. Sie wollen ja nicht ins Stottern kommen, wenn man Sie plötzlich fragt, was Ihre besonderen Stärken sind. In wenigen Worten sollten Sie klar machen können, wer Sie sind, wo Sie überall fit sind und was Sie genau wollen. Notieren Sie hinterher immer den Namen Ihres Gesprächspartners und beziehen Sie sich stets auf Ihr Telefonat, wenn Sie Ihre Unterlagen einschicken. Zeigen Sie dann aber, wie nett Sie sind:

> *Sehr geehrte Frau Raab,*
>
> *herzlichen Dank dafür, dass Sie sich am Telefon Zeit für meine Fragen genommen haben. Gern folge ich Ihrer Aufforderung, Ihnen meine Unterlagen zu schicken.*
>
> ...

Nebenbei bemerkt

Kombinieren Sie Ihre Offensiv-Strategie mit einer strategischen List und schalten Sie eine Printanzeige, in der Sie Ihre Dienste empfehlen. (Kein Stellengesuch. Damit schrecken Sie Firmen ab, die meinen, Arbeit zu haben, aber keine Vakanz.)

Bewerber live: kontakten, verhandeln, gewinnen

«Frankfurter Fahrwerke, Personalabteilung.»

«Guten Morgen! Können Sie mich bitte mit Ihrer Personalleiterin Frau Neudorf verbinden?»

«Frau Neudorf ist in einem Meeting. Worum geht es?»

«Das habe ich mit Frau Neudorf zu besprechen. Dürfte ich Sie um die Durchwahl von Frau Neudorf bitten?»

Bevor Sie weiterlesen

Entwerfen Sie eine Anzeige, in der Sie Ihre Services anbieten.

52 Blind bewerben – bewusst Foto beilegen?

«Brauche ich ein Foto für spontane Bewerbungen?»

Stellen Sie sich vor, Sie machen sich fertig für ein Blind Date in der Roten Bar. Kommt noch ein weißes Einstecktüchlein in die Reverstasche? Soll der Stecker ins Ohr oder bleibt er an diesem Abend besser draußen?

Die Kernfrage beim Ausgestalten eigener Präsentationen ist ja stets das Verhältnis zwischen eingesetztem Aufwand und Ergebnis. Ganz gezielt zu umwerben heißt bei einer Blindbewerbung: möglichst viele Fakten, möglichst auch die Namen von Entscheidern recherchieren. Die Argumente im Anschreiben präzis auf den Adressaten hin entwerfen. So gut es geht steuern, was vom Personaler notiert und wie es aufgenommen werden soll.

Sie verschicken Anschreiben und Lebenslauf mit Papierpost: Je individueller die Bewerbung gehalten ist, je mehr Ihr Porträt andere für Sie einnehmen kann, desto eher sollten Sie es an den Lebenslauf heften. Dies gilt auch für Initiativbewerbungen. In vermehrtem Umfang aktiv zu werden heißt ja nicht, dass man der Kosten halber auf sich selbst als Sympathieträger verzichten soll.

Sie mailen und legen den Lebenslauf als Anlage bei. Warum dann nicht einfach in die Word-Datei ein cleveres Bewerberfoto einschließen? Klare Antwort: Weil es nicht so einfach geht. Auch wenn der Papierabzug Sie tatsächlich in bestem Licht erscheinen lässt – die eingescannte Datei ist oft um Megabytes zu groß. Das Bild ist in aller Regel zu dunkel, zu unscharf und so farbecht wie ein van Gogh vom Straßenhändler.

Scannen Sie mit 72 – 100 dpi. Korrigieren Sie das Foto, speichern Sie es im JPG-Format ab. Es muss nicht breiter sein als 250 Pixel und sollte auch dann unter einem Megabyte sein, wenn Sie sich als Trainee für ein Wrestling-Camp bewerben.

Fazit: Öffnen Sie auch bei Blindbewerbungen den Empfängern die Augen. Entscheiden Sie von Fall zu Fall, ob Sie eine Aufnahme beilegen. Verwenden Sie die aber nur, wenn neutrale, kompetente und über den Anlass informierte Betrachter unisono erklären, dass Ihr Lichtbild Ihre Sympathiewerte spontan anzuheben vermag.

Und hören Sie stets auf den Fotografen. Lächeln Sie für die Aufnahme.

Nebenbei bemerkt

Sprechen Sie Grafiker oder Mitarbeiter in Kreativagenturen an, ob sie Ihnen (gegen Bezahlung) ein Foto scannen und optimieren können.

Bewerber live: kontakten, verhandeln, gewinnen

«Wieso zum Fotografen? Wir nehmen meine Digitalkamera.»
«Weißt du, ich gehe lieber ins Fotostudio.»
«Spar dir das Geld. So hast du's gleich digital.»
«Ich gehe aber lieber ins Fotostudio.»
«Immer diese doofen gestellten Bilder. Ich nehm dich ganz natürlich auf.»
«Deswegen geh ich ja zum Fotografen.»

Bevor Sie weiterlesen

Sie lassen sich so wie Sie sind fotografieren? Derart außer Fasson? Ohne Jackett? Gehen Sie noch einmal Ihre Garderobe durch.

53 Im Blindflug zum Ziel?

«Es gibt auf `jova-nova.com` jede Menge Tipps und Bewerbungsbeispiele für Leute die auf eine Anzeige o. ä. antworten. Leider nichts für Blindbewerber!»

Sie tappen als Blindbewerber im Dunklen. Anscheinend gehört das zur Sache: Was ist, so spottet man, der Unterschied zwischen Blindgänger und Blindbewerber? Der Blindgänger geht nicht hoch, der Blindbewerber kommt nicht an.

Die klassische Initiativbewerbung ähnelt tatsächlich dem Bemühen ins Ziel zu treffen, indem man blindlings mit der Schrotflinte auf eine Nebelwand hält. (Oft ist auch noch das Pulver feucht und nicht selten tappen die Bewerber vollkommen im Nebel.) Oder, mehr informationstheoretisch: Man bastelt eine Botschaft mit den Bestandteilen Was ich bin – Was ich geleistet habe – Was ich kann – Wie ich bin – Was ich suche. Diese verschickt man an «Anonyme Unbekannte Arbeitgeber», von denen man nicht viel mehr kennt als die Anschrift. Die massenhaft angeschriebenen AUA sollen die Post öffnen, lesen, verstehen und auf die Bewerberanfrage mit einem Gesprächsangebot reagieren.

Je mehr sich Stellenanbieter zurückziehen, desto eher bewirbt man sich blind. Klar, denn es ist immer besser, selber auf einem leergefegten Markt initiativ zu werden, als ganz ohne Beschäftigung dazustehen.

Mit dem Übergang von der Papier- auf die E-Bewerbung schrauben Sie zunächst einmal die Kosten einer Bewerbungsaktion herunter. Investieren Sie zusätzlich noch Zeit und recherchieren Sie im Internet. Dann können Sie Ihre Bewerbungen ziel- und adressatengenau abfeuern. Beschäftigen Sie sich doch auch mit Firmen-Sites und mit den im Web publizierten Firmen-, Branchen-, und Wirtschaftsnachrichten. Das zahlt sich für Sie aus:

- Sie finden die Namen der Ansprechpartner und manchmal auch weitere, für Ihr Bewerbungsmarketing interessante Informationen. Im Anschreiben müssen Sie nicht mehr anonyme Platzhalter anreden.
- Sie nutzen Ihr aktualisiertes Wissen über Situation, Absichten, Probleme, Bedürfnisse, Ziele einer Organisation. Statt auf einen Personalbedarf zu hoffen, können Sie oft konkret darauf verweisen.

Fassen wir zusammen, was wir über Blindbewerbungen wissen: Je mehr Empfänger Sie adressieren, umso allgemeiner werden Sie formulieren. Umso weniger werden Sie außerdem einen realen Bedarf ansprechen. Je mehr Sie andererseits über ein Unternehmen wissen, desto fallgenauer werden Sie argumentieren.

Bewerbungsschreiben müssen ausbalanciert sein. Denken Sie an eine Waage: Auf die linke Waagschale legen Sie die Interessen und Ziele eines möglichen Arbeitgebers, auf der rechten Waagschale liegt Ihr Gewicht als Leistungsträger. Deswegen funktionieren Anschreiben immer besser, wenn sie auf den Firmenstandpunkt eingehen und sich darauf beziehen.

Bauen Sie deshalb Initiativbewerbungen so auf:

1. Sprechen Sie zunächst an, was Ihnen Positives aufgefallen ist. Mit Ihrer Streicheleinheit wecken Sie den Personaler oder GF sanft auf und erklären nebenbei, warum Sie sich ausgerechnet an diese Organisation wenden. (Obacht: Streicheln, nicht Schmeicheln!)
2. Begründen Sie dann kurz, in welchem Bereich ein personeller Bedarf existieren könnte: Wachstum der Firma, strategische Ausrichtung, Marktsicherung, Zukunftsvorsorge – es gibt viele gute Gründe. Damit stehen Sie nicht herum und warten, dass andere für Sie ein Plätzchen finden. Sie sehen die Gelegenheit und platzieren sich selbst.
3. Fahren Sie in Ihrer Argumentation wie oben angegeben fort. Legen Sie sich in die Wagschale.
4. Bieten Sie an, Ihre vollständigen Unterlagen nachzureichen. (Sie legen erst einmal nur den Lebenslauf bei.) Machen Sie ein Gesprächsangebot.

Damit bewerben Sie sich nicht mehr blind. Sie öffnen sogar dem Empfänger die Augen. Befürworter von Massenmail sprechen alle Welt an und damit niemanden richtig. Alle Empfänger Ihrer Bewerbung verdienen die persönliche Ansprache. Und Sie sind es wert, Persönlichkeit zu zeigen!

Nebenbei bemerkt

Prüfen Sie sich, ob die mangelnde Zielgerichtetheit einer Blindbewerbung nicht Aufschlüsse über Ihre eigene Motivation und Selbsteinschätzung gibt.

Bewerber live: kontakten, verhandeln, gewinnen

Fragen an einen eifrigen Blindbewerber:

«Warum vermeiden Sie die persönliche Kontaktaufnahme?»
«Warum schätzen Sie Ihre Chancen einer Direktbewerbung so gering ein?»
«Warum betreiben Sie nicht genauere Marktforschung?»
«Warum ist es Ihnen erst einmal egal, wer genau an Ihnen interessiert sein sollte?»

Bevor Sie weiterlesen

Recherchieren Sie im Web den Diskussionsstand zum Thema. Suchwörter: Freie Bewerbung – Initiativbewerbung – Blindbewerbung.

54 Betrifft: Ihre Bewerbung

«Eine Freundin hat an meinem Anschreiben kritisiert, dass ich keinen so genannten Betreff verwende. Ist das heute noch üblich?»

Leute, die sich aus geschäftlichen Gründen schreiben, notieren oberhalb des eigentlichen Brieftextes in knappen Worten, was Sache ist. Irgendwelche Krämer von anno dazumal haben damit angefangen. Natürlich waren das alles auch Umstandskrämer. Deshalb setzten Sie an den Anfang einer jeder Infozeile entweder «Betreff» oder, weil Zeit ja stets Geld ist, die betont betriebsam wirkende Abkürzung «betr.:». Wenn Sie heute noch auf diese Weise eine Betreffzeile einleiten, dann eigentlich nur um Rentner zu betören:

Betreff: Möglicher Verkauf Ihres Ford 17M Bj. 72 an mich

Dass man jedoch in der Bewerber-Korrespondenz einen Betreff setzt, ist eine formale Notwendigkeit. Was Sie hineinschreiben, empfinden Sie sicher ebenso als reinen Formalismus. Ist es aber nicht. Ein Betreff gibt einfach nur an, worum es geht. Und worum es in Ihrem Anschreiben geht, das bestimmen ganz allein Sie.

Schauen wir uns an, wie clevere oder zumindest formal korrekt handelnde Bewerber formulieren:

1. Die frühen Jahre
   Sie bewerben sich um eine Ausbildung oder um ein Praktikum.

- Ausbildung zum Strandläufer; Ihre Anzeige im Bredower Inselanzeiger vom 10.12.
- Bewerbung um einen Ausbildungsplatz zur Traumtänzerin
- Bewerbung um einen Ausbildungsplatz zum Landbriefträger
- Unser Telefonat vom 19.03.
- Schnupper-Praktikum in Ihrem Betrieb
- Bewerbung um einen Praktikumsplatz
- Ausbildung zum Suppenkoch; Einstellungstermin 01.08.2003

Schüler und Schulabgänger brauchen formale Regeln wie ein Blinder den Stock braucht. Vergessen Sie den Betreff also weder in der Papier- noch in der Mail-Bewerbung. Schreiben Sie andererseits nicht immer nur ab. Wagen Sie einmal etwas:

- Von Ihnen möchte ich lernen! Praktikum im März oder April 2003

2. Die forschen Jahre
   Sie verfassen eine Initiativbewerbung

- Produktmanagerin E-Learning
- Produkt- und Projektmanagement E-Learning
- Bewerbung als Produktmanagerin für E-Learning
- Spezialistin für Produkt- und Projektmanagement E-Learning
- Verstärkung für Ihr E-Learning-Team

3. Die goldenen Jahre
   Sie reagieren auf ein Stellenangebot

- Controller; Ihre Anzeige in der FAZ vom 18.10.
- Controller für Ihren Standort in Montabaur
- Bewerbung um eine Stelle als Controller; Ihre Anzeige in der Süddeutschen vom 11.10.
- Bewerbung um die Stelle als Controller; Ihr Angebot in `Jobs.de` vom 26.05.
- Bewerbung als Controller; Ihre Offerte in der ZEIT vom 13.03.
- Controller; Ihr Online-Angebot
- Bewerbung als Controller; Ihr Web-Angebot
- Bewerbung als Controller; Ihr Angebot auf Ihrer Homepage
- Bewerbung als Controller; Kennziffer 675 437 BG
- Controller in Ihrer Vaihinger Niederlassung; Kenn-Nummer 60316
- Bewerbung um die Stelle als Controller
- Controller
- Controlling und Revision
- Bewerbung als Controller
- Spezialistin für Controlling und Revision

Finden Sie einen treffenden Betreff für Ihr Anschreiben. Und wenn Ihnen keiner einfällt, dann suchen Sie sich einen passenden heraus. Formulieren Sie nicht mehr ganz so umständlich:

- Bewerbung um eine Stelle als Verkäuferin in Ihrer Metzgerei Künast; Ihre Anzeige im Hannoveraner Flachlandanzeiger vom 29. April 2002

Auch und gerade für den Betreff gilt: Entweder kurz oder spannend!

Nebenbei bemerkt

In Anschreiben machen sich diese Wendungen und Wörter nicht so gut:

betr. – betraut – Betreff – bezüglich – Bezug nehmend – diesbezüglich – einarbeiten – Einblick in – einbringen – gemäß – hiermit – ich bin sicher – Interesse – leider – momentan – natürlich – Neugierde – nun – obliegt – problemlos – relativ – selbstverständlich – Umgang – wichtig – z. H.

55 Elementares über das Anschreiben

Manchmal hört man sich an, was eine Autorität sagt, und denkt dabei: «Au weia». So muss es einigen Stellensuchern ergangen sein, als sie die samstägliche FAZ vom 4. Mai durchgearbeitet haben. Auf dem Deckblatt des Stellenmarkts fand sich der Tipp: Was gehört ins Anschreiben und was nicht.

Bereits im ersten Absatz erfährt dort der Leser, dass die Wirkung eines Bewerbungsschreibens vom Volk weit überschätzt wird. Große Erkenntnis der Autoren: Das beste Anschreiben floppt, wenn der Bewerber selbst es nicht bringt. Ein

Kandidat, der «interessante persönliche und fachliche Voraussetzungen» hat, werde dagegen auch dann zum Jobinterview eingeladen, «wenn sein Anschreiben nur aus wenigen nüchternen Sätzen besteht.» Entscheidend, so die Tippschreiber weiter, seien die «Technischen Daten» des Lebenslaufs. «Das Anschreiben liefert allenfalls zusätzliche Aspekte.» Der Lebenslauf solle deswegen «informativ – also ausführlich sein», das Anschreiben hingegen «kurz und knapp (...) – keinesfalls länger als eine Seite.»

Misst man den Nutzen eines Ratschlags an seiner Wirkung, so wage ich jede Wette, dass die Verfasser des FAZ-Tipps ohne Aussicht auf irgendein Erfolgshonorar arbeiten. Die vielen Jobsucher, die von ihrer Eignung durch ungeeignete, unhöfliche oder ungeschickte Selbstpräsentation ablenken, fühlen sich höchstens ermutigt, ihre fehlende Sicherheit (oder Unfähigkeit) zum Bewerbervorteil umzufärben. Das geht, wenn es gut geht, nur so lange gut, wie es dem Stellenmarkt gerade an Meistern einer beruflichen Sparte mangelt. Sobald der erste gleichwertige Konkurrent auftaucht, der die Regeln der geschäftlichen Kommunikation, der Leseransprache und der Selbstpräsentation geschickt anwendet, landen die fußlangen Lebensläufe und mundfaulen Anschreiben der FAZ-Tipp-Umsetzer schneller im Altpapier als die Zeitung von gestern.

Wäre der Bewerbungsbrief nicht relevant, könnte und müsste man ihn als kluger Bewerber sogar streichen. Sorry, aber die Konzeption vom Anschreiben als einem simplen Begleitschreiben ohne Eigengewicht ist absolut nicht State of the Art.

Wie kann man bloß Textsorte und Wirkungsabsicht so gründlich missdeuten. Shame on you, FAZ-Autorenteam! Jeder Bewerber nimmt sich mit jedem seiner Anschreiben aufs Neue das Recht heraus, seine kleine Rede zu halten, auf sich aufmerksam zu machen, sich und seine Meriten darzustellen. Und dieses Recht macht ihm auch kein böswilliger Personaler streitig. Das Anschreiben ist nicht bloß ein konventioneller Weg, um mehr schlecht als recht auf die Bewerberbotschaft hinzuweisen. Natürlich ist es die Präsentation selbst. Weder deklariert man sich darin als einzigartig, noch erzählt man seine Story. Man stilisiert sich auch nicht zum Überbewerber. Man skizziert mit wenigen Strichen ein kurzes Porträt in der Annahme, dass es dem Suchbild des Personalers bestens entspricht.

Wer blickt jedem Personaler, jedem Geschäftsführer tief ins Herz und weiß um dessen Präferenzen? Ich sowenig wie ein Redakteur. Und der liebe Gott hat sicher gerade etwas Wichtigeres zu tun. Welches Dokument als erstes studiert wird, wie Anschreiben, Lebenslauf und Arbeitszeugnisse gewichtet werden, das zu entscheiden ist keinem Bewerber gegeben. (Außer, er weiß zufällig Bescheid über die Rezeptions- und Arbeitsweise des Adressaten.)

Ein Stellensuchender soll sein Bestes geben, und wenn er dies im Anschreiben tut, dann besteht immerhin die reale Chance, dass er damit einen Stellenanbieter von sich einnimmt.

Ganz und gar praxisfern ist der mahnende Hinweis auf interessant getextete, aber wegen der fachlichen Ungeeignetheit des Bewerbers doch wirkungslos bleibende Schreiben. Liebe Leute von der FAZ: Wer es fachlich nicht bringt, dessen Schreibe ist immer ein Hemd mit zu vielen Löchern.

Leser von `jova-nova.com` wissen: Das Anschreiben ist der Kurzauftritt eines Bewerbers. Es ist wie eine einminütige Selbstdarstellung am Anfang eines Telefonkontakts. Es funktioniert wie das Vorsprechen – entweder man macht sofortigen Eindruck oder Bühne frei für den Nächsten. Anschreiben sind keine Reklame. Deshalb blamieren sich Vertriebs- und Sales-Leute so oft mit ihrer lauten Ego-PR. Wie an jedem guten Direktmailing muss man solange daran feilen, bis es perfekt ist. Sofern es ein erfahrener Entscheider erhält, sofern die Rahmenbedingungen günstig sind, sofern man als Bewerber schlichtweg Glück hat, wird es eben nicht nur kurz überflogen, sondern minutiös studiert.

Die elementare Information zum Thema Anschreiben lautet: Die Arbeit eines Personalers besteht zum nicht geringen Teil aus Informationssichtung und -auswertung. Wer wie ein Personaler seine Arbeitstage an einem Schreibtisch verbringt, kämpft gegen die natürliche Tendenz, sich allen hereinkommenden Informationen zu verschließen. Es sind einfach zu viele. Leute, die alles, was ihnen ins Postfach fällt, getreulich durcharbeiten, scheitern oder enden als Vorstand bei der Telekom.

Sie als Bewerber wollen, dass man sich für Ihr Anliegen ein bisschen Zeit nimmt. Liefern Sie nicht mehr als die angemessene Informationsmenge. Bleiben Sie faktisch und konkret. Ordnen Sie die Angaben so an, dass sie widerstandslos aufgenommen und auf Anhieb verstanden werden. Sehen Sie zu, dass Sie die Regeln erfüllen. Wenn jemand über eine längere Zeit hinweg Personal auswählt, wird er anfangen, von der Textgestalt auf die Bewerberkontur zu schließen, vom Schriftbild auf das Erscheinungsbild, von der Rechtschreibung auf die Sekundärtugenden und von der Sprache auf die Persönlichkeit. Man kann gar nicht anders – vorausgesetzt, man ist ein erfolgreicher Personaler.

Zwanzig bis 25 Zeilen fürs Anschreiben genügen, damit alle Bewerber, egal ob Praktikant oder Produktmanager, Vorarbeiter oder Vorstandsassistent ausreichend und wirkungsvoll für sich und von ihrer Eignung sprechen. Dem Anschreiben beigelegt wird der tabellarische Lebenslauf von einer bis maximal drei Seiten. Anhand Ihres Resumes macht sich der Personaler von Ihnen ein Bild.

Im Anschreiben sind Sie es, der ihn ins Bild setzt. Sparen Sie sich darin alle Umständlichkeiten, Floskeln, Allgemeinplätze, Einleitungen. Sie können nicht davon ausgehen, dass man Ihnen die Gnade gewährt, Ihren zweiten Absatz auch noch zur Kenntnis zu nehmen. Nennen Sie deshalb Ihr stärkstes Argument sofort. Legen Sie gleich mit dem zweitstärksten nach. Hämmern Sie Satz für Satz ein, wer Sie sind, was Sie können, was Sie wollen, unter welchen Rahmenbedingungen Sie's tun und wie das alles dem Stellenanbieter nützt.

«Der Lebenslauf repräsentiert die Vergangenheit. Die Zukunft gehört in das Anschreiben», postulieren die FAZ-Schreiber. Das mag sein. Doch überzeugen müssen Sie den Empfänger immer jetzt. In der wenigen Zeit, die er Ihnen einzuräumen bereit ist.

Nebenbei bemerkt

Die Reihenfolge der stärksten Argumente in einem Anschreiben: (Aktuelle Position) – Berufliche Erfolge – Berufliche Praxis – Fundierte Ausbildung – Persönliche & allgemeine Stärken – Referenzen.

So schreibt man sich zur Einladung

«Sehr geehrte …,

Vermarktung, Produktmanagement und Mediaplanung sind meine Stärken. Meine Kenntnis aller Werbesparten und meine Marketing-Praxis bei einem eingeführten Media-Dienstleister machen mich zu einem ausgewiesenen Spezialisten für die Erschließung und Durchdringung von Märkten. Zudem besitze ich praxiserprobtes Know-how in Kundenansprache und -betreuung sowie in der Organisation von Incentives, Events und Messeauftritten. Im Produktmanagement war ich für die abteilungsübergreifende Entwicklung und Vermarktung eines innovativen Online-Service zuständig. Während meiner Arbeit habe ich Kontakte zu allen wichtigen Agenturen, zu den Werbevermarkter in Print, TV und Ambient Media sowie zu den Betreiber aller wichtigen Werbe- und Vermarktungsplattformen aufgebaut.

Meiner erfolgreichen Arbeit zugrunde liegen eine berufspraktische Ausbildung, Praxis in der Mediaplanung sowie mehrjährige Erfahrung in Werbeagenturen, unter anderem für Kunden aus dem EDV-Segment. Ich bin versiert in allen Anwendungen und Tools meines Metiers. So erstelle ich auf dem Mac oder auf dem PC überzeugende und wirkungsvolle Präsentationen, Mails, Flyer und andere Werbemittel. Mein Englisch ist verhandlungssicher. Im Kollegenkreis gelte ich als stets freundlicher, zuverlässiger und kooperativer Team-Player.

Von Statur und Persönlichkeit her passe ich bestens in Ihre Organisation. Natürlich möchte ich Ihnen das nicht nur schreiben, sondern auch im Gespräch beweisen. Geben Sie mir dazu Gelegenheit? Ich freue mich über Ihre Einladung!»

Bevor Sie weiterlesen

Ich gebe Ihnen einen Auftrag: Schreiben Sie nicht Ihr Anschreiben, sondern verfilmen Sie es. Wie gehen Sie vor? Ihre Kamerafrau weisen Sie an: «Zuerst will ich eine Totale haben. Nach dem Gesamtüberblick zoomen wir dann einzelne markante Punkte heran. Darauf machen wir einen Schwenk um zu zeigen, wie alles mit einander verbunden ist. Und am Schluss fokussieren wir auf einen Weg, der uns aus unserem Bild hinausbringt, uns weiter führt und dem Betrachter eine weit reichende Perspektive zeigt.»

Oder aber Sie fangen so an: «Zuerst will ich ein aussagefähiges Detail ins Bild setzen. Etwas, das in einem Punkt meine Bewerberstärken repräsentiert. Mein stärkstes Argument. Dann kommt eine Folge kurzer und hart geschnittener Einstellungen. Das sind meine weiteren Erfolge und Stärken. Und dann erst die ruhige, längere Totale, in der jedes einzelne Element wie ein Mosaiksteinchen seinen Platz findet.»

Egal, was Sie filmen und egal, wie Sie es dann schneiden: Es hat wie alles Menschenwerk einen Rhythmus. Ein Anschreiben ist immer gestaltet. Wenn komponiert nicht so anspruchvoll klingen würde, würde ich sagen: Ein gutes Anschreiben ist eine kurze Komposition.

56 Anschreiben unnötig?

«Mit Interesse habe ich Ihren Kommentar zu den FAZ-Bewerber-Tipps gelesen. In der Praxis lesen wir Personaler als erstes gerne den Lebenslauf, um die gewünschten Qualifikationen mit dem Bewerberprofil abzugleichen. Ein Anschreiben – in der Regel wohl formuliert und möglicherweise reichlich mit Eigenlob ausgeschmückt – sagt eigentlich nur, dass der Bewerber sich über den Inhalt des Schreibens Gedanken gemacht hat, nicht aber, ob die Inhalte des Anschreibens zutreffend sind. Stärken, Schwächen und die Gründe für die Bewerbung nehmen wir ohnehin erst beim persönlichen Gespräch unter die Lupe.

Für mich hat das Anschreiben eine rein deklaratorische Funktion: Auf welche Stelle bewirbt sich der Kandidat? Außerdem enthält es idealerweise die Kommunikationsdaten (Telefonnummer). Tja, und last but not least: In unserem benachbarten Ausland sind die Formalkriterien für Bewerbungen ohnehin recht dünn, Anschreiben entfallen teilweise ganz – und im Zeitalter des WWW geht so mache Bewerbung online ein – ohne jegliches Anschreiben. Auch Personalberater liefern nur das Profil, ohne jegliche Selbstdarstellung des Bewerbers.

Ich persönlich rate Bewerbern, den Schwerpunkt auf den aussagefähigen, vollständigen und tabellarischen Lebenslauf nebst Profil (Projekte und Sonderaufgaben) aus der persönlichen Berufserfahrung in Stichpunkten zu legen und sich genau zu überlegen, wie sie sich bei einem Vorstellungsgespräch präsentieren.»

Ich freue mich ganz besonders deshalb über diesen Kommentar, weil ich als Bewerberberater meine Strategie ja auf die alltägliche Praxis der Personalauswahl ausrichte.

Sie stimmen mir sicher zu: Ein argumentativ aufgebautes, faktisches und ausreichend vollständiges Resume hat man relativ leicht konzipiert und in Form gebracht. Auch das Profil erfordert eigentlich nur gründliches Nachdenken und Gliederungsvermögen. In beiden Dokumenten können Sie als Personalerin Punkt für Punkt Ihre Erfordernisse abhaken und die Qualifikationsmerkmale des Bewerbers in Bezug zu Ihren eigenen Vorgaben und zu den Statements der Mitbewerber setzen.

Ich verstehe als Bewerberberater, dass Ihre Arbeit dann Erfolg hat, wenn Sie objektivieren, eigene standardisierte Vorgehensweisen befolgen und durchweg regelgeleitet arbeiten. Deswegen optimiere ich für Sie eine Bewerbungsmappe so, dass sie schlank ist, dass sie keine redundanten Informationen enthält, dass die Kernaussagen alle belegt sind und dass Sie nur minimale Zeit und Mühe mit den Unterlagen haben.

Wenn ich jedoch ein Anschreiben nur als Begleitschreiben verstehe und als rein deklaratorische Bekundung einer Bewerbungsabsicht formuliere, verschenke ich dann nicht die Chance, mich in einem besonderen Maße für Sie (für ihr Unternehmen) zu entwerfen und mich Ihnen (Ihrer Organisation) nahe zu bringen?

Ich liefere Ihnen mit Resume und (wenn es sein muss) Profil genau das, was Sie erwarten. Auf eine Weise, dass Sie sich gern und ohne Anstrengung mit meinen Daten beschäftigen. Und dann schenke ich Ihnen mit meinem Anschreiben zusätzlich zum Profil noch ein Porträt. Sie erwarten Floskeln, Argumente aus zweiter Hand, lose Beteuerungen und Sie finden eine präzis umrissene Bewerberkontur.

Ich wette mit Ihnen, dass Sie sowieso die meisten Bewerber bildhaft vor sich sehen – meist wohl eher schablonenhaft, als Typen ohne eigene Persönlichkeit.

Bewerber machen in Ihrer schriftlichen Präsentation manchmal eine passable Figur. Viel öfter präsentieren sie sich gar nicht. Nicht selten machen sie sich geradezu mit Fleiß unkenntlich und verschwinden im Nebulösen. Oder sie bevölkern Allgemeinplätze. Manche sprechen hauptsächlich ihre Nachteile an, wie um den Personaler vor sich zu warnen. Als Personaler sieht man ja mehr oder minder gnädig über die vielen Peinlichkeiten und den gelegentlichen Schnickschnack hinweg.

Und hier setze ich an. Meine Leistung besteht darin, einen Bewerber so zu präparieren, dass Sie ihn klar und deutlich vor sich sehen. Er präsentiert sich Ihnen dank meiner Unterstützung ehrlich, einfach, angemessen und ansprechend. Sie werden das allein deshalb schon honorieren, weil sich dieser Bewerber auf lesefreundliche Weise von den meisten anderen unterscheidet.

Wie funktionieren Anschreiben? An Erklärungen fehlt es ja nicht. Diese ganze Mixtur aus Werbepsychologie und Marketing, diese lächerlichen Versuche, aus den gängigen Modewissenschaften abzuleiten wie's gehen soll, all diese Phrasendrescherei von *Attention – Interest – Desire – Action* und all dieses von Seifenhändlern abgeschaute Vermarktungsgetue lassen doch etwas ganz Banales außer Acht:

Man leiht sein Ohr bevorzugt dem, der unaufdringlich eintritt. Vorausgesetzt, er spricht einen so liebenswürdig wie souverän an. Er zeigt, dass er die Umgangsformen beherrscht. Und er sendet vertrauensbildende Signale.

Schauen Sie, in ihrem Profil sind sich Bewerber so unglaublich ähnlich. Mit ihren Anschreiben schicken Jobsuchende, sofern ihnen Authentizität ein Anliegen ist, ihr lebendiges Porträt. Die erfolgreichen Personaler stellen keine Funktionsträger, sondern Menschen ein. Nur wer aufs Ganze schaut, wird die Fachidioten, Kompetenzsimulanten, Blender, Teamsprenger und Gelegenheitsmobber mit sicherem Blick aussortieren und den fachlich wie menschlich gleichermaßen geeigneten Bewerber identifizieren.

Nebenbei bemerkt

Beste Methode um ein Anschreiben im Meer der Langeweile zu versenken: der Eins-nach-dem-anderen-Stil. Die Abfolge Ihrer Lebensstationen zu referieren ist eine Präsentationsform, die ausschließlich dem Jobinterview vorbehalten bleibt. Beweisen Sie im Anschreiben, dass Sie ein Profil Ihrer Stärken zeichnen können. Argumentieren Sie, statt zu erzählen. Ihre kurze Story liefern Sie immer mündlich ab. Schriftlich müssen Sie alle Ihre Stärken synthetisieren. Die Zeitlichkeit spielt dabei so gut wie keine Rolle. Warum? Weil Entenschnäbel feucht sind, Flüsse zum Meer fließen und Personaler sich nicht primär dafür interessieren, was man wann gemacht hat, sondern was man alles kann und wie gut man es drauf hat.

Anschreiben, die man nie vergisst

Ein Personaler lässt anschreiben:

«Sehr geehrte …,

als Personalleiter für einen renommierten Dienstleister berichte ich direkt an den Vorstand. Den Geschäftsführern unserer Tochtergesellschaften stehe ich beratend bei. Meine Aufbauleistung beinhaltet die Personalverantwortung für bis zu 350 Mitarbeiter und erstreckt sich über alle Bereiche des modernen Personalwesens: Aufbau einer Personaldatenbank, Implementierung von Stellenbeschreibungen und Zielvereinbarungen, Erstellen eines Personalhandbuchs, Integration einer Schnittstelle zur Lohnbuchhaltung sowie Vertretung der Gesellschaft beim Arbeitsgericht.

Mein gutes fachliches Fundament, insbesondere mein personalrechtliches Wissen habe ich durch diese verantwortungsvollen Tätigkeiten ausbauen können. Geschick und aktives Problemlöseverhalten bewies ich bei der

Konzeption und Durchführung von Restrukturierungs- und Konsolidierungsmaßnahmen.

Ich bin engagiert, durchsetzungsstark und verstehe meine Arbeit als Dienstleistung für die einzelnen Unternehmensbereiche. Darüber hinaus möchte ich die Personalentwicklung zu einem der Schwerpunkte meiner Arbeit machen. Aufgrund der Reduzierung des Headcounts auf 75 Mitarbeiter begrenzen sich meine Aktivitäten derzeit jedoch sehr stark auf den administrativen Bereich. Daher suche ich neue, anspruchsvolle Aufgabenstellungen.

Spricht Sie meine Bewerbung an? Dann freue ich mich sehr über Ihre Einladung für ein persönliches Gespräch.»

57 Bewerben in der Werbebranche

«Eine Frage zum Thema Bewerben in der Werbebranche: Allenthalben wird empfohlen, trotz des besonderen Umfelds nicht aus dem formalen Rahmen zu fallen. Wie kann man kreativ und geistreich sein, ohne zu überziehen oder sich zu blamieren?»

Seit biblischen Zeiten haben sich die Bewerberstrategien ziemlich verfeinert. Ein moderner Jobsucher tritt nicht mehr schüchtern vor den Thron des Stellenanbieters. Er wirft sich keinesfalls vor ihm in den Staub. Und er stößt auch nicht hastig hervor: «Nehmen Sie mich. Ich sehe vielleicht aus wie ein landflüchtiger Kuhhirte, bin aber ein begnadeter Tontafelschreiber!»

Wenn wir heute über clevere Bewerbungswege nachdenken und über geschickte Bewerberstrategien, dann deshalb, weil sich die Personalauswahl mehr und mehr in Richtung, «standardized screenings of normalized application forms» (J. Mike) entwickelt. Je formalisierter die Auswahlverfahren, desto einfallsreicher die Anstrengungen, durch das Raster zu schlüpfen.

Übliche Bewerbungsmethoden funktionieren aber nicht in einem engen Markt. Die besten Orchestermusiker, Unfallchirurgen oder Werber werden angerufen und abgeworben. Die zweite Garnitur kennt immer noch die richtigen Leute. Die dritte Reihe schnappt immer noch in der Kantine alle notwendigen Jobinfos auf.

Für das Media-Geschäft gilt: Ist man einmal drin und klappert man wie die anderen, dann bleibt man auch drin, egal ob einen der berufliche Weg nach Hamburg, Düsseldorf, Frankfurt oder sonst wohin führt. Die Agenturen wechseln, das Business bleibt. Und wen man einmal getroffen hat, den trifft man immer wieder.

Enge Märkte sind anspruchsvolle Märkte, weil das Geschäft schwierig ist und Spezialisten verlangt. Die Werbebranche, vor allem die Media-Agenturen brauchen wettbewerbs- und kommunikationsstarke, kundenorientierte und geradlinig handelnde Macher.

Und die Entscheider dort sind eben noch aggressiver-wettbewerbsorientierter, noch mehr an Resultaten ausgerichtet, noch fixere Kämpfer. Sie sind absolut von sich selbst überzeugt, weil sie mehr als andere Überzeugungsarbeit leisten müssen. Das klingt nicht sehr nett, aber die Wirklichkeit in Agenturen ist auch nicht besonders nett.

Sieht man in Media seine berufliche Zukunft, dann richtet man sich an diesen Vorbildern aus. Ganz einfach deshalb, weil die Hardliner dort das Sagen haben. Man spricht die Sprache, die sie sprechen, demonstriert die Haltung, die sie leben und beeindruckt die Führungsriege mit ihren eigenen Waffen.

Mit anderen Worten: Als Bewerber geht man Entscheider möglichst direkt an. Verschaffen Sie sich Gehör, präsentieren Sie, was Sie drauf haben und für die Agentur tun können. Kein Zuschlag ohne vorherigen Pitch. Räumen Sie die Bühne für sich frei, treten Sie auf und präsentieren Sie sich.

Ihnen ist alles erlaubt. Überreden Sie die Partnerin des Geschäftsführers, dass sie eine Kassette in dessen Walkman schmuggelt. Wenn der GF dann eines Morgens durch sein Viertel joggt, hört er Ihre Rede. Oder Sie finden seinen musikalischen Geschmack heraus, brennen ihm eine CD, klemmen die unter die Windschutzscheibe seines Sports Utility Vehicle. Lied eins macht ihn glücklich. Statt Lied zwei kommt Ihre 5-Minuten-Story. Heuern Sie zwei auffällig kostümierte Mädels an. Die sollen sein Auto an der roten Ampel abpassen, die Windschutzscheibe einschäumen und ihm dann flott Ihre CD überreichen.

Erzwingen Sie die Aufmerksamkeit eines Agenturchefs. Er wird Ihnen das nicht verübeln. Es ist sein eigener Job, an kalten Aschehäufchen das heiße Feuer des Interesses anzupusten. Versuchen Sie ihn zu beeindrucken. Natürlich macht es einen Teil seines beruflichen Selbstverständnisses aus, sich durch nichts und von niemandem und schon gar nicht von einem Jungspund, wie Sie's einer sind, beeindrucken zu lassen. Er wird aber gerührt sein, dass Sie es versuchen.

Seien Sie eher direkt als kreativ, aber beweisen Sie mit Ihrer Kontaktaufnahme vor allem Witz und strategisches Geschick. Vielleicht siegt ja Frechheit. Immer siegen im Berufsleben Durchsetzungsvermögen, inneres Feuer und Präsentationssicherheit.

Für Einsteiger bedeutet erfolgreiches Bewerben in der Werbebranche an erster Stelle: Aufmerksamkeit erzwingen, direkt ansprechen, kurz präsentieren. Schriftliche Unterlagen schieben Sie hinterher. Bedenken Sie: Agenturen sind Stätten des Informationsüberflusses. Gestalten Sie Ihre Unterlagen deshalb noch lakonischer, knapper und übersichtlicher als sonst.

Und grübeln Sie nicht zu lange, wie Sie den Boss am besten erreichen. Packen Sie ihn dann, wenn er aufnahmefähig ist und sich in die Situation fügt. Fahren Sie ihn zum Flughafen und legen Sie unterwegs los.

Nebenbei bemerkt

Kommunikations- und Marketingexperten sprechen Stellenanbieter gern so an, als müssten sie ein PR- oder Advertising-Meisterstück abliefern. Klar, Information & Knowledge ist ihre Sache. Wenn man sich als Arzt bei einem Arzt um eine

Mitarbeit bewirbt, wird man dem Kollegen aber auch kein Rezept verschreiben. Man wird sich bewerben. Gerade um ein Kabinettstückchen zu liefern, bricht man aus der vorgegebenen Form einer schriftlichen Bewerbung nicht aus. In der Kreisklasse der Kommunikationsliga durchbricht man kreativ die Form. In der Champions League spielt man mit dem Subtext.

Bewerber live: kontakten, verhandeln, gewinnen

Aufforderung während eines Jobinterviews:

«Denken Sie an ihre wichtigste bisherige Leistung, die dafür spricht, dass wir Sie als Werbekauffrau ausbilden sollen. Berichten Sie davon!»

Bevor Sie weiterlesen

Formulieren Sie Ihre Bewerbung um einen Praktikumsplatz bei einer Agentur in makellosem Englisch.

58 Man spricht deutsch

«Sehen Sie es als Problem, dass ich meine Bewerbung auf Englisch geschrieben habe? Könnte das deutsche Personaler eventuell abschrecken?»

Ein Deutscher hat von der Welt genug gesehen und möchte wieder nach Hause. Bewerber müssen Flagge zeigen. Im konkreten Fall entschied man sich für das Star Spangled Banner. Lassen sich deutsche Personaler von einem Cover Letter plus Resume abschrecken? Never ever! Zumindest dann nicht, wenn die ausgeschriebene Position international ausgerichtet ist oder wenn die Stelle interkulturell erfahrene Fachkräfte verlangt. Und immer vorausgesetzt, der Job im Inland erfordert nicht zwingend eine gute mündliche Sprachfertigkeit im Deutschen.

Andererseits: Wie viele transnationale und auf vielerlei Märkten agierende Organisationen gibt es bei uns wirklich? Wie viele Personaler oder GF sind tatsächlich offen und aufgeschlossen für den Bewerber mit dem etwas breiteren Horizont? Wie viele Entscheider sehen in einer Bewerbung aus dem Ausland eine Chance und eine mögliche Bereicherung für Unternehmen wie Mitarbeiter? Und wie viele Arbeitgeber wollen sich mental und finanziell mit dem erhöhten Aufwand für Umzug und Wiedereingliederung befassen?

Ob Sie sich als Jobsuchender deutscher Nationalität aus Carteret, NJ oder aus Calw, BW melden: Ihre Bewerbung auf Englisch zu schreiben ist dann nicht falsch,

- wenn der Job im englischsprachigen Ausland angesiedelt ist oder sich durch tägliche, intensive Kommunikation mit Englisch Sprechenden auszeichnet,
- wenn das Stellenangebot bereits auf Englisch veröffentlicht wurde,
- wenn die Pflicht- und Verkehrssprache in Ihrem Fach sowieso Englisch ist.

Dies gilt vor allem für die IT-Sparte und die naturwissenschaftlichen Disziplinen.

Halten Sie sich ansonsten an die erste Regel für effizientes Bewerben: Alles, was Sie tun, soll dem Personaler das Leben erleichtern. Besteht also nur der kleinste Verdacht, dass einer stutzt, wenn er Ihre Unterlagen erblickt, dann wechseln Sie besser die Sprache. Sie reden Personalverantwortliche am besten so an, dass sie Ihr Anliegen auf Anhieb verstehen.

Nebenbei bemerkt

Die Fundstellen im Web zu Resume und Cover Letter können Sie in einem Jahr nicht abarbeiten, aber wenn Sie keine eigene Bewerbungserfahrung aus den USA mitbringen, empfehle ich dringend, einen berufserfahrenen Muttersprachler einzuschalten.

Was kann man vom Großen Bruder lernen?

Lesen Sie die US-Ausgabe von Richard Nelson Bolles' *What color is your parachute?*. Liest sich besser als die Leute, die von ihm abschreiben.

Bevor Sie weiterlesen

Schauen Sie sich US-amerikanische Lebensläufe an. Wie finden Sie die Idee, Berufliche Ziele oder Angestrebte Position mit aufzunehmen? Würde Ihr Lebenslauf davon profitieren?

59 Hilfe, schlechtes Arbeitszeugnis

«Mein Ex-Chef ist ein aufbrausender, schwieriger Mensch. Man traut sich gar nichts mehr zu sagen, weil er dann gleich losbrüllt. Keiner kann es ihm recht machen. Jetzt stehe ich mit einem schlechten Arbeitszeugnis da. Am liebsten würde ich das Blatt meinen Bewerbungen gar nicht erst beilegen. Was soll ich tun?»

Brüllende Chefs sind bloß Nieten mit Tonspur. Und Arbeitszeugnisse haben hierzulande nicht nur der Wahrheitspflicht zu genügen, sie müssen auch mit verständigem Wohlwollen getextet sein. Erledigen Sie das Problem doch auf die ohrenschonende Art: Bestehen Sie per Einschreiben darauf, natürlich höflichst, dass Ihr Ex-Arbeitgeber die Beurteilung umgehend umschreibt.

Dazu haben Sie nicht nur guten Grund, sondern auch jedes Recht. Dem Handeln von übellaunigen Arbeitgebern ist ein enger juristischer Rahmen gesteckt. In einer ganzen Reihe von gesetzlichen Vorschriften werden bei uns dem Schutz und den Rechten der Arbeitnehmer entsprochen. Ein unwahres und tendenziell abwertendes Zeugnis hat vor keinem Arbeitsgericht Bestand. Gehen Sie Ihres deshalb Wort für Wort durch. Schreiben Sie dazu eine Stellungnahme. Formulieren Sie, was tatsächlich Sache ist: klar, knapp, ohne Übertreibung. Kurzum, entwerfen Sie Ihre eigene Fassung des Arbeitszeugnisses.

Fordern Sie Ihren Ex-Arbeitgeber auf, zumindest das bestehende Zeugnis so umzuschreiben, dass es den Tatsachen gerecht wird, dass fehlende Fakten aufgenommen werden und dass es allen gesetzlichen Rahmenbedingungen entspricht.

Falls die Gegenseite nicht innerhalb einer vernünftigen Frist sachliche Unrichtigkeiten korrigiert und ungerechtfertigte Beurteilungen eliminiert, wenden Sie sich ohne zu Zögern an den Betriebsrat. Falls der nicht existiert, an das zuständige Arbeitsgericht.

Was Sie auf keinen Fall tun sollten: nichts tun.

Ein schlechtes Arbeitszeugnis schmälert Ihre Karrierechancen oder schließt Sie ganz und gar bei der Bewerberauswahl aus.

Vergessen Sie nicht, dass Sie keine Wahl haben. Sie müssen um ein positiv formuliertes Arbeitszeugnis kämpfen – wenn es sein muss, mit allen rechtlichen Mitteln.

Nebenbei bemerkt

Einen kostenlosen Arbeitszeugnis-Generator finden Sie auf `jova-nova.com`.

Bewerber live: kontakten, verhandeln, gewinnen

Im Auswahlgespräch stellen Personaler bisweilen unglaublich gemeine, weil sehr präzise Fragen. Wieso stochern die immer genau an der Stelle, wo der glatte Lack der Bewerberpräsentation den Unfallschaden aus dem letzten Beschäftigungsverhältnis kaschiert? Liest zufällig gerade ein Personaler mit? Dann fragen Sie ihn doch, ob es wahr ist, dass gute Personaler mit TV-Kommissaren den Instinkt und mit Priestern die Seelenkenntnis teilen. Er wird Ihnen sicher sagen, dass ein guter Personaler vor allem seine Hausaufgaben macht und den *Papierkram durcharbeitet.* Was ein Personaler über Sie weiß, hat er zunächst einmal aus Ihren Unterlagen herausgelesen. Deshalb meine dringende Bitte: Studieren Sie vor dem Gespräch eingehend, was Sie selber dem Personaler alles an Informationen geschickt haben: Anschreiben, Lebenslauf und vor allem die achtzehn Kopien, die Sie an Ihren Lebensweg geheftet haben, weil auch der Multiplan-Lehrgang 1863 irgendwie zählt. Bewerber schießen gern mit schwerem Papiergeschütz. Vor dem Jobinterview wissen sie dann schon nicht mehr, wovon sie's im Anschreiben hatten. Geschweige denn, dass sie sich daran erinnern, was im letzten Arbeitszeugnis über ihr Tun und Lassen steht.

Bevor Sie weiterlesen

Ob betriebsbedingt ausgeschieden oder aus Karrieregründen gekündigt: Jobsucher sorgen sich darum, ob der Arbeitgeber versteckte Giftpfeile gesetzt hat. Achten Sie mindestens ebenso sehr darauf, ob alle Ihre Zuständigkeiten Leistungen und Erfolge notiert sind. In den meisten Fällen fahren Sie besser, wenn Sie selbst ein Zeugnis vorformulieren, es mit dem Arbeitgeber abstimmen und eine gemeinsame Fassung verabschieden. Mehr freche Rechtschreibfehler in einem Arbeitszeugnis als fromme Lügen in einer Regierungserklärung: Bei so viel Desinteresse brauchen Sie nicht noch nach geheimen Wertungen suchen. Schlagen Sie die Schema-F-Zeugnisschreiber!

60 Arbeitszeugnis maximal

Unternehmen wankt, Wirtschaft mau, Jobs rar und aus der Hauptstadt täglich tolldreiste Pläne: Zurzeit ist die Zukunft weniger planbar denn je. Wenige Tage, bevor ihr Chef sich in den Vorruhestand verabschiedet, erfährt die Sekretärin Marina Zabetti, dass ihr Arbeitgeber zusammen mit ein paar Doppelnamen-Trägern aus der Gewerkschaft bereits an sozialverträglichen Lösungen bastelt. Ihr ganzes bisheriges Arbeitsleben, volle 16 Jahre, hat sie in diesem einen Unternehmen verbracht. Sollte das Schlimmste eintreffen, dann will sie wenigstens ein gutes Zeugnis mitnehmen. Ausgestellt von der Vertrauensperson, für die sie in den letzten Jahren fleißig war.

Nur ist Marinas Chef gerade damit beschäftigt, selber innerlich Abschied zu nehmen: Alles geht in Brüche, meine paar Mitarbeiteraktien werden sie mir auch noch wegnehmen. Marinas Boss trauert. Das erbetene Zwischenzeugnis fällt dementsprechend lakonisch und lustlos aus:

ZWISCHENZEUGNIS

«Fr. Marina Zabetti, geboren am 03. September 1968, wurde am 2. Mai 1985 in der Vactory Aktiengesellschaft in Montabaur, StV Poststelle, als Bürobotin eingestellt.

Auf eigenen Wunsch und nach diversen Fortbildungsmaßnahmen wurde Fr. Zabetti am 1. November 1987 als Teamassistentin in den Bereich Modulationsstechnik KRZ WRZ übernommen.

Zum 1. Januar 1996 wechselte Fr. Zabetti als Sekretärin zum Bereich Transfersysteme, TR SYS 2. Nach ca. 4 Jahren erfolgte ein Wechsel in den Ondulationsbereich HM CA, ebenfalls als Sekretärin.

Vom 1. Juli 2001 bis heute arbeitet Fr. Zabetti als Sekretärin und Teamassistentin bei EGX BERT B.

Fr. Zabetti arbeitete in den letzten Jahren als Sekretärin und erledigte diese Sekretariatsaufgaben, d. h. allg. Verwaltungsaufgaben, Erstellung von Präsentationsunterlagen und Statistiken, Schriftverkehr und organisatorische Abteilungsvorgänge, stets zu unserer vollen Zufriedenheit.

Mit ihrem Arbeitseinsatz und stetiger Hilfsbereitschaft hat sie unsere Erwartungen voll erfüllt. Ihre Führung und Zusammenarbeit mit Vorgesetzten und Mitarbeitern war stets einwandfrei.

Aufgrund von laufenden Fortbildungsmaßnahmen (auch außerhalb der Dienstzeit), z. B. Vervollständigung der PC-Kenntnisse durch Softwarekurse, Weiterentwicklung der Englischkenntnisse sowie Sekretariatsarbeiten, hat Fr. Zabetti durch Eigeninitiative stetig ihre Qualifikation erhöht und auf aktuellen Stand gebracht.

Dieses Zwischenzeugnis wurde auf Wunsch der Mitarbeiterin erstellt.»

Frau Zabetti ist genau drei Minuten froh, dass sie überhaupt ein Zeugnis bekommen hat. Dann überfliegt sie die Zeilen. Dann vertieft sie sich in das Schreiben. Dann malt sie mit dem Kugelschreiber einen Stacheldraht um die Ausfransungen am rechten Textrand. Dann fallen ihr Sachen auf. Und dann fängt sie an, sich zu ärgern.

Kurz recherchiert, noch kürzer gemailt, ein längerer Anruf, und am späten Nachmittag legt sie ihrem Boss einen Ausdruck vor:

«ZWISCHENZEUGNIS

Frau Marina Zabetti, geboren am 03. September 19.., nahm am 2. Mai 19.. die Arbeit in unserem Unternehmen auf. Die Vactory Aktiengesellschaft umfasst in Montabaur unter anderem die Zentrale Einheit Europa sowie die Zweigwerke Transfer- und Modulationstechnik und beschäftigt viertausend Mitarbeiter.

Zunächst war Frau Zabetti als Bürobotin in unserer StV Poststelle beschäftigt. Bereits in der ersten Zeit ihrer Mitarbeit initiierte sie aus eigenem Antrieb ihre Weiterbildung in den Bereichen EDV und Administration. Frau Zabetti erweiterte nicht nur Ihre Schlüsselqualifikationen, sondern bewies auch stetiges Engagement. Deshalb wurden ihr zum 1. November 19.. neue Aufgaben als Teamassistentin im Bereich Modulationstechnik KRZ WRZ zugeordnet.

Auch in dieser beruflichen Phase erweiterte Frau Zabetti systematisch durch berufsbegleitende Trainings und Fortbildungen ihr Kompetenzprofil. Zum 1. Januar 19.. wurde Frau Zabetti deshalb als Sekretärin für den Bereich Transfersysteme, TR SYS 2 übernommen. Nach rund vier

Jahren wechselte sie in den Ondulationsbereich HM CA und war dort ebenfalls als Sekretärin tätig.

Seit 1. Juli 20.. arbeitet Frau Zabetti schließlich als Sekretärin und Teamassistentin in unserer Abteilung EGX BERT B.

Ihre Zuständigkeiten umfassen alle üblichen Sekretariatsaufgaben. Frau Zabetti überwacht den Posteingang und -ausgang, sortiert nach Prioritäten, bearbeitet und teilt die Eingangspost zu. Die Terminorganisation ist ein weiterer Schwerpunkt. Zu Ihren Pflichten gehört das Führen und Koordinieren des Terminkalenders. Zuständig ist sie weiterhin für Pflege und Überwachen der Wiedervorlage und für die Aktenablage des Vorgesetzten. Am PC korrespondiert Frau Zabetti auch in englischer Sprache. Sie nutzt Office-Anwendungen zum Erstellen und zur Pflege von Präsentations-Folien und Tabellen sowie zum Bearbeiten von E-Mails. Frau Zabetti organisiert Besprechungen und Veranstaltungen, Dienstreisen und Bewirtungen und rechnet sie ab. Zu ihren täglichen Arbeitsaufgaben zählt der Telefondienst mit in- und ausländischen Anrufern und Gesprächspartnern. In Sachen Arbeitsplatzorganisation neuer Mitarbeiter stellt Frau Zabetti Anträge auf Vernetzung und Kennungen sowie auf Berechtigungen für File Server, Telefon, Schlüsselkasten und Arbeitsmittel. Sie organisiert ferner die internen Abteilungs-Umzüge von Mitarbeitern in Koordination mit anderen Abteilungen. Zu Ihrem Aufgabenbereich gehört außerdem das Bestellwesen, insbesondere das Bestellen von Inventar, Bürobedarf, Kalendern und Werbeartikel. Sie pflegt im VIS Vactory Information System abteilungsinterne Daten wie die Telefonliste oder First-Things-First-Aktivitäten und stellt dort auch Monatsberichte ein.

In der täglichen Arbeit erbringt Frau Zabetti ausnahmslos beste Ergebnisse. Sie bewährt sich nicht zuletzt durch ihre aktuellen Fachkenntnisse, durch ein hohes fachliches Geschick und ein besonderes Verantwortungsbewusstsein. Ihr Arbeitspensum erledigt sie stets sorgsam, zuverlässig und termingetreu. Zudem engagiert sie sich über das übliche Maß hinaus für Ihre Aufgabe und erweist sich auch unter Zeitdruck stets als flexibel und belastbar. Alle Tätigkeiten einer Sekretärin erledigt Frau Zabetti deshalb zu jeder Zeit absolut effizient und zu unserer vollsten Zufriedenheit.

Frau Zabettis überdurchschnittlich hohe Lern- und Weiterbildungsbereitschaft zeigt sich in ihrer häufigen Teilnahme an hausinternen wie externen Lehrgängen und Einführungen.

Aufgrund des besonderen Engagements von Frau Zabetti bewerten wir ihre Leistungen als überdurchschnittlich gut und ihr Verhalten als uneingeschränkt positiv. Hinweisen möchten wir auch auf ihre gleich bleibend hohe Arbeitsbereitschaft und ihren vorbildlichen Arbeitsstil. Gegenüber Vorgesetzten, Kollegen und unseren Auszubildenden zeigt sie sich durchweg als hilfsbereite und stets freundliche Fachkraft mit exzellenten Umgangsformen. Als vorbildliche und korrekte Sekretärin gilt Frau Zabetti jüngeren Kolleginnen als Vorbild.

Dieses Zwischenzeugnis wurde auf Wunsch der Mitarbeiterin erstellt. Wir gehen auch für die Zukunft von einer weiterhin fruchtbaren und positiven Zusammenarbeit mit Frau Zabetti aus.»

«Ich bin beeindruckt. Haben Sie das selbst geschrieben?» fragt ihr Chef.

Ernst schaut ihm Marina Zabetti in die Augen. «Ich bin bestürzt und betroffen. Sie zweifeln tatsächlich daran?»

«Sie haben das vollkommen richtig gemacht. In diesen harten Tagen muss man schauen, dass man überall das Maximale herausholt.»

Nebenbei bemerkt

Nebenbei bemerke ich gerade, dass meine Tipps und Texte ziemlich anspielungsreich sind. Das Kodieren macht Spaß, aber es kostet auch Zeit und Time is Money. Ich bin mir sogar selbst nicht sicher, dass ich nach drei Monaten oder so alle Anspielungen auf Anhieb wieder entschlüsseln könnte. Ich bin mir aber ganz sicher, dass jeder Leser sich beim Lesen weit mehr eigene Referenzen schafft, als ich ihm bewusst liefern kann. Können Sie nachvollziehen, wie Schreiben und Verstehen funktionieren? Dann ist Ihnen klar, dass ein Personaler, der ein Arbeitszeugnis verschlüsseln möchte und darüber keine direkte Geheimkorrespondenz mit anderen Personalern führt, nur sehr einfache und unaufwendige Verfahren nutzen kann. *Anspielung, Übertreibung, Auslassung, Gegenteil, Ironie* wären rhetorische Verfahren um jemanden abzuqualifizieren. Und das liest man allemal leicht aus einem sonst drögen Satzumfeld heraus. In der Arbeitswelt existiert außerdem die bekannte Zuordnung von bestimmten Ausdrücken und Wendungen auf eine Notenskala. Das ist aber pure Konvention. Und geheim ist da gar nichts mehr. Statt «2» = «Note: gut» heißt es eben «volle Zufriedenheit» = «Note gut». Redakteure, die darüber schreiben, tun manchmal ganz aufgeregt, dass sie etwas Verborgenes aufgedeckt und entschlüsselt haben. Eine kurze Suchabfrage im Web und alle *geheimen* Notengebungen der Personaler liegen offen vor Ihnen.

Bevor Sie weiterlesen

Das Arbeitszeugnis ist der Ort, wo Sie alle, auch die banalen und routinemäßigen Aufgaben und Pflichten, alle Ihre Verantwortungen und Zuständigkeiten, alle Ihre Erfolge und Promotionen, alle Weiterbildungsanstrengungen und Beiträge für das Unternehmenswohl wohlgeordnet aufzählen. Beschrieben wird zudem, wie erfolgreich Sie gearbeitet haben. Wie engagiert, ausdauernd und konsistent Sie bei der Sache waren. Welche persönlichen Stärken Sie dabei gezeigt haben. Wie Sie sich in die Mannschaft eingefügt haben. Wie Sie sich gegenüber anderen verhalten haben. Wie das Verhältnis der anderen zu Ihnen war. Warum Sie gehen. Was man Ihnen für die Zukunft wünscht. Es ist nicht schwierig, ein Arbeitszeugnis zu schreiben. Aber viele Zeugnisschreiber machen es sich zu leicht. Schreiben Sie sich selbst Ihre Zeugnisversion und stimmen Sie den Text ab!

61 Ja zum Zeugnis

«Zeugnisse und Nachweise verfolgen einen wie Dämonen. Muss man sich denn fortwährend bestätigen lassen, wie gut man ist?»

Oh ja. Für das Finanzamt leben Sie ja bereits bewusst. Bewusst richten Sie es so ein, dass Sie Ihre Einkünfte ausbalancieren und möglichst nur absetzbare, belegbare Ausgaben erzeugen. Sammeln Sie ebenso bewusst Fleißkarten, um sie zur Überzeugungsarbeit gegenüber all den guten Menschen einzusetzen, die Ihnen Arbeitsleistung, Praktika, Stipendien, Forschungsvorhaben, Bildungsanstrengungen, Projekte, Geschäfte, gute Taten oder auch nur einen Kaffee bezahlen.

Was immer Sie in Sachen Ausbildung und Beruf tun: Lassen Sie's sich schriftlich belegen. Fangen Sie damit schon als Schüler an. Nicht jede dieser Bestätigungen werden Sie in Ihrer Bewerbung einsetzen. Die meisten Arbeitszeugnisse und Bildungsnachweise unterstützen nur eine gewisse Zeit lang Ihre Bewerbungsabsicht. Beachten Sie als kluger Bewerber das Verfallsdatum von Belegen und Informationen.

Wenn es um den Nachweis Ihrer geleisteten Arbeit geht, nehmen Sie aber getrost Konflikte in Kauf. Werden Sie wenn nötig massiv und lassen Sie sich durch keine mauernden, blockierenden oder desinteressierten Arbeitgeber entmutigen.

Nur was Sie vorlegen und nicht was Sie behaupten, zählt im Bewerbungsverfahren. Zeugnislose Zeiten sind deshalb Fehl- und Fragezeichen-Zeiten. Was um alles in der Welt haben Sie damals nur gemacht, wenn Sie keinen Zeugen wissen, der es bestätigen kann?

Vertreter künstlerischer Berufe finden es nicht sehr witzig, sich jedes Engagement bei einem städtischen Arbeitertheater per Arbeitszeugnis bestätigen zu lassen. Wenn die Kunst aber brotlos wird und der Traumtänzer auf einen Brotberuf umschult? Wenn er jetzt vielleicht einem skeptischen Praktikumsanbieter nachweisen will, dass er nicht wie eine Diva agiert, sondern Ensemblequalitäten hat? Es gibt eine Lösung. Dort, wo ein Arbeitszeugnis lächerlich wird, setzt das Referenzschreiben an.

Ob Künstler oder Kaufmann, jeder braucht für eine schriftliche Bewerbung:

1. Anschreiben
2. Lebenslauf
3. Porträt

… und für Papier-Aussendungen auf Stellenangebote:

4. aktuelles Zwischenzeugnis – falls problemlos erhältlich und strategisch sinnvoll
5. Arbeitszeugnisse – eine Bewerbung ist aber nicht das Archiv Ihres langen Arbeitslebens!
6. Referenzschreiben – die sind gut wie Gold

… dazu als Akademiker:

7. letzter Vollzeit-Ausbildungsnachweis (Promotion, Diplom, Staatsexamen …)
8. falls vorher noch eine berufliche Ausbildung abgeschlossen: Gesellenbrief, Ausbildungszeugnis …
9. Nachweis der Weiterbildungen der letzten drei – fünf Jahre (Kriterium: Wenden Sie das Gelernte heute noch an?)
10. als Absolvent: Praktikumsnachweise, und wenn sonst nichts für einen spricht: Abschlusszeugnis der allgemein bildenden Schule;

… bzw. als Absolvent beruflicher Ausbildungen:

7. Meisterbrief
8. Gesellenbrief, Ausbildungszeugnis …
9. Weiterbildungen der letzten drei – fünf Jahre (Kriterium: Setzen Sie das Gelernte heute noch ein?)
10. als Berufseinsteiger: Abschlusszeugnis der allgemein bildenden Schule

Egal, was die Karrierefuzzis schreiben, Sie brauchen wirklich nicht:

- Deckblatt
- Profilblatt
- «Seite 3»
- «Was Sie sonst noch wissen sollten»

Manche Leute legen noch bei:

- Projektübersicht
- Publikationsliste
- Vortrags-, Kurslisten
- handgeschriebener Lebenslauf
- Vita
- polizeiliches Führungszeugnis

… doch wer das tut, hat dafür starke Gründe. Meist erwartet das der Stellenanbieter explizit oder es gehört einfach zum Metier.

Wann immer es also angebracht und an der Zeit ist, sich sein Handeln, Wissen und Können von einem glaubwürdigen Dritten belegen zu lassen: Sammeln Sie den Beleg ein. Heften Sie ihn ab. Wann immer so ein Nachweis Ihre Bewerberabsicht unterstützt: Legen Sie ihn Ihrer Präsentation bei. Vergessen Sie nie: Ihre Bewerbung ist ein *Claim.* Ihre Konkurrenten erheben wie Sie den Anspruch, dass sie *die Richtigen für den Job* sind. Da wäre es gut für Sie, wenn Sie besser sind. Doch es ist noch besser, wenn Sie glaubwürdiger sind. Reine Selbstaussagen auf *Seite drei* sind wie Politikersprüche auf Seite eins: ziemlich trostlos in ihrer geballten Peinlichkeit.

Wie sonst auch im Leben entschärft vorausschauendes Handeln mögliche Konflikte. Entwerfen Sie doch Ihre eigene Fassung. Legen Sie die Ihrem Chef vor – auf Papier und auf Datenträger. Damit nehmen Sie der Personalbteilung oder dem Geschäftsführer Mühe und Formulierarbeit ab. Man wird Ihnen diese umsichtige Haltung danken.

Über die versteckten Bedeutungen in Arbeitszeugnissen lassen sich gern aufgeregte Menschen aus, die sich verunsicherten Bewerbern als Experten andienen. Diese Weisen deuten, was das Zeugnis hält und verstehen nicht, wie Zeugnissprache funktioniert und was sie bedeutet.

Arbeitszeugnisse sind Texte. Das Material von Texten ist Sprache. Informationen kaschieren, Bedeutungen umkodieren, das Verständnis lenken, dazu bedarf es sprachlicher Mittel. In unserer mittellosen Bildungsrepublik besitzen dieses rhetorische Vermögen nur Leute, die sprachlich weitaus versierter handeln als ein durchschnittliche Bürger von Pisa. In den Firmen und Organisationen haben die wenigen Menschen mit Sprachverstand gewöhnlich Wichtigeres zu tun, als Fallen in Zeugnisse zu montieren.

Lassen Sie sich also vom Geraune über die angeblich im Text versteckten Hinweise nicht ins Bockshorn jagen. Sieben Sie andererseits die Zeilen Ihres Arbeitszeugnisses fein durch und lesen Sie Steinchen aus.

Traurige Wahrheit: Die Verfasser von Arbeitszeugnissen haben überwiegend ein kaufmännisches Verhältnis zum Schreiben – die Berufswahl war jedenfalls nicht von der Idee bestimmt, dass ihnen der Umgang mit der deutschen Sprache viel Freude macht.

Konsequenz für Jobwechsler: Kontrollieren Sie Ihr Arbeitszeugnis wie Gerhard seinen Friseur und lassen sie sich weder anschwärzen noch eine Nachlässigkeit durchgehen. Achten Sie auf positiv wertende Ausdrücke, neutralen Stil, korrekte Grammatik und makellose Rechtschreibung. Sonst lernen die das nie.

Und hier sind Fragen des mitdenkenden Zeugnisempfängers:

- «Sind alle meine Zuständigkeiten, Pflichten, Verantwortungsbereiche aufgelistet?»
- «Auch das, was ich inoffiziell für den Laden gemacht und geleistet habe?»
- «Wird getreu und zutreffend beschrieben, wie ich meine Aufgaben meisterte?»
- «Wird erwähnt, in welchem Maße ich mich der notwendigen Arbeitsmittel und Instrumente und Anwendungen bediente?»
- «Sind alle meine Siege, Erfolge, guten Taten und tollen Leistungen aufgeführt?»
- «Werden meine persönlichen Stärken gebührend gewürdigt?»
- «Werden mein kollegiales Verhalten, mein Einsatz, meine Arbeitsweise, meine Interaktion im Team und mit Vorgesetzten angemessen beschrieben?»
- «Tauchen Wörter wie Zuverlässigkeit, Verlässlichkeit, Fleiß, Tüchtigkeit, Einsatz, Motivation, Leistungsstärke auf?»
- «Wird mein Abgang mit Worten des Bedauerns kommentiert?»

Nebenbei bemerkt

Junge Kaufleute, Anwälte und Ingenieure sind fürchterlich bestrebt, das Richtige zum richtigen Zeitpunkt zu tun. An der richtigen Uni beim richtigen Lehrstuhl die richtigen Schwerpunkte plus das richtige Auslandssemester plus die richtigen Praktika bei den richtigen Adressen plus die richtigen Trainings für die wichtigen Assessment-Center plus die richtigen Umgangs- & Präsentationsformen plus richtige Lockerheit im richtigen Dress. Plus am Ende den richtigen Career Coach, wenn man so weit alles richtig gemacht hat und doch erst einmal eine Box voller Absagen erhält. Man denkt: In den Erfolgsstories der Wirtschaftspresse las sich das aber anders. Ich bin mir sicher, die realen Lebensläufe der Rollenmodelle verliefen längst nicht alles so glatt, wie die großen alten Krokodile das in ihren Vorträgen für die akademische Jugend gern schildern. Es geht viel weniger darum, dass man alles richtig macht, als dass man etwas findet, das man richtig gern macht. Und dass man sich anstrengt, dies dann auch richtig gut zu machen. Schauen Sie mal die Helden der Daily Soaps genauer an. Wie halten die diese fürchterlichen emotionalen Achterbahnfahrten mit Ihrem brutalen Wechsel von Höhen und Schicksalsschlägen nur aus? Glauben Sie mir: Dort, wo etwas bewegt wird, ist der berufliche Alltag tatsächlich eine Seifenoper. Auch im wahren Leben überstehen das diejenigen Protagonisten am besten, die ihr Thema gefunden haben und es durch alle Wirren hindurch unbeirrt verfolgen.

Lesen Sie die Bewerbungsbeilage

Sie finden einige Stellenofferten und senden ein paar Bewerbungen innerhalb eines engeren Zeitraums ab. Dann werden sich trotz unterschiedlich nuancierter Funktionen in der Ausschreibung Ihre Argumente ziemlich ähneln. Ob Förster in der Thüringischen Landesverwaltung oder Revierleiter für die Hofgüter des Hauses Bsirskenstein-Homburg: Die Anlagen Ihrer Bewerbung markieren wie Wegweiser Ihren Werdegang bis exakt an den Punkt, an dem Sie sich entschließen, den unermesslichen Holzreichtum Thüringens oder aber die Reichtümer derer von Bsirskenstein-Homburg zu mehren. Was Sie Ihrer Bewerbung an Nachweisen beilegen, untermauert Ihren Claim.

Fünf Jahre später. Bsirskenstein-Homburg und Sie differieren komplett in der strategischen Planung der Holzbewirtschaftung. Doch Fabrikant Fischer sucht einen Verwalter für seine Pineta in Umbrien. Das haben Sie von Guido von Hummel, der mit Fischer jagt. Nach einigen Telefonaten erbittet Fischer Ihre Unterlagen. Falls Sie sich zuletzt als Absolvent beworben hatten, werden Sie jetzt Ihren Lebenslauf nicht nur um eine Station erweitern, sondern ihn komplett neu aufbauen. Ganz sicher werden Sie Ihr Anschreiben von Grund auf neu schreiben. Und nicht zuletzt werden Sie jeden in Ihrem Aktenordner gesammelten Nachweis daraufhin prüfen, ob er als unumgänglicher Beleg für Ihren aktuellen Anspruch mit in die Mappe kommt.

Eine Bewerbungsmappe hat das richtige Aussehen, das richtige Gewicht, die richtige Anzahl an Seiten und die richtigen Belege. Und für Fischer legen wir noch eine Kopie Ihres Artikels für «Hund und Jagd» bei.

Bevor Sie weiterlesen

Vor zehn Jahren hätten Sie das lesen sollen! Wie sollen Sie jetzt noch an die vielen fehlenden Belege kommen? Sie haben sich bis jetzt wacker durchgeschlagen ohne sich und andere mit schriftlichen Sachen zu quälen. Ihre Stärke ist Ihr persönliches vertrauenswürdiges Auftreten. Außerdem können Sie noch einen oder zwei Fürsprecher aktivieren, bei denen man sich nach Ihrer Verlässlichkeit, Ihrer Tüchtigkeit und Ihrer Leistungsstärke erkundigen kann. Na, das reicht doch!

62 Reihenfolge der Zeugnisse

«Bei der Gestaltung meiner Bewerbungsmappe wirft sich die Frage auf, in welcher Reihenfolge die Schul- und Arbeitszeugnisse hinter dem Lebenslauf angeordnet sein sollten. Liegt das aktuellste Zeugnis des letzten Arbeitgebers an oberster Stelle oder spiegelt die Anordnung der Nachweise den Lebenslauf wider, das heißt, zuerst kommen die Schul- und Ausbildungsnachweise und am Ende die Arbeitszeugnisse?»

Auf dem Abschlussball eines Tanzkurses zeigt man nicht seine Teilnahmebescheinigung vor, sondern man tanzt. In Ihrer schriftlichen Bewerbung verlassen Sie sich nicht auf die guten Noten, die Ihnen Dritte aussprechen. Was für Sie spricht, weiß niemand besser als Sie selbst. Zeugnisse und Nachweise belegen dem skeptischen Prüfer nur, was Sie in Anschreiben und Lebenslauf bereits klar gesagt und sichtbar auf den Tisch gelegt haben. Dem Personaler fällt immer zuerst ins Auge: das beste Argument, die überzeugendste Begründung, der wichtigste Beleg. Trumpfen Sie deshalb auf, statt ein Blatt nach dem anderen chronologisch zu reihen. Ordnen Sie nach dem Lebenslauf das wichtigste – im Normalfall: das letzte – Zeugnis ein. Fragen Sie sich auch bei allen anderen Dokumenten: Unterstützt dies wirklich meine Bewerbungsabsicht? Belegt dies wirklich meine Befähigung für die ausgelobte Stelle? Arrangieren Sie die Dokumente nach Ihrer argumentativen Stärke in absteigender Folge. Mehr an Blättern heißt übrigens nicht mehr an Argumenten, sondern weniger an Urteilsvermögen und dadurch mehr Mühe für den Personaler.

In die Mappe kommt nur, was sinnvoll ist. Das Wichtigste zuerst – im Gegensatz zu einer Illustrierten blättert man darin nämlich von vorn nach hinten.

Nebenbei bemerkt

Einige Bewerbungsberater argumentieren nach dem Motto *Leg noch ein Brikett drauf, Marie*. Da bekommen chronisch überlastete Personaler leicht zu viel. Bewerben ist konventionelles, aber zielgerichtetes Verhalten. Fragen Sie sich im Zweifelsfall: Erreiche ich damit mein Ziel? Und nicht: Macht man es üblicherweise so?

Bewerber live: kontakten, verhandeln, gewinnen

«Nun, was haben Sie denn bei Mayer & Hammelfelder alles so gemacht?»

«Schauen Sie, im Arbeitszeugnis hat mein damaliger Chef, Herr Oberländer, meine rasche Entwicklung vom Produktmanager zum Gruppenleiter ja ganz klar nachgezeichnet. Nach meiner ersten Bewährungsprobe in … und der erfolgreichen Vertretung des … hat man mir doch sehr bald schon die … anvertraut.»

Bevor Sie weiterlesen

Berechnen Sie Ihre Unterlagen so: Umfang Bewerbungsmappe = (Wertigkeit der Position + eigene berufliche Erfahrung) – (zeitliche Belastbarkeit des Personalers + allgemeiner Horror vor eng beschriebenem Papier).

63 Zeugnis fehlt, Jobinterview droht

«Ich bin betriebsbedingt gekündigt worden, habe aber umgehend ein Bewerbungsgespräch vereinbaren können. Sie werden verstehen, dass dies ein sehr wichtiger Termin für mich ist. Nun fehlt mir noch das Zeugnis meines letzten Arbeitgebers. Ich muss aber befürchten, dass es mir nicht bis zum fraglichen Tag zugestellt wird. Falls doch, werde ich es in der ersten Fassung wohl nicht einsetzen können. Für den Fall dass dies passiert, erbitte ich Ihren Rat, was ich zu diesem Punkt im Bewerbungsgespräch äußern soll.»

Entspannen Sie sich. Man hat Sie eingeladen ohne Ihr Arbeitszeugnis gelesen zu haben. Sie werden auch ohne Ihr Arbeitszeugnis freundlich empfangen. Und man bewertet Ihr Auftreten selbstverständlich ohne jeden Rückgriff auf einen Arbeitsnachweis.

Sicher will man mehr über Ihr bisheriges Wirken erfahren und dafür alle möglichen Informationsquellen anzapfen. Je hochrangiger die zu besetzende Position, desto sorgfältiger die Recherche (Ausnahmen: Kommunalverwaltung und Vereinsfußball). Nutzen Sie das als zuvorkommender Bewerber aus und übergeben Sie während des Gesprächs eine kurze Referenzen-Liste mit Namen von zwei, drei Fürsprechern. Notieren Sie dazu Funktion, Organisation, Telefon plus E-Mail. Erläutern Sie, Ihr aktuelles Arbeitszeugnis würden Sie nachreichen, sobald Sie es selbst in der Hand haben. Ihnen wäre aber daran gelegen, von Anfang an ein gutes Vertrauensverhältnis herzustellen. Deshalb würden Sie verlässliche (am besten in der Branche bekannte) Namen angeben, die gern Auskunft über Ihre Leistungen und Erfolge geben.

Zusätzlich sollten Sie sich an Ihr iBook setzen und ein Arbeitszeugnis selbst verfassen. Kündigen Sie den Entwurf telefonisch Ihrem letzten Boss an. Erklären Sie ihm höflichst, aber bestimmt, man solle aus dem Vorgang kein Problem machen. Sie vertrauten darauf, dass man Ihren beruflichen Aufstieg unterstützt. Für diesen großen Gefallen würden Sie sich revanchieren. Sagen Sie, was man so sagt, wenn man als gewiefter Kommunikator Menschen überzeugt, die eigentlich nicht zuhören wollen. Versprechen Sie künftige Vorteile.

Mailen Sie das Dokument aber nicht Ihrem Ex-Vorgesetzten, sondern der Office Admin oder Abteilungssekretärin oder sonst einer tüchtigen Person. Erklären Sie ihr vorher, worum es geht. Kündigen Sie Blumen an. (Wenn Sie nicht großzügig in Nettigkeiten investieren, machen Sie sowieso nie Karriere.) Man soll das Papier Ihrem Boss oder dem zuständigen Personaler vorlegen und wieder vorlegen und wieder vorlegen und so weiter. Bis Ihr Ex-Chef es am Ende doch in die Hand nimmt, es ändert, ergänzt, optimiert, auf Firmenpost ausdruckt, seinen Don Carlos darunter setzt oder das Ganze der Sekretärin zur endgültigen Reinschrift übergibt. Die wird an das Gebinde auf ihrem Schreibtisch denken und Ihnen das fertige Zeugnis ohne Hinhaltespielchen zuschicken.

Berufliche Karrieren sind ein bisschen wie Marathons. Von Rennen zu Rennen bleibt die Spitzengruppe unter sich. Es kann sein, dass Sie Ihr Berufsleben lang mit manchen Kollegen-Konkurrenten in Rufweite bleiben. Brechen Sie nie ganz mit ihren ehemaligen Chefs und den guten Typen unter den Ex-Kollegen. Nutzen Sie zum Beispiel den Anlass Arbeitszeugnis, um sich (wieder) gut mit ihrer alten Firma zu stellen, um ein bisschen den Talk zu talken und um ein wenig News zu tanken.

Verfolgen Sie diese Strategie auch wenn Sie sich im Unfrieden getrennt haben. Lernen Sie notfalls um etwas zu bitten. Bitten Sie um rasche Bearbeitung und setzen Sie sich durch. Man verpflichtet Menschen so viel mehr, wenn sie einem einen Gefallen tun, als wenn man ihnen selbst eine Gefälligkeit erweist.

Tun Sie das nicht, weil Sie ohne Zeugnismitbringsel beim anstehenden Jobinterview verloren wären, sondern weil das Erhalten eines guten Arbeitszeugnisses just in time eine prima Karriere-Übung ist.

Einen Baukasten für Arbeitszeugnisse finden Sie auf meiner Site `jovanova.com`, die gerade mit mehreren Magdeburgern ausgezeichnet wurde. Wollen Sie selber Magdeburger vergeben? Klicken Sie auf `jobboerse-magdeburg.de`.

Nebenbei bemerkt

Nirgendwo im Kosmos wird soviel geflunkert wie auf dem Blauen Planeten. Sie werden verstehen, dass sich nicht zuletzt Personaler gegen Trug und Täuschung schützen möchten. Zur rechten Analysearbeit bei der Personalauswahl verhilft ihnen nicht so sehr die Üblichkeit der Unterlagen als die Aussagefähigkeit und Vertrauenswürdigkeit der Belege. Zweifellos sind Arbeitszeugnisse glaubwürdiger als Selbstaussagen. Nichts wirkt aber stärker als das gute Wort eines mächtigen Mentors oder die Empfehlung eines vertrauenswürdigen Mittelsmanns.

Bewerber live: kontakten, verhandeln, gewinnen

«Sie werden also zum 30. aus Ihrer Firma ausscheiden.»

«Genau. Als ich von Ihnen Ihre nette Einladung erhielt, habe ich natürlich gleich meinen Chef, Herrn Dr. Oppermann, nach einem Arbeitszeugnis gefragt. Jetzt hat er in diesen Tagen aber wichtige Treffen mit dem Insolvenzverwalter und ist leider nicht dazu gekommen. Er hat mir aber seine Karte gegeben mit der Bitte, sie an Sie weiterzuleiten. Sie mögen ihn einfach anrufen; er gibt Ihnen gern Auskunft über meine Arbeit.»

«Na, da vertrauen Sie ihm aber ganz schön, Ihrem Herrn Oppermann.»

«Ach wissen Sie, er konnte sich in den letzten 18 Monaten ja auch voll und ganz auf mich verlassen.»

Bevor Sie weiterlesen

Gehen Sie Ihre Bewerbungsunterlagen Zeile für Zeile durch und überlegen Sie sich für jede Behauptung, wie man sie ohne großen Aufwand in einem Jobinterview nachweisen kann.

64 Samurai-Regeln für Bewerber

«Ich hätte gern Auskunft darüber, ob ein Bewerberfoto denn nun in Farbe oder in Schwarzweiß den Ansprüchen genügt. Ich habe diesbezüglich verschiedene Meinungen gehört und möchte jetzt einmal Ihre erfahren.»

Gegenfrage: Was soll ein Bewerbungsfoto überhaupt leisten? Dem Kandidaten mittels Lichtbild in die Seele zu schauen gelingt nur Voodoo-Personalern. Egal, was Menschenkenner behaupten: Ein Antlitz ohne Kontext, ohne zusätzliche Informationen zeigt die Wesensmerkmale, die der Betrachter hineinliest.

Was aber jeder, der auf Details achtet, herauslesen kann:

Miene & Gesichtsausdruck: Offen, freundlich, dem Betrachter zugewandt, lächelnd? Aufmerksam, konzentriert? Oder verschlossen, mürrisch, besorgt, ängstlich?

Gesicht: Augen offen und auf den Betrachter gerichtet? Der Mund lächelnd geöffnet? Kopf nicht gesenkt? Frauen: Augenbrauen glatt? Unaufdringliches Make-up? Dezenter Lippenstift? Männer: Bart gepflegt? Sauber rasiert? Haare gekämmt?

Frisur: Dem Alter und der Position angemessen? Professioneller Schnitt? Vorteilhaft? Oder aus der Façon? Antiquiert? Ungepflegt?

Kleidung: Der angestrebten Position angemessen? Gepflegt? Passt zum Typ? Macht der Kandidat damit in formalen Situationen eine gute Figur? Oder wirkt er altmodisch, unpassend, unangepasst? Sind dem Bewerber Dresscodes egal? Oder noch schlimmer: kennt er sie gar nicht?

Die Fragen eines stellenanbietenden Bildbetrachters lauten:

- Sieht der Kandidat so aus, als ob er ein Sorgenmacher und Problembereiter wäre?
- Fällt der Kandidat in unserer Organisation, im Vergleich mit unseren anderen Mitarbeitern unangenehm aus dem Rahmen?
- Könnte ich den Kandidaten so wie er sich jetzt präsentiert, mit auf einen Kongress – mit zu einem wichtigen Kunden – mit zu einem Meeting – mit zum Mittagessen nehmen?

Was folgt daraus für Bewerber? Halten Sie sich am besten an die bewährten Samurai-Regeln:

- **Lass niemanden daran zweifeln, dass du die Kleidungsvorschriften kennst.**
- **Lass niemanden daran zweifeln, dass du dein Äußeres pflegst.**
- **Lass niemanden daran zweifeln, dass du ein guter Mensch bist.**
- **Lass niemanden daran zweifeln, wo du dein Schwert trägst.**

O.k., es gelten heute vielleicht nicht mehr alle dieser Regeln.

Und noch eine Warnung für Besitzer von Digitalkameras oder Scannern: Alles, was man bei der Bildbearbeitung falsch machen kann und noch viel mehr passiert Bewerbern: Dateiumfang mehrere Megabyte, Bild im Postkartenformat, Bild nicht nachgeschärft, Kontrast und Helligkeit nicht nachgeregelt, rote Augen nicht korrigiert. Ganzaufnahme statt Halbporträt. Private Umgebung statt neutralem Umfeld. Natürlichkeit meint übrigens eine ganz bestimmte Weise, sich kunstvoll zu präsentieren. Natürlichkeit meint nicht, dass man sich fürs Bewerberfoto zusammen mit seinem 1000-Euro-Bike oder beim Rafting in den Schluchten des Balkan knipsen lässt.

Dies alles in Rechnung gestellt: Soll das Porträt letztendlich besser schwarzweiß oder farbig sein? – Eigentlich stellt sich die Frage heute gar nicht mehr. Die Welt steht auf bunt und ein Standard-Schwarzweißfoto wirkt in diesem Umfeld, als hätten Sie den Foto-Fix auf dem Gdbrunczer Bahnhof benutzt.

Andererseits produziert nur ein gut ausgeleuchtetes Schwarzweißporträt diesen speziellen Wow!-Effekt. Vor allem im Querformat, zum Beispiel sechs breit, vier hoch. Die Grundprinzipen jeder erfolgreichen Präsentation kann man an einer professionellen S&W-Bewerberstudie leicht aufzeigen: Einfachheit und Reduzierung auf das Essentielle. Wer sich's also leisten kann, der geht zum Porträtfotografen oder beauftragt zumindest einen Grafik-Spezialisten, der etwas von digitaler Bildbearbeitung versteht.

Und vergessen Sie nicht, was im harten Alltag viele vergessen: nämlich zu lächeln.

Nebenbei bemerkt

Wenn Sie in Deutschland kein Foto mitschicken, erinnert man sich an Ihre Bewerbung weniger leicht als an die mit einem Gesicht verknüpften Daten Ihrer Konkurrenten.

Bewerber live: kontakten, verhandeln, gewinnen

Fragen einer Mutter beim Betrachten des Bewerberporträts ihrer Tochter:

«Warum blickst du den Betrachter nicht an?»
«Warum schaust du so verdrossen wie dein Vater?»

«Warum sieht man die Tätowierung?»
«Warum trägst du mint?»

Bevor Sie weiterlesen

Stöbern Sie im Internet nach Bewerbungsfotos. Belegt das Ergebnis nicht den tröstlichen Gedanken, dass Bewerber trotz ihrer Bewerberbilder Jobs finden? Schwören Sie sich, dass Ihre Selbstpräsentation ganz anders wird.

65 Gesichertes zum Bewerbungsfoto

«Wussten Sie, dass sich die Wirkung eines Fotos aus sieben Dimensionen mit mehr als 22 Aspekten zusammensetzt?»

Bis jetzt wusste das nur Bewerberberater Jan Dietrich. Wir danken für die kostbare Information aus `das-geheimwissen-der-personalberater.de` und halten sie für einen weiteren Meilenstein seit Erfindung der Röntgenbrille, mit der man durch Bewerberkleidung schauen kann.

Thema Bewerbungsfoto: Findet der Wissensdurstige im Web dazu gesicherte und verwendbare Infos? Anders gefragt: Gibt es zu diesem wichtigen Karriere-Thema auch Seiten, die nicht anmuten, als kämen sie direkt aus einem Seminar für therapeutisches Schreiben? Sich online zu informieren heißt Krauses und Trübseliges zu sortieren. Im Leben müsste es so viele Job-Gelegenheiten haben wie hanebüchene Ratschläge im Web. Dann käme man vor lauter Arbeit nicht mehr zum Lachen. Aber wir wollen ja nachlesen, was das Web denkt, wenn man nach Bewerberfoto fragt.

Foto ohne Bedeutung?

«Die Bedeutung des Bewerberfotos wird … oft stark übertrieben dargestellt», schreibt `Industrie-Job.de`. Dagegen `Technikjobs.de`: «Das Bewerbungsfoto hat einen entscheidendem Einfluss auf Ihren Bewerbungserfolg.» – Na, hoffentlich bleibt dies der einzige schroffe Gegensatz zwischen Industrie und Technik.

Fakt ist: Fällt der Blick auf eine Seite mit Text plus Bild, nimmt jeder zuerst das Foto wahr. Es widerspricht geradezu unseren automatisierten Wahrnehmungsweisen, sich einem Lebenslauf zu widmen ohne zunächst das Bewerberantlitz zu betrachten.

Fakt zwei: Bewerberdaten prägt sich ein Personaler weitaus leichter ein, wenn die Textgestalt mit einem Porträt verknüpft ist.

Fakt drei: Wenn alle anderen Kandidaten sich mit Lichtbild bewerben, tritt dagegen der bestens qualifizierte, aber sonst unsichtbare Mitbewerber in den Hintergrund. Das mentale Bild vom Bewerber allein aus Anschreiben und Profildaten zu konstruieren ist immer ein anstrengender Akt. An den freundlichen Menschen aus Beckum (den mit dem etwas spitzbübischen Lächeln) erinnert man sich dagegen ohne Mühe.

Bewerber auf der Titelseite

«Ihr Foto sollten Sie grundsätzlich auf einem gesonderten Deckblatt anbringen», rät Erwachsenenbildner K. K. an anderer Stelle: «Sie sind Verkäufer, alles im Leben hat mit Verkauf zu tun. Wenn Sie sich bewerben, sind Sie dabei sich zu verkaufen.» – Je nun, K. Einem Frosch erscheint die Welt als ein einziger großer Teich.

Auch `Technikerjobs.de` propagiert form without function: «Die elegante Möglichkeit das Bewerbungsfoto zu positionieren ist, das Foto auf ein separates, weißes Blatt zu kleben.» Genau so streng befindet `make-it-better.de`: «Das Foto sollte auf ein Deckblatt aufgeklebt werden.» Auf `amania.de` schreibt man für «die Community zum Thema Arbeitslosigkeit» und erklärt, zur Bewerbungsmappe «gehört allem voran ein Deckblatt mit Titel (hier darf mit der Schriftgröße 22 ruhig geprotzt werden)». – Klar, wer so mit Rat protzt und prollt wie Amania, der wird seine Nutzergemeinde noch lange vor dem Aldi-TFT fesseln.

Liebe Kollegen von der Beratergilde: Ein Deckblatt hat null Funktion. Die Idee, das Lichtbild aus dem tabellarischen Lebenslauf herauszunehmen und es separat als Frontispiz aufzumachen, womöglich zusammen mit doppelt gemoppelten Kommunikationsdaten und einem treuherzigen Titel («Bewerbungsunterlagen von Margarethe Mumpitz-Messerscharf»), diese Idee war noch nie irgendwie clever.

Under Cover

Auf Deckblättern oder direkt auf der vorderen Umschlagseite der Bewerbungsmappe listen ungewöhnlich umständliche Bewerber gewöhnlich auf: die Bewerbungsabsicht, die Adressdaten, die sehr persönlichen Daten, eine Auflistung der mitgeschickten Kopien. Und mittenmang klebt auch noch das Porträt. All dies ist nicht sinnvoll. Es ist auch kein Alleinstellungsmerkmal. Ganz viele Bewerber lassen Bäume für ihr Deckblatt sterben. Die privaten Daten auf ein Cover zu setzen ist sogar ziemlich peinlich. Und im Falle der Auflistung sämtlicher Belege («Nachweis Einführung in die mechanische Schreibmaschine») würde ich dies nur jemandem empfehlen, der eher subaltern als souverän agiert und dessen berufliche Welt ganz aus Ordnen und Klassifizieren besteht. Einem Buchhalter oder Sachbearbeiter im Ordnungsamt.

Zeigen Sie als Jobsuchender, dass Ihnen Schnickschnack und unnötiger Aufwand knapp am Hutrand vorbei geht. Geben Sie schlanke Mappen ohne Deckblatt ab. Das Bewerberfoto hat in der rechten oberen Ecke des tabellarischen Lebenslaufs seinen richtigen Platz.

Format

«Es muss … nicht gleich ein Starschnitt mit mehreren Quadratmetern Fläche sein», gibt uns Gitte Härter launig zu verstehen. Jobpilot empfiehlt «50 mm in der Breite und 62 mm in der Höhe, maximal 60 mm mal 90 mm». Industrie-jobs geht mit der Schiebelehre dran: «Ohne weiteres akzeptiert werden in aller Regel Formate von 8 x 6 cm bis 5 x 4 cm». Dazu eine simple Überlegung: Fotostudios liefern üblicherweise bewerbertypische Formate um 6 x 4 cm. Das setzt einen Standard. Größere Fotos verletzen diese Regel. Sollten Aussehen und Auftreten des Kandidaten ein entscheidendes Kriterium sein, so wird die größere Bildfläche sicher als Erleichterung des Analyse- und Bewertungsvorgangs aufgefasst.

Sofern also ein lautes Ego dem Geschäft des Stellenanbieters nützt (und nur dann) bläst man das Format auf. Großes Foto? Vertriebler: ja. Front-Desk-Damen: jein. So gut wie alle Bewerber: striktes Nein. Obacht: Großbilder werden von Entscheidern über Vierzig immer noch als eine ungute Form von Möllemanie gewertet. Die RTL-Generation findet aber mehr und mehr, dass nur ein doppelt breites Format Ihre Grandiosität angemessen spiegelt. Bis diese Jungen die Alten einstellen, bewirbt man sich sowieso nur noch per Handy.

Gut betucht

Gitte Härter schlägt vor, sich fürs Foto entsprechend dem Image des Unternehmens zu kleiden: «Wenn Sie wissen, wie eine Firma nach außen auftritt, wissen Sie auch, welche Art von Mitarbeitern gesucht wird.» Die Corporate Identity und den Marktauftritt einer Organisation zu verstehen ist immer eine gute Idee. Auf einen unternehmenstypischen Dresscode setzen Sie mal besser nicht allein aufgrund von Verkaufsprospekten.

Was erfährt man noch im Web? Das Übliche. Die Freundin rät ab von «Girlie Dress und flippigen Szene-Outfits». Scharf gedacht. `Redmark.de`: «Männer sollten auf jeden Fall eine Krawatte und ein Jackett tragen. Auch ein gebügeltes Hemd ist kein Luxus. Frauen können die Sache etwas legerer angehen.» (Als berufstätige Frau würde ich Redmark dafür leger in den Schritt fassen und zukneifen.) `Kienbaum.de` fasst die Problematik bündig zusammen: «Die Wahl Ihrer Kleidung ist abhängig von der Position, für die Sie sich bewerben».

Ich rate Bewerbern zur Mimikry: «Um unter die Präriehunde aufgenommen zu werden, müssen Sie aussehen wie Helge Schneider.» Jede Kaste, jeder Berufsstand hat sein besonderes Styling, seine eigenen Accessoires, sein unverwechselbares Auftreten. Neuankömmlinge wachsen da mit der Zeit sowieso hinein. Andererseits existiert eine Form an gehobener, neutraler Kleidung, in der man, einmal abgesehen von sehr formellen Anlässen (Opernball) oder sehr informellen Events (Grillen bei `Uli-Ludwig.de`), praktisch überall eine gute Figur macht.

Warum sich also lange den Kopf zerbrechen? Schluss mit dem Problematisieren: Beweisen Sie per Bewerberporträt und im Interview, dass Sie jederzeit eine gute Figur machen: Jackett plus Hemd (möglichst mit Krawatte) ist für den siebzehnjährigen künftigen Einzelhandelskaufmann ebenso angemessen wie für den fünfzigjährigen CEO. Frauen können die Sache etwas legerer angehen, solange Sie ein Jackett (oder einen Blazer) über einer Bluse (oder einem Kostüm oder einem Shirt) tragen. An anderer Stelle habe ich schon darauf hingewiesen, dass der zwingende neutrale Dress-Code in US-Büros mit dazu beigetragen hat, den Frauenanteil an Führungskräften zu vergrößern. Entweder süß und sexy oder leiten und führen.

Die sieben Dimensionen des Bewerber-Outfits:

1. Sie rüsten sich für förmliche Situationen mit formaler Kleidung. Auf unterschiedliche Rahmenbedingungen reagieren Sie damit angemessen. Ihnen ist nicht nur bewusst, dass es Anlässe gibt, in denen die soziale oder berufliche Funktion Ihr Auftreten bestimmt. Sie ordnen sichtbar Ihre Individualität unter.

2. Sie haben bereits Erfahrungen in formalen Situationen gesammelt, bewegen sich darin angemessen und ungezwungen. Sie sind in der Lage, die Bandbreite in den Kleidungsordnungen zu Ihrem Vorteil auszunutzen. Innerhalb des Dress Code haben Sie zu Ihrem Stil gefunden.

3. Sie repräsentieren: Ihre Organisation und Ihren eigenen sozialen Erfolg. Selbst Ihre Freizeitkleidung ist deshalb gehoben. Sie bewegen sich am Samstag zwar out of Office, aber doch in guter Gesellschaft.

Sorry, verzählt, mehr Dimensionen gibt's nicht.

Say: Chess

«Nur wenn Sie sich auch wohlfühlen, kommen Sie natürlich rüber.» Doch Natürlichkeit, verehrter Kollege von `bewerbungsmappen.de`, ist bloß eine Fiktion. (Nebenbei bemerkt sind edle Bewerbungsmappen in Nuss keine gute Umsetzung des Bewerbermottos Keep it simple.) Eine Sitzung beim besten Fotografen der Stadt strengt an und dauert und Sie werden sich dabei keineswegs die ganze Zeit über wohl fühlen. Investieren Sie ohne zu murren Ihr gutes Geld in gelungene Porträtstudien.

Machen Sie dem Meister schon bei der Terminierung deutlich, dass er sich für Sie alle nötige Zeit zu nehmen hat. Sofern Sie die Kontrolle über Ihre Gesichtszüge noch nicht ganz abgegeben haben, achten Sie während des Shooting darauf, Blickkontakt mit dem imaginären Gegenüber zu halten, den Mund leicht zu öffnen und rundum wohlwollendes Interesse auszustrahlen. Denken Sie sich, Sie seien ein führendes Mitglied der königlichen Familie und betreten gerade ein Waisenhaus. Ich meine das ernst. Erzählen Sie meinen Vorschlag ruhig dem Fotografen, dann lächelt auch er. Bestehen Sie auf Papierabzüge (6 x 4,5) plus digitale Versionen auf CD-ROM.

»Natürlich, jetzt möchten Sie einwenden, was sagt schon ein Foto aus. Muss ich unbedingt lächeln, muss ich freundlich und sympathisch wirken.» – Liebe Kollegen von `Kurswahl.de`, es ist lästig, wenn jemand, der ahnungslos und naiv ist, so tut, als wäre er naiv und ahnungslos.

«Bild zwei fällt auf und wirkt auf Anhieb sympatisch.» `Kurswahl.de`: Schon, dass Ihr H-Spalter der Beispielbewerberin auf eurer Seite geraten habt, sich zum Teilzeit-Vamp zu stilisieren, macht euch auf Anhieb unsympathisch. Hört auf, euch den Kopf darüber zu zerbrechen, wie man Individualität und Persönlichkeit transportiert. Personaler sind bloß scharf auf ein Maximum an Eignung und ein klares Profil. Wer sich klar, knapp, ehrlich und angemessen präsentiert, braucht sich um seine Persönlichkeit nicht zu sorgen.

Beschränkte Haftung

«Die Kosten für eine ordentliche Bewerbung sind sehr hoch», klagt K. Weitere Quelle des Ärgers: Bewerbungsmappen und Bewerbungsfotos werden hierzulande bloß ausgeliehen. Kommen sie angegriffen zurück, oder hat sich das Foto unterwegs selbständig gemacht, nervt das manchen Bewerber mehr als die Absage selbst.

Das teure Foto einfach mit einer Büroklammer zu fixieren gilt als Sünde: Beschädigungsgefahr! Da es bombensicher halten soll, zugleich aber schon für die nächste Bewerbung eingeplant ist, bringt man es mit Fixogummkleber, Pritt oder «am besten mit Fotoecken» vorsichtig an. Auf zum fröhlichen Basteln!

Der Gedanke, dass berufliches Weiterkommen Investitionen verlangt, ist vielen Bewerbern ungeheuer. Eigenes Geld in Jobfindung und Weiterbildung zu stecken? Sich dazu noch ein eigenes Budget einrichten? Seit wann ist die berufliche Existenz denn bei uns Sache des Einzelnen und nicht die des Arbeitsamts oder des Arbeitgebers oder sonst einer Clearingstelle?

Klare Sache für Papierbewerber: Kaufen Sie 20 Foto-Abzüge. Klären Sie ab, dass weitere Prints ohne tagelange Wartefrist erhältlich sind. Pritten Sie Ihr Halbporträt auf den Lebenslauf und kalkulieren Sie von vornherein eine hohe Verlustrate ein, für Ihre Fotos und vor allem für die Bewerbungsmappen.

Praxistipp für Papierbewerber mit fototauglichem Tintenstrahler: Verwenden Sie die Bildversion mit dem größten Dateiumfang. (Je mehr Informationen, desto größer die Datei, desto detailgetreuer das Foto.) Ziehen Sie in Ihrem Lebenslauf eine Textbox auf und laden Sie die Bilddatei. Montieren Sie das Bild rechts neben Ihren PERSÖNLICHEN DATEN. Drucken Sie den Lebenslauf auf fototaugliches A4-Papier aus. Vergleichen Sie den Ausdruck mit einem herkömmlichen Fotoabzug. In der Regel müssen Sie die Bilddatei nachbearbeiten: aufhellen, schärfen, farblich korrigieren. Setzen Sie um das Bild keinen Rahmen.

Ein Prosit der Natürlichkeit

Glauben Sie nicht den Webozentrikern und ihrem Talk von «ich zeige mich so, wie ich bin». Frauenjournale predigen auf hundert bunten Seiten kein anderes Thema, als die Kunst des Arrangements: Haare, Dress, Wohnung, Urlaub, Menü, Sex. Nur beim Bewerberinnenfoto predigen sie Spontaneität. *Ladies, in ihrer natürlichen Umgebung fotografiert man Elche.* Verwenden Sie niemals eine Aufnahme, die Sie in privatem Ambiente zeigt. Erinnern Sie sich, was der alte Verkäufer von Mey & Edlich sagte? Erwachsenensein besteht auch darin, formale Situationen sichtbar angemessen zu bewältigen.

Klares Vorgehen für Online-Bewerber: Die printtaugliche Bildversion wäre mehrere Megabyte groß. Die umfangmäßig viel kleinere Bildschirm-Fassung wirkt im Ausdruck nicht so gut. Personaler drucken aber Online-Bewerbungen gern aus. Deshalb bereiten Sie eine Bilddatei mit einer Dateigröße von 60 – 150 Kilobyte vor. Ziehen Sie in Ihrem Lebenslauf eine Textbox auf und montieren Sie die Bilddatei ein. Drucken Sie diesen Lebenslauf immer zur Kontrolle aus.

Versenden Sie Ihr Mail-Anschreiben und hängen Sie Ihren Word-kompatiblen, mit Bewerberbild versehenen Lebenslauf an. Die kluge FAZ empfiehlt den Versand von PDF-Dokumenten. Wenn Ihnen auf Anhieb klar ist, wie Sie Dateien in dieses Format verwandeln, tun Sie das. Ansonsten beunruhigen Sie sich nicht und bleiben Sie bei Word.

Sollten Sie Personalerdaten in Ihrem Mail-Adressbuch gespeichert haben, achten Sie penibel darauf, dass nicht nachts um drei ein virenbefallenes Programm erwacht und infizierte Dateipartikel aus Ihrer Festplatte ausschickt. Montags die Bewerbung gemailt und mittwochs eine verpestete Mail nachgereicht … kein schönes Szenario für Online-Bewerber.

Nebenbei bemerkt

Es gibt Arbeiterparadiese, da gibt man in einer Bewerbung weder sein Alter an noch legt man ein Foto bei. Ich wollte dorthin auswandern, klagte Herr Keuner, aber im Antragsformular muss man sein Alter angeben und ein Foto beilegen.

Bewerber live: kontakten, verhandeln, gewinnen

«Was wollten Sie uns mit diesem langen Tipp eigentlich sagen?»

«Ich wollte sagen: Sie brauchen ein Bewerberbild, auf dem Sie *berufstätig* aussehen und *freundlich.*»

Bevor Sie weiterlesen

Wer setzt als erstes ein 32-Sekunden-Movie statt eines Porträts ein? Mailen Sie mir Ihr innovatives Bewerberporträt.

Virtual Lunch

66 Bewerbungsmappe: Zu dick? Zu dünn?

«Meine Unterlagen sehen folgendermaßen aus: ein Deckblatt Bewerbungsunterlagen für … mit Foto, anschließend 2 Seiten Lebenslauf. Als nächste Seite ein Bericht über meine Tätigkeitsschwerpunkte und noch eine letzte Seite Anlagenverzeichnis. Dahinter viele, viele Seminar- und Weiterbildungsbescheinigungen (EDV und Sprachen) sowie mein Ausbildungs- und mein Schulzeugnis. Ich frage mich jetzt: Ist meine Mappe zu dick?»

Oh ja. Eine magersüchtige Mappe mag man nur mit spitzen Fingern anfassen, eine übergewichtige gar nicht. Dabei wiegen die meisten Bewerbungen auf eine bestimmte ausgeschriebene Stelle etwa gleich schwer. Die Menge an abgeheftetem Papier steht üblicherweise in vernünftiger Relation zu dem, was man als Bewerber mitbringt und belegen kann. Fliegengewichte fallen ebenso wie Sumo-Ringer aus der Riege durchtrainierter Bewerber heraus.

Ein DECKBLATT ist genau so funktional wie ein Sofa-Schonbezug oder ein Sesselchen als Handyhalter. Was auf einem Deckblatt alles draufsteht, steht sowieso schon woanders oder sollte ganz woanders stehen oder es steht unnütz herum. Wie um letzte Zweifel auszuräumen, betiteln manche Bewerber ihr Deckblatt auch noch mit BEWERBUNG, was Personalern hilft, die gerade nicht wissen, was sie tun.

Der LEBENSLAUF kann eine bis drei Seiten umfassen. Wie lang ist die optimale Länge? Je berufserfahrener und erfolgreicher Sie sind, desto lakonischer Ihre persönlichen Daten. Positionen und Arbeitsstellen sprechen dann bereits für sich. Im Gegensatz zur landläufigen Meinung erstreckt sich die geforderte Lückenlosigkeit für Menschen über Zwanzig nicht auf die Schulzeit: Dass man eine Grundschule besucht hat, ist nicht weiter erstaunlich.

Ein Köchelverzeichnis an WEITERBILDUNGEN ehrt Sie ohne für Sie zu sprechen. Vor allem dann, wenn sich das einst Gelernte nicht mehr auf die aktuellen Tätigkeiten auswirkt und schon länger als drei bis fünf Jahre zurückliegt. Ein Leben 1:1 bescheinigen zu lassen und alle diese NACHWEISE und ZEUGNISSE vollständig und womöglich noch mit gesondertem Inhaltsverzeichnis anzuheften, mag clever sein, wenn man sich als Archivar oder als Assistent für eine Spurensicherungskommission bewirbt. Ansonsten gilt: Mit dem Nachweis der zentralen Abschlüsse und erreichten Kernqualifikationen geben Sie dem Personaler bereits, was des Personalers ist.

Bewerbungen durchzuarbeiten ist keine jener Aufgaben, die noch schöner werden, wenn sie mehr Zeit brauchen, als unbedingt nötig. Menschen tendieren dazu, sich ungern mit etwas zu befassen, das augenscheinlich viel Zeit kostet und sich eher nicht auszahlen wird. Würden Sie sich selbst gern mit Bewerbern beschäftigen, die Wichtiges nicht von Unwichtigem trennen können? – Specken Sie die Unterlagen ab!

Nebenbei bemerkt

Wenn Ihre Bewerbung sich optisch vorteilhaft unterscheiden soll, erreichen Sie das garantiert nicht mit speziellen Bewerbungsmappen. Umverpackte Bewerber umwerben höchstens unverhüllte Idioten: Wollten Sie bei diesem Spiel mitspielen? Wenn Sie ganz und gar aus dem Rahmen fallen wollen, nehmen Sie amerikanische Binder – formatieren Sie dann alle Dokumente auf Letter um und verkleinern Sie beim Kopieren Ihre Zeugnisse.

Bewerber live: kontakten, verhandeln, gewinnen

Genauer gesagt, im Selbstgespräch:

«Habe ich das richtige Anschreiben beigelegt? Es unterschrieben?»
«Passt der Lebenslauf auf die ausgeschriebene Stelle?»
«Habe ich alle, meinen Anspruch auf diese Stelle unterstützenden Belege eingeheftet?»
«Habe ich Winklers Rat befolgt und das Deckblatt entfernt?»

Bevor Sie weiterlesen

Gehen Sie alle Nachweise noch einmal durch und überlegen Sie, ob eine zur Entscheidungsfindung wesentliche Information verloren geht, wenn Sie das Blatt nicht beilegen. Lesen Sie Anschreiben und Lebenslauf noch einmal genau durch und prüfen Sie, ob Sie jede mit einem Dokument belegbare Kernaussage auch nachgewiesen haben. (Per Arbeitszeugnis, Teilnahmebestätigung oder Ähnlichem).

67 In freier Wildbahn

»Ich habe als Systemadministrator vor zwei Jahren die Freiberuflichkeit gewählt. Mittlerweile habe ich geheiratet; Nachwuchs ist auch schon da und ich spiele mit dem Gedanken, wieder in ein festes Arbeitsverhältnis zurückzukehren. In den letzten dreieinhalb Jahren habe ich zwar mehr Erfahrung gesammelt als während meiner siebenjährigen Festanstellung. Da die Beschäftigungslage hierorts jedoch ziemlich mies ist, ist es vielleicht klüger auf Nummer Sicher zu gehen. Ich habe mit einigen anderen ehemaligen Freiberuflern gesprochen. Der Tenor reicht von: «Du wirst mit Kusshand genommen» bis: «Wenn sich ein Freiberufler bewirbt, ziehen Personaler sofort die Brücke hoch.»

Von Angestelltenstammtischen hört man allerlei Gerede über wieder eingegliederte Freiberufler. Zum Beispiel, dass sie teuer sind und viel zu kantig um sich wieder in Hierarchien einzupassen. Dass sie jedes Team mit ihren Starallüren nerven. Dass ein Ex-Selbständiger augenscheinlich doch in freier Wildbahn nicht überleben konnte. Dass er von der süßen Luft der Freiheit gekostet hat und deshalb für immer verdorben und immer nur auf dem Sprung ist.

In einer Zeit, in der Spezialisten allen Kalibers arbeitsfreie Perioden als Consultants überstehen, wird man tatsächlich so einen Solisten samt Lebenslauf und Beglaubigungen genau unter die Lupe nehmen.

Doch auch, wenn man es gegenüber Angestellten niemals so deutlich aussprechen würde: Ein Personaler weiß sehr wohl, was für einen Freiberufler spricht. Ein Freelancer traut sich was zu, organisiert sich selbst, lebt den Servicegedanken. Er denkt projekt- und zielorientiert, vergeudet keine Zeit und kennt keine Freizeit. Er stellt sich in die Arena, nimmt Herausforderungen an und macht Kunden glücklich. Und er hat Freitagnacht immer noch so viel Spaß an seinem Job wie am Montagmorgen. Und im IT-Bereich überlebt auch ein Selbständiger nur als Teamplayer.

Als freiberuflicher Systemadministrator, der aus nachvollziehbaren Gründen auf die jobsichere Seite wechseln will, würde ich folgende sechs Fragen überdenken und dafür als Bonus die Scheinfrage sieben erhalten:

1. Welcher meiner Klienten könnte mich einstellen?
2. Welcher meiner geschäftlichen oder privaten Bekanntschaften weiß vielleicht von einer Jobgelegenheit?
3. Welcher meiner großen Konkurrenten auf dem Markt könnte mir eine Stelle bieten wollen?

4. Welche der bekannten Kommunikationsforen und Medien kämen am ehesten für ein Stellengesuch in Frage?
5. Welche Firmen bieten derzeit angemessene Opportunitäten?
6. Welcher Personaldienstleister hat so viel Power, um mich in die nächste Karrierestufe zu hieven?
7. Wo mache ich mich fit für die Präsentation, fürs Interview und die Verhandlungsführung?

Bei Frage 7 fällt mir spontan `jova-nova.com` ein. Und ansonsten? Ansonsten nutzt man als Unabhängiger seine profunde Marktkenntnis, seine guten Beziehungen, seine Findigkeit und seine Gabe, Probleme effizient zu lösen. Typisch überheblicher Freiberufler, wie das Bündnis für angestellte Arbeit jetzt sicher bemerken wird.

Nebenbei bemerkt

Der Wunsch nach Rückkehr in ein Unternehmen klingt plausibel, wenn Sie ihn mit einem notwendigen Ortswechsel begründen: «In den nächsten Monaten werde ich meinen Lebensmittelpunkt nach Ulm verlegen. Schon jetzt suche ich …»

Bewerber live: kontakten, verhandeln, gewinnen

«Hallo Herr Hoffmann, ich heiße Daniela Muth und hätte zwei kurze Fragen: Suchen Sie immer noch eine Level-2-Expertin? … Aha. Ich habe zuletzt für Fender Hamburg und Gibson Emsbüttel den kompletten Support übernommen und … ich soll meine Bewerbung einschicken? Aha. Sagen Sie mal, würden Sie auch eine Freiberuflerin einstellen? … Ob ich Praxis habe? Kann man wohl sagen. In den letzen fünf Jahren habe ich Level-2 gelebt. Ich habe sogar einen Stammplatz in der Sun Convention im Moscone Center! An wen darf ich die Bewerbung schicken? Zu Ihren Händen? Aha. Wissen Sie was? Ich faxe Ihnen gleich meinen aktuellen Lebenslauf zusammen mit dem Referenzschreiben von Steve Vai, dem VP von Fender … darf ich Sie um Ihre Fax-Nummer bitten …»

Bevor Sie weiterlesen

Geben Sie ein Stellengesuch auf. Formulieren Sie es so, dass Sie 1. mögliche Arbeitgeber und 2. mögliche Auftraggeber ansprechen.

68 Ich-Annonce

«Ich möchte Sie was ganz Doofes fragen: Taugt denn das gute alte Stellengesuch noch was?»

Gehören Sie zu den Leuten, die leise grummelnd durch Haus, Feld und Flur streifen und auf die gut gemeinte Frage: «Suchst du was?» stets mürrisch murmeln: «Lass mal, ich komm schon allein zurecht.»? Ich zähle zu diesen Solo-Suchern, und ich kann nicht behaupten, dass ich mir mit dieser Einstellung Zeit und Ärger erspart hätte.

Gewiefte Sucher sehen zu, dass andere sehen, wie sie suchen. Sie sorgen dafür, dass es die richtigen Leute bemerken. Dort zu trommeln, wo Leute sind, die das haben, was man sucht oder die einem beim Finden helfen können: das ist das Einfachste auf der Welt. Könnte man zumindest meinen.

Sie suchen einen Job. Sie sind der richtigen Ansicht, dass davon möglichst viele Menschen erfahren sollten, die selber auf der Suche sind. Und zwar nicht nach einem Job, sondern nach einem Jobber. Dafür arbeiten Sie sich fleißig durchs Alphabet der Aktivitäten: anfragen, ansprechen, ausrichten lassen, hinschreiben, herumtelefonieren, vorbeischauen …

Und schon sind Sie bei Z gelandet und denken: «Z wie Zeitungsanzeige aufgeben. Wird sofort erledigt!»

Man kann pro-aktiv handeln und Stellengesuche schalten ohne lang zu überlegen. Mit einem Schnellschuss testen Sie, ob es für Sie einen Markt gibt. Zumindest die notleidenden Anzeigenvermarkter werden Ihnen das danken. Handeln Sie besser so, wie es Ihr alter Fahrlehrer immer betont hat, nämlich heuristisch und regelgeleitet. Entwickeln Sie sich zunächst zum Erforscher der Anzeigenmärkte. Ihre Fragen:

- Wer inseriert wo?
- Wer liest das?
- Will ich jede Menge Leute erreichen?
- Oder nur eine kleinere, aber genauer bestimmbare Leserschaft?

Inserieren Sie ausschließlich in den Zeitungen, die von den Anbietern Ihres Jobs durchgeblättert werden. Das sagt sich so leicht. Und es umzusetzen, das ist eigentlich auch nicht schwer. Lassen Sie sich von diesen Einsichten führen:

- Personaler arbeiten manche Tageszeitungen aus beruflichen Gründen durch.
- Manche täglich erscheinenden, entweder wirtschaftsnahen oder wirtschaftsbezogenen Blätter sind Pflichtlektüre für Führungskräfte.
- Fast jede Branche hat ihr Fachblatt.
- Manche Märkte sind so überschaubar, dass Sie am besten gleich alle Zieladressen recherchieren und sich durchtelefonieren.
- Schalten Sie in Zeitschriften, die nichts kosten, nur Gesuche nach Jobs, die einem nicht viel einbringen. Denn man sucht ja auch nicht nach qualifizierten Mitarbeitern in einem Wochenblatt, das von Leuten durchgeblättert wird, die mit der Lupe lesen. (Mein Karriere-Tipp: Abonnieren Sie die FAZ oder Ihre regionale Tageszeitung, um genauer denken zu lernen und den New Yorker um einmal in der Woche aus dem Gurkenglas Deutschland in die Sonne zu blinzeln.)

Neben der Tages- und Wochenpresse lohnt es vor allem, die Fachblätter durchzugehen. Von den wichtigen Zeitungen erhalten Sie auf Anfrage Hinweise für Inserenten zugeschickt.

Ihre Anzeige wird nicht nur von Personalern, sondern von Menschen gelesen, die aus allem noch den letzten Buchstaben rausholen, egal ob es in Zeitungen, auf Flaschenetiketten oder auf Packpapier steht. Einige werden Ihnen antworten und allerlei seltsame Okkasionen offerieren. Analysiert wird ihr Text vor allem auch von den klugen unter Ihren Mitbewerbern. Sie selbst erhoffen sich, dass Ihre Anzeige der anvisierten Zielgruppe auffällt. Doch wie empfiehlt man sich selbst i. wenig. a. wohlform. Worten?

Ein Stellengesuch transportiert ein Minimum an Informationen. Kurze, aber starke Reizworte provozieren noch am ehesten, dass der Adressat tatsächlich reagiert. Reduzieren Sie auf das Wesentliche, spielen Sie mit dem Anzeigentext, indem Sie ihn umstellen, umschreiben, radikal kürzen und verschiedene Fassungen herstellen.

Die Anzeigengröße ist der gewünschten Position angemessen. Wie Ihre Anzeige optisch wirkt, testen Sie so:

Konstruieren Sie Ihre einspaltige (z. B. 45 mm) oder zweispaltige (z. B. 90 mm) Anzeige auf Ihrem Computer. Wählen Sie dazu eine der Zeitung möglichst ähnliche Schrift im möglichst gleichen Schnitt. Mit einer Preisliste ermitteln Sie leicht die Kosten pro mm Anzeigenhöhe.

Oder Sie zählen die Anschläge (Buchstaben und Leerzeichen) Ihres Textes, vergleichen die Werte mit bereits publizierten Anzeigen und ermitteln das optimale Verhältnis zwischen Textmenge, Gestaltung und Kosten.

Ihre berufliche Position (oder Ihre Tätigkeit) dient als Überschrift. Es gelten keine formalen Regeln wie für ein Anschreiben. Verwenden Sie möglichst keine bzw. nur sinnvolle Abkürzungen. Fassen Sie sich kurz. Flunkern Sie nicht. Wenden Sie die 2E2A-Regel an. Argumentieren Sie ehrlich, einfach, angemessen, ansprechend. Die Informationsabfolge einer Annonce, von oben nach unten gelesen :

- Titel (Berufsangabe)
- Bewerberdaten (z. B. Alter, Geschlecht, Familienstand, Wohnort)
- Positionsbestimmung (Branche, Rang, Aufgabenbereiche)
- Schlüsselqualifikationen (Auswahl; nur Nachweisbares)
- Zusatznutzen (spezielle Stärken, Leistungen, Erfolge)
- Verfügbarkeit (frühester Eintrittstermin, Einsatzorte)
- Adresse (Chiffre-Nr. oder E-Mail, Telefon, Fax-Nr.)

Ein Stellengesuch könnte so lauten:

> *«Für mich, Diplom-Bibliothekarin, 31 Jahre, sprechen: Know-how (SISIS, Bond-Bibliotheca und Allegro ÖB), Engagement, Ideenreichtum. Schwerpunkte: Bestandspflege, Nutzer-Services, Events, Kinder/Jugendbereich, Öffentlichkeitsarbeit. Erfolgreiche Mitarbeit in ÖB und WB sowie Auslandspraktika (Schweiz, Spanien). Interneterfahren, fit in Web Design. Englisch perfekt, Spanisch gut, Französisch ausbaufähig. Kontakt: (0 17 00) 31 32 33 oder wi.kopf@wiwerke.de»*

Machen Sie ein Stellengesuch im Web nicht davon abhängig, ob das Einstellen der Daten etwas kostet. Die entscheidende Frage ist, ob Sie Ihre Zeit damit verbringen wollen, ein Online-Gesuch zu tippen. Prüfen Sie die Seite:

Wo bin ich gelandet? Auf einem branchenweit bekannten, vielbesuchten Fachforum? Sind die Infos auf der Homepage tages- oder sogar stundenaktuell, dann lebt sicher auch der Stellenmarkt. Für Online-Plattformen gilt: Wirkt schon die Homepage tot und leer, stinkt's im Jobteil umso mehr.

Immer mehr Websurfer nutzen die Angebote von Jobbörsen. Vorne weg der pragmatische Nutzen eines Bewerberprofils: Man wird als Jobsuchender angeleitet, sein Qualifikationsprofil zu erstellen und zu optimieren. Der Nutzeffekt ist vor allem für all jene beträchtlich, die sich selbst nur schlecht einschätzen können. Die Formulare leiten unerfahrene Jobwechsler, Einsteiger und Arbeitslose. Und man kann sein aktuelles Profil natürlich auch kopieren und an anderer Stelle einsetzen, also mehrfach verwenden.

Die Profile werden tatsächlich häufig abgerufen. Allerdings führt das Sichten noch nicht oft zur Kontaktaufnahme seitens eines Unternehmens. Offensichtlich dienen Bewerber-Pools und Datenbanken eher zu einer allgemeinen Orientierung. Vielleicht erschwert es die Uniformität der Daten, die überzeugenden Persönlichkeiten in der Menge auszumachen. Ich denke auch, dass viele Personaler von sich aus weniger gern kontaktieren. Das wird sich mit den immer raffinierteren Internet-Tools zunehmend ändern. Meine Prognose: Wir werden zunehmend aktives Personalerverhalten erleben. Diese «Bewerbersucher» nutzen das Internet mehr und mehr – so, wie die Jobsucher auch.

Sie legen mit Ihrem Profil in jedem Fall eine Angel aus. Beißt niemand an, obwohl ab und zu jemand am Köder schnuppert, heißt das für Sie: Ihr Profil Eintrag für Eintrag prüfen, ob da nicht etwas zweifelhaft oder missverständlich oder nicht mehr gefragt ist.

Ein clever formuliertes und wohlüberlegt formuliertes Print- oder Online-Stellengesuch belegt allemal aktives Bewerberverhalten. Sein Job-Profil in eine Datenbank einzustellen ist sinnvoll, aber kein aktives Bewerben. Bewerben heißt präsentieren. Keine Präsentation funktioniert, ohne dass sie jemand aktiv steuert und gestaltet. Bewerben heißt selbst auftreten und nicht aufgerufen werden.

Nebenbei bemerkt

Ihre Bewerber-Homepage im Web erreicht niemanden. Und falls doch, ist es nur peinlich. Zu viele unspezifische Informationen, zu ungeschickt angeordnet. Ich weiß keinen Grund, eine URL zu laden und einen Lebenslauf im Web anzusehen. Ich mag weder Bewerber-Pudel noch Bewerber-Schäferhunde noch Bewerber-Hamster. Jobsucher und ihre Haustiere sehen dich an. Wenn Sie sich Jobanbietern empfehlen, dann nicht mit den ins Web gestellten üblichen Textsorten. Auch nicht mit einem Kurzprofil. Was Webbewerber tun: auf einem Videoschirm ein paar mit Links aufgemotzte Textseiten einblenden. Sie stellen Text ein, den niemand lesen will auf eine Art, dass man nicht hinschauen mag. Leute, das kann es nicht sein. Quicktime-Movie oder Flash-Sequenz: Ich warte auf den coolen Bewerberauftritt.

Anzeigen sammeln

Ich verrate Ihnen ein Trick, wie Sie jobrecherchemäßig lange Jahre up-to-date bleiben: Nehmen Sie einen großen Umschlag. Abonnieren Sie eine führende Tageszeitung (oder die ZEIT, wenn Sie zu den in den dortigen Anzeigen beworbenen Zielgruppen zählen). Gewöhnen Sie sich an, interessante Angebote, Gesuche, Firmennews, Bewerbungstipps, Buchrezensionen, Hinweise auf Weiterbildungen auszuschnippeln und aufzubewahren und einzutüten. Tun Sie das der Adressen, der Infos und der Formulierungen halber. Bei Firmenadressen, die auch noch nach Jahren stimmen, können Sie sich unbesorgt bewerben. Wenn Ihnen etwas auffällt, das Sie der Gemeinschaft netter jobsuchender Menschen weitergeben wollen, mailen Sie mir die Info zu: *gwinkler@jova-nova.com.*

Bevor Sie weiterlesen

Sofern Sie eine Fremdsprache sprechen, besuchen Sie nationale Online-Jobbörsen. Es gibt keinen Tag, an dem nicht irgendwo in Europa Ihr Job angeboten wird.

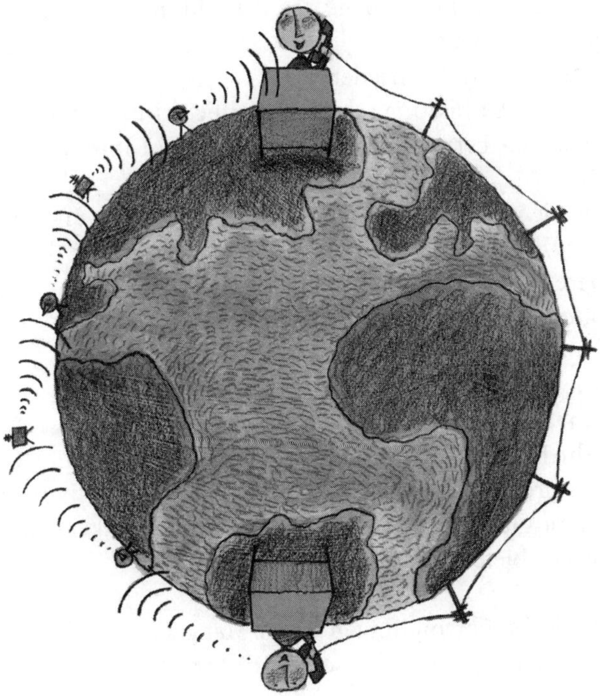

69 Berufsbegleitend lernen

«Ich bin Gruppenleiter in der System & Netzwerkadministration und überlege mir zurzeit, ob ich eine berufsbegleitende Weiterbildung zum geprüften Wirtschaftsinformatiker (IHK) starten soll. Gelernt habe ich Industriekaufmann. Weiterbildungskurse habe ich schon jede Menge absolviert. Was raten Sie?»

Zu dieser Frage zwanzig Gegenfragen:

1. Ist Ihre berufliche Position gerade oder in naher Zukunft gefährdet?
2. Was können Sie in Ihrer Firma noch werden?
3. Was wollen Sie noch werden?
4. Was können Sie als Wirtschaftsinformatiker tun, was Ihnen derzeit nicht möglich ist?
5. Warum werden Wirtschaftsinformatiker auch in zwei, drei Jahren noch gebraucht?
6. Mit welchen Absolventen einer akademischen (universitären) Ausbildung konkurriert ein Wirtschaftsinformatiker?
7. Kennen Sie persönlich Leute, die den Ausbildungsweg gegangen sind?
8. Wie (er)geht es denen?
9. Sind die glücklich und zufrieden?
10. Würden Sie die Ausbildung schaffen? Zeitlich? Intellektuell?
11. Welche positiven Lernerfahrungen haben Sie in Ihrem Leben bereits gemacht?
12. Wer würde Sie während der Ausbildung unterstützen und fördern?
13. Wie reagiert Ihre Familie (Ihr Partner) auf diesen Plan?
14. Wie reagieren Ihre Kollegen und Vorgesetzten?
15. Was erhoffen Sie sich von der zusätzlichen Qualifikation?
16. Wer, was macht Ihnen Mut dazu?
17. Wer, was hemmt Sie?
18. Was sagt Ihr Kopf?
19. Was sagt Ihr Bauch?
20. Können Sie drei Jobofferten vorlegen, für die Sie sich interessieren und für die Ihnen eine Qualifikation als Wirtschaftsinformatiker entscheidende Bewerbervorteile bieten würde?

Idealerweise gleichen Fortbildungen einen Mangel an qualifiziertem Personal auf der einen Seite und einen Überschuss an Arbeitspotential auf der anderen Seite aus.

Dass Wirtschaftsinformatik die Sparten Betriebswirtschaft plus Informatik kombiniert, ist eine prickelnde Information für alle, die gern am Rechner rechnen. Firmen wie die BASF bieten innerbetriebliche Ausbildungsgänge an und versprechen: «Diplom-Wirtschaftsinformatiker (BA) können sowohl in klassischen Informatikbereichen als auch in Marketing, Logistik oder Vertrieb arbeiten.»

Die IHK nimmt Bewerber auf, wenn sie eine erfolgreich abgeschlossene Ausbildung in einem anerkannten kaufmännischen oder Verwaltungsberuf sowie eine mindestens dreijährige Berufspraxis in einem der angeführten oder im datenverarbeitenden Bereich nachweisen. Aufgenommen wird auch, wer mindestens sechs Jahre im kaufmännischen, administrativen oder datenverarbeitenden Bereich gearbeitet hat.

Im vorliegenden Fall sind der IT-Leiter und der Geschäftsführer mit der Arbeit des fortbildungswilligen Mitarbeiters sehr zufrieden. Dieser würde gern selbst IT-Leiter werden und sich nach Erwerb der Qualifikation woanders bewerben. Seine eigene Lernerfahrungen z. B. mit MCP, MCSE für NT40, MCSE für Win2000/XP sind Erfolgsstories: Alle Kurse und Seminare hat er berufsbegleitend gemeistert. Die Partnerin findet das Vorhaben ebenfalls gut und würde es nach besten Kräften unterstützen. Eine Alternative wäre, sich in die Produkte und Services von Microsoft, Oracle, Linux noch besser einzuarbeiten, das Know-how auszuweiten und es zertifizieren zu lassen. Andererseits bietet die Ausbildung eine Möglichkeit, die berufspraktischen Erfahrungen neu zu strukturieren und sie theoretisch abzusichern

Alles in allem hat der Kopf keine Einwände gegen eine Ausbildung zum Wirtschaftsinformatiker und der Bauch hat damit keine Schmerzen.

Dann ist es an der Zeit konkreter zu werden, die Lehrpläne zu studieren, Lehrbücher anzulesen, Kontakt mit Dozenten aufzunehmen und sich beraten zu lassen. Mit ein bisschen Geschick macht man Absolventen ausfindig und kann sie nach ihren Erfahrungen und ihrer Einschätzung befragen. Den Jobmarkt behält man in dieser Sondierungsphase und während der Ausbildung im Auge – schon allein, weil man unter Umständen Ausbildungsinhalte noch mit den realen Anforderungen des Markts abstimmen kann.

Nebenbei bemerkt

Nutzen Sie das Web als Mittel zum Selbststudium. Kennen Sie die kostenlosen Lernangebote der englischsprachigen Unis, Institute und Colleges?

Wenn Sie schon an eine Ausbildung denken

Welche Weiterbildung käme als Alternative in Frage?
Würde Sie auch ein beruflicher Wechsel weiterbringen?
Haben Sie alle Kosten addiert?

Bevor Sie weiterlesen

Organisieren Sie Ihren Lernstoff mit virtuellen Lernkärtchen oder einer Mini-Datenbank.

70 Augen auf und durch

«Mein bisheriger Werdegang sieht so aus: Lehre, Fachabitur, Tätigkeit als Energie-Elektroniker. Im Abendkurs absolviere ich außerdem ein Studium der Elektrotechnik. In meiner Firma werden meine Bildungsaktivitäten jedoch nicht gerade gern gesehen. Ich habe das Gefühl, man legt mir Steine in den Weg. Ich habe zum Beispiel Schwierigkeiten wenn es darum geht, prüfungshalber Urlaub zu bekommen. Ich frage mich, ob es noch andere Firmen gibt, die Interesse an einem weiterbildungswilligen Mitarbeiter haben, und wie ich mich diesen Firmen schmackhaft mache.»

Sie können nicht berufsbegleitend lernen, ohne an allen Ecken anzuschrammen. Insofern hilft Ihnen nur eines, Augen auf und durch. Auch ein Bobfahrer erreicht sein Ziel am besten, indem er mit Schmackes die Banden poliert. Der goldene Mittelweg bremst Sie nur aus. Machen Sie sich klar: Sie werden ganz sicher anstoßen, selbst eine recht harte Zeit haben und niemand wird sich mit Ihnen in den nächsten Monaten leicht tun.

Bildungsoffene Mitarbeiter wünscht sich jedes Unternehmen laut, solange jemand zuhört. Lernfähige und -willige Mitarbeiter braucht aber nur eine wissensgetriebene und technologieorientierte Einheit. Oder eine innovationsfreudige. Oder eine, die sich fortwährend neu erfindet. Oder eine, die dem Markt voraus geht. Die meisten Organisationen machen es nicht anders als die meisten Menschen: sie wursteln vor sich hin.

Schauen wir uns Ihre Optionen an. Sie könnten wechseln. Findet man Energie-Elektroniker auf dem Arbeitsmarkt nur unter höchstem Energieeinsatz, dann wird ein anderes Unternehmen Sie einstellen. Sogar wenn Sie erwähnen, dass Sie abends ein Kolleg besuchen und morgens mit rotgeränderten Augen an der Lötkolbenausgabe stehen. Kein Vorgesetzter findet allerdings einen Elektroniker prickelnd, dessen Kondensatoren schon morgens entladen sind und an dem tagsüber nur das rote Warnlämpchen glüht. Dass man Klassenbester in der Nachtschule ist, spielt keine Rolle. Ausnahme: Ingenieure der Elektrotechnik sind noch gefragter als Energie-Elektroniker. Dann wird man Sie vielleicht jetzt einstellen und schonend aufbauen, damit Sie später für die Firma umso nützlichere Beiträge liefern.

Weiterbildung ist für jedes Unternehmen eine gute Sache, aber nur, wenn es davon sofort oder in absehbarer Zeit profitiert. Ansonsten bleibt das Ihre persönliche Angelegenheit. Halten Sie Ihre eigenen Dinge strikt aus Ihrer Arbeit heraus. Kein Mensch, der zwischen Privatem und Job nicht zu unterscheiden wusste und der nicht gerade von Beruf ein Medienschmusi war, hat es karrieremäßig jemals weiter gebracht als bis zum Gesprächspausenfüller.

Was können Sie tun? Durchhalten. Die Zähne zusammenbeißen. Auf Freizeit, Schlaf, Urlaub, Umgang mit Freunden und anderes Schöne mehr verzichten – so lange, bis Sie Ihr Diplom in der Tasche haben. Orientieren Sie sich nicht am Dolce Vita der Tariflohnempfänger – die Kollegen in Ihrer Umgebung möchten vermutlich gar nicht bis dorthin schauen, wo Sie selbst schon stehen.

Sie investieren Ihre eigene Lebenszeit und akzeptieren Abstriche an Ihrer eigenen Lebensqualität. Dafür können Sie später anspruchsvolle Tätigkeiten übernehmen, Dinge bewegen, Menschen führen, mit interessanten Leuten zusammenkommen und nicht zuletzt Ihr Gehalt steigern.

Sie optimieren mit Ihrem Lernengagement Ihre Karrierechancen. Viel Klügeres kann man eigentlich nicht machen.

Halten Sie durch. Setzen Sie am Arbeitsplatz Ihre Ausbildung nicht als Argument ein. Entschuldigen Sie im Beruf niemals das Nichterbringen einer Leistung dadurch, dass Sie angeben, Sie erbrächten diese Leistung gerade woanders. Für die Vorgesetzten wird das, was Sie tun, oft ein Störfaktor sein. Den Kollegen liefern Sie vielleicht Anlässe für Neid, Missgunst und Spötterei. Sie betreiben etwas, das Sie heraushebt. Machen Sie niemals Aufhebens davon. Fordern Sie keine besonderen Konditionen. Machen Sie Ihren Job gut, geben Sie sich da keine Blöße. Und verlieren Sie niemals Ihr Ziel aus den Augen.

Nebenbei bemerkt

Am meisten Mut verleiht und am meisten Rückendeckung gibt eine Lerngruppe. Wenn Sie ein Fernstudium absolvieren, dann führen Sie eben Ferngespräche mit Ihrer Fernlerngemeinschaft. Lernen geht auch solo, siehe den armen B. B., der fast ganz ohne fremde Hilfe einen Fernsehkurs Internetzugang absolviert hat. Lernen ohne Gruppe ist aber wie Tennis in der Abstellkammer. Irgendwie fehlt der Durchsatz.

Bewerber live: kontakten, verhandeln, gewinnen

«Herr Müller, ich habe mir im Zusammenhang mit meinem Abendstudium etwas überlegt. Ich weiß, dass es Ihnen ja nicht so ganz recht ist.»

«Aber, Herr Sischke, wie kommen Sie da drauf? Solang das den Betrieb nicht stört, hab ich ganz und gar nichts dagegen.»

«Herr Müller, unser Leiden dauert ja noch bis nächsten November. Im März möchte ich mir wieder fünf Tage Urlaub nehmen, drei zum Lernen und zwei Tage für die Klausuren. Wie wär's, wenn wir eine Vereinbarung machen: Sobald ich das Diplom in der Tasche habe, bleibe ich noch garantiert zwei Jahre bei ihnen. Oder? Wär das ein Vorschlag?»

«Herr Sischke, kommen Sie erst einmal gut durch die Prüfung.»

Bevor Sie weiterlesen

Egal, was Sie lernen. Lernen Sie Englisch dazu.

71 Bewerbung per Einschreiben

«Gibt es etwas dagegen einzuwenden, eine Bewerbung per Einschreiben – eventuell auch nur per Einwurfeinschreiben – zu schicken? Ich will sicherstellen, dass meine Unterlagen auch wirklich ankommen. Sind Ihnen Gründe bekannt, warum der nette Einschreiben-Aufkleber auf dem Umschlag einem Personalchef unter Umständen aufstoßen könnte?»

Klären wir alle Möglichkeiten ab, die Sie haben, um sicher zu gehen. Sehr viele Bewerbungen sind sowieso lokal. Fahren Sie also hin, geben Sie den Umschlag persönlich an der Rezeption ab. Sie können dann ganz sicher sein, dass Ihre Bewerbungsunterlagen bis in den Postempfang einer Firma gelangen. Noch weiter, bis zum Schreibtisch des Chefs, kommen Sie nur mit List – diesen Teil male ich Ihnen aber nicht aus. Und natürlich siegt Frechheit. Vereinbaren Sie einen Termin, egal unter welchem Vorwand. Am besten natürlich, Sie greifen zurück auf die Wahrheit. Melden Sie sich telefonisch an. Tauchen Sie auf, klopfen Sie an, treten Sie ein. Übergeben Sie die Unterlagen und machen Sie noch ein wenig Small Talk.

Vielleicht sind Sie ein Last-Minute-Bewerber. Vielleicht passt es sowohl zum angestrebten Job als auch zum Selbstverständnis der beworbenen Firma, dass man Ihnen einen grandiosen Auftritt gönnt. Schicken Sie in diesem Fall einen leuchtfarbenen Fahrradkurier los, der das wohlverschnürte Bewerbungspäckchen überreicht und sich den Empfang vom Chef selber unterschreiben lässt. Ich kenne betriebsame Orte im *Moormann*-Look, wo so eine Aktion beifällig quittiert wird. Vor allem, wenn Sie den Unterlagen Schokoriegel für das ganze Team beilegen. Aber in 99 Prozent aller Organisationen wirkt das eben nicht so gut oder sogar kontraproduktiv.

Also bleiben Sie zu Hause und schicken eine Bewerbung per E-Mail. Wenn die nicht umgehend als unzustellbar zurückkommt, dann steckt sie absolut sicher im Postfach des Empfängers. Strom ist Strom, wie Edison sagte. Ist die Leitung offen und der Mailserver online, dann kann eine Nachricht nicht anders als ankommen. Dass eine Mail geöffnet wurde, können Sie sich bestätigen lassen.

Was können Sie noch tun?

Sie können ein Einschreiben schicken. Einschreiben kosten aber zusätzliches Geld und widersprechen damit der Regel vom verhältnismäßigen Einsatz der Mittel. Geheimagenten, Sicherheitsbeauftragte und selbst Briefträger bewerben sich auf dem Postweg. Fallen ausgerechnet Sie aus der Reihe, gelten Sie leicht als misstrauisch und seltsam. Einschreiben werden außerdem nicht positiv assoziiert. Denken Sie doch einmal an einen schmalen, dunkeläugigen Assistenten im Armani-Outfit, der seiner Chefin Ihre aufgeschlagene Mappe unterbreitet. Klingt gut? Ist gut. Stellen Sie sich jetzt dagegen einen Sturm läutenden, verschwitzten Postboten vor, mit braunem DIN A4-Umschlag unterm Arm und der Aufforderung, dort unten zu quittieren. Klingt nicht gut? Ist auch nicht gut.

Bewerben ist ein Spiel mit Unwägbarkeiten. Man hat es nicht in der Hand. Man kann es nicht optimal steuern. Man kann es vor allem nicht zu hundert Prozent kontrollieren. Bewerben ist immer auch Glückssache. Investieren Sie, wenn Sie Ihre Chancen erhöhen wollen, in eine optimierte Ansprache. Statt des Einschreiben-Aufklebers eine überzeugende Schreibe: Damit kommen Sie eher an.

Nebenbei bemerkt

Die Post kommt schon an. Kommt Ihre Bewerbung an? Das Anschreiben ist ein Köder, damit man sich recht lange mental mit Ihnen beschäftigt. Je länger man sich mit Ihren Unterlagen beschäftigt, desto eher werden Sie eingeladen. Und das ist Ziel Ihrer Bewerbungsaktion.

Bewerber live: kontakten, verhandeln, gewinnen

«Guten Tag, ich hätte einen Umschlag für Frau Küpper abzugeben.»

«Geben Sie ihn mir, das kommt dann schon an.»

«Vielen Dank! Da vertraue ich Ihnen voll und ganz. Sagen Sie mal, besteht eine Chance, dass ich Frau Küpper kurz sprechen könnte?»

«Da muss ich Sie leider enttäuschen. Sie ist in einem Meeting.»

«Schade. Dennoch, es war sehr nett, Sie kennen zu lernen. Ich wünsche Ihnen noch einen netten Feierabend!»

«Kann ich Frau Küpper etwas von ihnen ausrichten?»

«Ja, mein Name ist Klingenburg. Ich habe nach der Arbeit noch einen kurzen Umweg gemacht um meine Bewerbungsunterlagen abzugeben. Sagen Sie Frau Küpper, ich bin nämlich von Ihrem Erfolg hier in Düsseldorf ganz angetan. Sie haben ja alle hier wahnsinnig viel Energie und Power in den Aufbau hineingesteckt.»

«Das kann man wohl sagen …»

Bevor Sie weiterlesen

200 eingehende Bewerbungen und Ihre Unterlagen gehören dazu. Was tun Sie um überhaupt wahrgenommen zu werden? Bewerbungsmappe aus gebürstetem Alu? XXL-Motivationsschreiben? Präsentation auf CD-ROM? Die Antwort: Gewicht reduzieren. Informationen bis an die Grenze des Lakonischen zurückschneiden. Das Objekt hundertfacher aufwendiger Selbstvermarktungsaktionen, der Personaler, sehnt sich nach Konsistenz und Einfachheit.

72 Interviewtauglich

«Worauf sollten Jugendliche beim Vorstellungsgespräch unbedingt achten?»

Schulabgängerin Nadine B. (17) ist keine So-tun-als-ob-Frau. Den Beratungsservice im Arbeitsamt hat sie bis an die Grenze von Beratung und Service in Beschlag genommen. In zwei Schnupper-Praktika entging von der Chefin bis zur Empfangsfrau niemand, ob gerade beschäftigt oder nicht, ihren neugierigen Fragen. Nadines Typ fuhr mit ihr in die Kreisstadt und schleppte für sie einen Rucksack voller Bewerbungsbücher aus der Bibliothek. Ihre Klasse hatte von der Lehrerin 20 E-Mail-Adressen erhalten. Nadine schrieb alle an. Ergebnis: viermal «unzustellbar», dreimal «bin gerade verreist», aber sieben positive Antworten.

Nadine kam nicht auf dem kürzesten Weg zu ihrem Vorstellungsgespräch: Der Vater eines Mitglieds der Fasnachtsgruppe ist der beste Freund eines Prokuristen, der wiederum Bruder der Frau des Geschäftsführers von der Firma ist, bei der sich Nadine unbedingt bewerben wollte. Immerhin konnte sich der Geschäftsführer noch an Nadines Onkel erinnern, der zu Netzers Zeiten einmal die Hoffnung des örtlichen Fußballvereins war.

In jedem Fall hat Nadine noch vor Absenden ihrer schriftlichen Bewerbung auf sich aufmerksam machen können. Über Dritte, was ganz in Ordnung ist.

Ergebnis: eine Einladung. Vor dem Jobinterview findet Nadine auf `jovanova.com` Informationen zum Vorstellungsgespräch und einen Fragenkatalog. Einige der Ratschläge druckt sie sich gleich aus:

Vor dem Interview

- Recherchiere vorab die Firmendaten: Geschäftszweck und -ziele, Geschäftsform und Besitzverhältnisse, Größe, Marktstellung, Produkte, Geschichte, Zukunft
- Bring alles über Ausbildungsinhalte, -ziele, -bedingungen in Erfahrung
- Mach dich mit deinem eigenen Werdegang, deinen Wünschen und Zielen vertraut
- Üb deine Story ein
- Finde schon vor dem Gespräch gute Antworten auf alle möglichen kniffligen Fragen
- Notiere alles, was du im Gespräch geklärt haben willst
- Stell deine Kleidung zusammen und probiere sie an
- Mach sicher, dass du unter keinen Umständen zu spät kommen wirst

Während des Interviews

Bleib konzentriert

Ein Gespräch dauert lange. Zwing dich zu vollster Aufmerksamkeit. Über die gesamte Dauer. Gefährlich wird es, wenn die Sache gut läuft und die Situation sich entspannt. Erlaub dir keine gedankliche Abschweifung. Du musst dich hinterher an alles erinnern können, was besprochen wurde.

Sprich nicht alles aus

Red nicht zu lange. Nimm dir für Antworten Zeit. Red dich nicht um Kopf und Kragen. Plappere nicht aus, was besser ungesagt bleibt.

Mach den Mund auf

Beantworte keine Frage mit einem simplen Ja oder Nein. Drück dich verständlich, klar und höflich aus. Kontrollier dich, ob du zu leise redest.

Gib ruhig was zu

Wenn du etwas nicht weißt oder kannst, sag's offen. Kokettiere aber auch nicht mit deinem Nichtwissen.

Sag nie was Schlechtes

Über nichts und niemanden. Lauf auch nicht über Gleisanlagen. Setz dich nicht betrunken ans Steuer. Und sag im Vorstellungsgespräch niemals etwas Negatives.

Sei gut gelaunt

Wenn du es nicht bist, dann tu so. Wenn du dich heftig ärgerst, tu trotzdem so. Wenn du ungenießbar, angefrustet, angeschlagen bist: Zeig dich gutgelaunt. In Deutschland ist man lieber Kotzbrocken als nicht authentisch. Persönlichkeit erkennt man anscheinend nur, wenn sie grob geschnitzt ist. Dabei ist doch sonnenklar, dass die Leute am meisten Erfolg haben, die lächeln und sich nicht aus der Ruhe bringen lassen.

Nebenbei bemerkt

Wenn man keine eigenen Fragen mitbringt, muss man auch in kein Vorstellungsgespräch gehen.

Bewerber live: kontakten, verhandeln, gewinnen

Fragen an die Beobachter einer Gesprächssimulation:

«Habe ich laut und deutlich geredet?»
«Bin ich gerade und aufrecht gesessen?»
«Habe ich Blickkontakt gesucht oder vermieden?»
«Bin ich auf die Fragen eingegangen?»
«Habe ich angemessen geantwortet?»
«Habe ich mich verständlich machen können?»
«Habe ich alles erwähnt, was für mich spricht?»
«Habe ich meine Wünsche und Erwartungen angemessen verdeutlicht?»
«Habe ich einen sympathischen Eindruck gemacht?»

Bevor Sie weiterlesen

Üben Sie Jobinterviews in realen Gesprächen ein. Der *Stellenanbieter* studiert vorab kurz Ihren Lebenslauf und nutzt in der Simulation einen ausgedruckten Fragenkatalog aus `jova-nova.com` oder den aus dem Anhang.

73 Hilfe, Gesprächsrunde!

«Was ist denn genau mit einer Gesprächsrunde beim Auswahlverfahren größerer Firmen gemeint? Setzen wir uns da alle hin und reden über Gott und die Welt?»

Wenn über Gott reden helfen würde, dann wär die Welt schon gerettet.

Als junger Hoffnungsträger treffen Sie auf eine Runde, die sich aus Leitern der Abteilungen Personal und Ausbildung sowie aus sonstigen Entscheidern und Bezugspersonen zusammensetzen kann. Gehen Sie nicht in das Gespräch mit der Erwartung, dass Sie jetzt eine Stunde oder so fachsimpeln können. Angesagt ist nicht, dass Sie als Schulabgänger alles schon mitbringen, was Sie in den kommenden Jahren lernen sollen. Sie irritieren damit die Anzugträger auf der anderen Tischseite. Die wollen herausfinden, ob Sie lerntauglich sind. Und natürlich, ob Sie auch spuren, wenn man Sie aufs Ausbildungsgleis setzt.

Lassen Sie in der Runde kein Gesicht aus. Merken Sie sich fix alle Namen (plus Funktion) oder noch besser, notieren Sie alles, sobald Sie Platz genommen haben. Schauen Sie beim Zuhören und Reden jedem in die Augen – das sagt sich leicht und funktioniert nur, wenn Sie es vorher eingeübt und automatisiert haben. Behandeln Sie jeden gleich aufmerksam und mit Ansehen der Person. Der Gähner in der Gruppe, der sich aus dem Gespräch heraushält und sich Ihnen gegenüber ausschweigt, kann später im Entscheidungsprozess das letzte Wort haben.

Seien Sie feinfühlig gegenüber den hierarchischen Abstufungen. Vielleicht wittern Sie unterschwellige Spannungen in der Gruppe – versuchen Sie niemals im Vorstellungsgespräch die Leute gegeneinander auszuspielen. Reden Sie Ihren Gegenüber stets beim Namen an. Ihre Rede sei, wie es beim Propheten schon heißt, klar und vernehmbar und so angenähert hochsprachlich wie möglich. Dehnen Sie ihre Redebeiträge nicht wie Ed von Stretch, wickern Sie keine Allgemeinplätze ab und vermeiden Sie Einsilber. Statt: «Ja» antworten Sie: «Ja, ich habe nicht nur gute Englischkenntnisse, ich war sogar in einem internationalen Sommercamp in Haifa und habe dort vier Wochen lang hauptsächlich Englisch geredet».

Bringt man Sie mit anderen Kandidaten an einen Tisch, dann müssen Sie nicht lautstark oder aggressiv dominieren. Gefragt ist nicht Ihre Kompetenz als Gang Leader. Vertreten Sie in Diskussionen engagiert, aber unaufgeregt Ihren Standpunkt. Gehen Sie auf die Argumente der anderen ein, nehmen Sie das vom Vorredner Gesagte auf. Loben Sie stets die Ideen der anderen: Ich finde das vollkommen richtig, dass man, wie Willy Pimp sagt, möglichst viele Funktionen in den Robotern bündeln sollte. Dazu aber folgende Einschränkung … – Wie Augenkontakt ist Gesprächsverhalten reine Übungssache. Sich aneignen und perfektionieren kann man verbale und nichtsprachliche Verhaltensweisen zu jedem Lebenszeitpunkt.

Ob Sie sich als Walfängerlehrbub oder als Popstarlehrmädchen verdingen wollen, im Vorstellungsgespräch müssen Sie Farbe bekennen. Das Folgende fragt man zwar meist nicht direkt, aber man kriegt es von Ihnen sicher heraus:

- Ist Ihnen klar, worauf Sie sich einlassen wollen?
- Sind Sie sicher, dass Sie es packen?
- Was befähigt Sie dazu?
- Was spricht für Sie?
- Machen Ihnen die geschilderten Rahmenbedingungen Bauchschmerzen?

Sonst noch was? Oh ja: Seitens des Ausbildungsbetriebs ist eine Gesprächsrunde immer auch eine Informationsveranstaltung. Die Leute geben sich alle Mühe um sich Ihnen vorzustellen um Sie aufzuklären und um Sie zu überzeugen. Sie wollen für ihre Abteilungen, für ihr Unternehmen und nicht zuletzt für die ganze Branche werben. Damit es für alle Seiten ein guter Tag wird, informieren Sie sich vorab, ziehen Sie sich gut an, erscheinen Sie rechtzeitig vor Ort und seien Sie guten Muts. Genau so, wie Sie sind – so klug, so selbstsicher und so erwachsen – hat man Sie bei der Vorauswahl jedenfalls schon einmal berücksichtigt. Jetzt schauen Sie, ob Ihre Vorstellungen und die der anderen Seite zueinander passen.

Nebenbei bemerkt

Sie tun sich leichter, wenn Sie die Leute, die Sie einstellen sollen, schon kennen. Schmuggeln Sie sich vorab in den Laden: per Schnupper-, Betriebspraktikum, Ferienjob.

Bewerber live: kontakten, verhandeln, gewinnen

Diese Fragen bringen unvorbereitete Bewerber zu Fall:

«Warum wollen Sie wechseln?»
«Was würden Sie jemandem über uns erzählen?»
«Was haben Sie eigentlich zwischen … und … gemacht? (Spricht Lücke im Lebenslauf an.)
«Was machen Sie, wenn Sie ein Jobangebot in Ihrer Heimatstadt erhalten?»

«Meinen Sie nicht, Sie sind überqualifiziert?»
«Was finden Sie an Ihnen selber gut?»

Beispielfragen und Musterantworten finden Sie online. Arbeiten Sie sich durch die Interviewblätter auf `jova-nova.com` und durch den Katalog am Ende dieses Buches.

Bevor Sie weiterlesen

Warum wollen Sie bei uns anfangen? – Denken Sie sich eine ungewöhnlich clevere Antwort aus und mailen Sie diese an Ihren Bewerbungshelfer.

74 Jung, männlich, passend gekleidet

«Meine Frage wäre, was genau man als Schulabgänger zu einem Bewerbungsgespräch in der IT-Branche anzieht?! Reicht eine schwarze Hosen und Schuhe und ein weißes Hemd oder erwarten die ein ganz anderes Outfit???»

Das reicht auf keinen Fall.

Leute der Zunft, zum Beispiel Programmierer und Entwickler, kleiden sich so schlicht wie zweckmäßig. Im Übrigen sind sie zu beschäftigt um sich wegen ihres Aussehens zu sorgen: Erblickt man in der Vorweihnachtszeit einen IT-Mann in Muskel-Shirt, 3-Streifen-Höschen und Badeschlappen, dann hat der wegen seines schon seit Juli laufenden Projekts garantiert den Wintereinbruch verschwitzt. Im formellen Dress, also in Baggy und Tunika, findet sich die EDV-Avantgarde schließlich für jede Netzwerkparty passend angezogen.

Tauchen Sie selbst in schwarzer Hose, Schuhen und weißem Hemd im Programmiersstübchen auf, wird die Mannschaft bei Ihnen umgehend 5 x Coke und 5 x Pizza Hanau ordern.

Vermeiden wir solche Peinlichkeiten und beachten wir die Elements of Code. An der Schnittstelle zwischen Jugend- und Businesskultur werden Sie erfahren:

Die einen ziehen sich an um sich abzuheben.

Die anderen ziehen sich an um sich einzufügen.

Alle signalisieren damit, sie sind Teil eines größeren Ganzen.

Niemand ist so doof und versucht, den Boss statusmäßig zu deklassieren.

(Na gut, niemand außer mir. Ralph Lauren weiß, ich habe dafür bezahlt.)

Bewerben Sie sich um einen Ausbildungsplatz in der IT-Branche, dann treffen Sie Personaler, Geschäftsführer und Ausbildungsleiter. Diese Werktätigen tragen an Werktagen gern Geschäftsanzüge oder Kombinationen. Und Ihre eigenen Konkurrenten im Kampf um den Ausbildungsplatz an der Sun-Station? Schauen wir sie uns genauer an:

Modell: Immigrantenkind, 3. Generation
Herkunft: Off-Mittelschicht
Schuhwerk: geschäumtes Polyurethan
Beinkleider: 30 Prozent Nylon
Oberbekleidung: Ya Hozna
Styling: massiv geliert

Kommentar: Egal. Im IT-Bereich kommt es nur darauf an, ob man Stringvariablen entknoten kann. (Ansonsten der Top-Kandidat jeder Ausbildungsrichtung, für die man sich in einen Overall zwängt.)

Modell: Lindenstraße
Herkunft: pazifizierte Mittelschicht
Schuhwerk: Sneaker
Beinkleider: 100 Prozent Baumwolle
Oberbekleidung: kariertes Hemd, Pulli
Besonderheit: massiv geölt

Kommentar: Egal. IT'ler nehmen auch Angepasste, solange die Leistung passt.

Modell: Internistenkind, 5. Generation
Herkunft: gebildete Mittelschicht
Schuhwerk: fein gegerbte Tierhäute
Beinkleider: dunkler Stoff
Oberbekleidung: einfarbiges Hemd + dezenter Pulli oder Hemd + Jackett
Besonderheit: massiv gepflegt

Kommentar: Egal. IT'ler nehmen … – Oh, das ist doch unser Praktikant aus dem Controlling!

Beruflicher Erfolg und unpassende Kleidung schließen sich aus. Meine Empfehlung für alle formalen oder geschäftlichen Anlässe:

- Halbschuhe aus Leder (mackenfrei; immer geputzt)
- dunkle, im Sommer helle Stoffhose (fleckenfrei, gebügelt. F: Rock oder Hose)
- einfarbiges (oder längsgestreiftes) Hemd (schweißspurenfrei, gebügelt. F: Bluse oder Shirt)
- dunkles, im Sommer auch helles Jackett (dezente Muster; frisch gereinigt. F: dezente Farben)

Lernen Sie, diese Kombination zu tragen. Die ersten Stunden sind scheußlich, aber Sie werden ein Leben lang damit gut fahren. Addieren Sie als M eine Krawatte dazu und gewöhnen Sie sich auch beizeiten daran. Manche Grüngürtel-Kids und viele Off-Mittelschicht-Nachkommen finden dafür kein Vorbild in ihrer Umgebung: Papi trägt nie ein Jackett, aber Papi ist auch Lehrer.

Oh, und auf Wunsch vieler Leserinnen noch ein dezenter Tipp für die Jungs: Always stick to your Deo.

Es ist unmöglich sich unter Menschen aufzuhalten ohne mit seiner Kleidung ein Statement abzugeben. Fast alle Menschen drücken mit ihrem Outfit aus: Ich kann mir weder vorstellen zur Elite zu gehören, noch will ich es im Grunde.

Und dennoch finden es dieselben Leute, die kaum auf ihre Kleidung und ebenso wenig auf Ihre Außenwirkung achten, irgendwie seltsam, dass man sie selbst nicht besonders toll findet, respektiert, schätzt und beachtet.

Nebenbei bemerkt

Sie werten im Gespräch mit der angemessenen Kleidung nicht nur sich, sondern auch Ihren Gesprächspartner auf. Das ist ein Akt der Höflichkeit. Im Berufsleben werten Sie damit Ihre Organisation auf. Das ist ein Akt der Klugheit.

Bewerber live: kontakten, verhandeln, gewinnen

«Zum Vorstellungsgespräch trägst du die Jeans, in der du dich wohl fühlst.»

«Nein. Mein Bewerbungsberater sagt: Auf keinen Fall.»

«Und was schlägt er vor, dein Bewerbungsberater? Sachen zu tragen, die du hasst?»

«Neutrale Geschäftskleidung. Sachen, in denen man nirgendwo falsch angezogen aussieht.»

«In meinem Haus sieht man mit neutraler Geschäftskleidung in jedem Fall falsch angezogen aus.»

«Ich zieh mich vor der Haustüre um.»

Bevor Sie weiterlesen

Gute Orte um als junger Mensch formale Kleidung einzutragen sind Schauspiel und Oper, Museen, Konzerte, fremde Städte, Cafes in Businessvierteln, Messen und Kongresse, Vorträge, Schulveranstaltungen sowie öffentliche Veranstaltungen, die nicht in Stadien stattfinden. Ich weiß, es ist hart. Und nicht nur das, es ist auch teuer. Es ist zudem in einer Gesellschaft, die zur Arbeit dieselbe Kleidung anzieht wie zum Shopping, eher verpönt.

75 Kamikaze-Bewerber in Absturzklamotten

«Was sind die schlimmsten Fehler, die Bewerber in Sachen Kleidung machen können?»

Gäbe es das Sakko- und Strumpfhosendilemma nicht sowieso, müsste es die Ratgeber-Zunft geradezu erfinden. Womit sonst könnte man schlecht informierten Jobsuchern leichter am Zeug flicken? Beifälliges Nicken ist einem da allemal sicher: Überall dort, wo Menschen arbeiten, kennt man schließlich einen korpulenten Kollegen, der sein Jackett damals auf dem Höhepunkt der Großen Hungersnot erworben hat oder eine Kollegin, die ihr nacktes Bein mit dem tropischen Raumklima und ihre Körperbehaarung mit dem Artenschutzabkommen erklärt.

Menschen scheitern mit ihrem Outfit, wenn sie einen Dress Code nicht draufhaben, wenn sie in Sachen adäquates Auftreten einem falschen Konzept folgen, wenn sie unreinlich sind oder unbekümmert. Ob es jemanden zu den heißen Typen zieht, die sich stets auf der Bank unter dem Kastanienbaum treffen oder zu den coolen Typen, die oben im Bankenturm jobben, immer geht es darum, beschnuppert, akzeptiert und integriert zu werden. Das Rezept dafür lautet:

Hinschauen und abgucken

Stellen Sie sich doch als Berufseinsteiger um 18 Uhr neben die Eingangstür Ihres Office-Palasts und mustern Sie die herausströmenden Leute. Gehen Sie dort hin, wo die Leute arbeiten und schauen Sie sich an, wie sie aussehen. In unterschiedlichen Stadtvierteln, an unterschiedlichen Tageszeiten sehen die Leute verblüffend unterschiedlich aus. Orten Sie die berufliche Kaste und nehmen Sie sich vor, sich anzugleichen.

Sich selber mustern.

Aber nicht bloß kurz in den Spiegel blicken. Alles an Ihrem Äußeren ist zeichenhaft, hat Bedeutung und wird von anderen bemerkt und bewertet.

In Kleidung investieren.

Keine in Ihrem Leben relevante Gruppe näht sich ihre Kleidung und Clanzeichen selbst. (Na schön, die Eintracht-Fans.) In den meisten Fällen können Sie die Bezugsquellen rasch und zuverlässig orten. Angemessene Kleidung ist Teil Ihrer periodisch zu erneuernden beruflichen Ausstattung. Der nahende Examenstermin ist aber keine gute Zeit, um in gehobenes Arbeitsoutfit zu investieren. Ihren Dress müssen Sie vorher «tragen, tragen, tragen – und zwar in Gesellschaft von Leuten, die das Gleiche tragen» (Francis Woolworth).

Eine Kurzumfrage bei Entscheidern brachte diese aufschlussreiche Aufzählung von Dingen, die Personaler ziemlich stören:

- In ein Outfit gezwängt sein, in dem man sich sichtlich unwohl fühlt – Underdressed sein. Das sieht immer so aus, als nähme man die Bewerbung nicht ernst – Sich nicht einigermaßen funktions- oder branchenadäquat zu kleiden – Mangelnde Sorgfalt, übertrieben lockeres Outfit – Starke Abweichung vom Bewerberfoto: Wer plötzlich einen Bart trägt oder 20 Kilo mehr an Lebendgewicht hat, kann unter Umständen schon deswegen wieder aus der Auswahl fallen.

Fatal für Absolventen und Berufseinsteiger sind aus Personalersicht:

- Abgekratzte Gürtelschnallen – Abgeschabte Hemdkragen – Abgewetztes Leder (Schuhe, Handtaschen) – Abgrundtiefer Ausschnitt – Abiturskostüm – Alles Ausgebeulte – Alles, was lustig aussieht – Cordhose (nur erlaubt, wenn der GF heute Cordhosen trägt) – Cordjackett – Flauschpulli – Flecken – Fliege – Glitterglanz – Hautenges & Offenherziges – Handy am Halfter – Hemden mit Button-Down-Knöpfen und dann keine Krawatte – Jeans (nur wenn der GF heute Jeans trägt) – Krawatte über offenem obersten Hemdknopf – Krawattennadeln – Lederflicken am Ärmel – Mahnmale aggressiver Markenausbeutung (Dilbert-Krawatte, Simpson-Socken …) – Mies gebundene Krawatte – Outdoor-Outfit (nur wenn das Interview im Wigwam stattfindet) – Prollzeitmesser – Putzige Farbkombinationen – Sandalen – Saisonale Unstimmigkeiten (Wolljackett im Sommer) – Sexsignale – Schlecht sitzende Kleidung – Schiefe Absätze – Schlips von Pappi – Schrille Farben – Schuppen auf Männerjackett – Silberkettchen überm Rolli – So genannte Gehobene Freizeitkleidung – Sonnenbrille – Sportstrümpfe – Tatoos & Piercings – Ungeputzte Schuhe – Weiße Socken – Zu kurzer Rock.

Atmen Sie auf, Ihr graues René-Lézard-Jackett ist nicht mit dabei. Vergessen Sie aber nicht: Der gewünschte Dreiklang lautet, Kleidung – Sprache – Umgangsformen. Finden Sie den richtigen Ton!

Nebenbei bemerkt

Je weiter Sie beruflich aufsteigen, desto uniformer sehen die Leute aus. Aber nur von weitem. Je weiter Sie aufsteigen, desto feiner unterscheiden Sie.

Fragen eines interessierten Bewerberberaters

«Warum tragen Politikerinnen keine Business-Kleidung?»
«Wer legt Lehrern morgens die Klamotten hin?»
«Warum sehen Ministerinnen aus wie meine Gymnasiallehrerinnen früher?»
«Warum tigern weibliche Führungskräfte herum wie die Cousine der Queen?»
«Warum ist der Dresscode der Wirtschaftselite nicht stilbildend?»
«Und warum tragen Sozialarbeiter ausnahmslos Hiking-Boots?»

Bevor Sie weiterlesen

Vielleicht sind Sie ein Wintertyp. Vielleicht sind Sie eine Pfirsichfrau. Träumen Sie farbig und leben Sie bunt. Pflegen Sie aber einen Kernbestand an hochwertiger, neutraler Berufs- & Gesellschaftskleidung, die solange halten, wie Ihre Figur das zulässt. *Pflegen* bedeutet: ab und zu tragen.

76 Berufseinsteiger im Jobinterview

«Ich war auf einigen Karrieremessen und habe dort gesehen, dass man einen ziemlichen Aufwand um seine Kleidung betreibt. Ist das nicht affig bei Leuten unter Dreißig?»

Trifft das auf Sie zu: Sie sind Absolvent und möchten keine Sachen bearbeiten, sondern Mitarbeiter führen. Sie sollen zunächst leitenden Angestellten zuarbeiten. Sie werden häufig Außen- oder Kundenkontakte haben. Sie wollen in eine etablierte Firma einsteigen. Ihr angestrebter Arbeitsplatz liegt in einer anspruchsvollen Umgebung. Die berufliche Kaste bzw. die Branche, die Sie aufnehmen soll, zeichnet sich durch ein klar definiertes Erscheinungsbild ihrer Repräsentanten aus. – Dann gilt für Ihr Bewerbungsgespräch:

Business Dress – M
Einfarbiger Anzug, vorzugsweise schwarz oder mausgrau plus Krawatte. Lederschuhe.

Oder:

Kombination aus grauer oder schwarzer Stoffhose plus Jackett in gedeckter Farbe plus Krawatte. Lederschuhe.

Business Dress – F
Hosenanzug oder Business-Kostüm, vorzugsweise schwarz, grau, navy oder beige. Lederschuhe (keine High Heels), vorne geschlossen. Rock nicht höher als knapp oberhalb des Knies. Keine aufdringlichen Düfte, Farben oder Accessoires.

Dies gilt, wenn Sie Officer werden wollen und bereit sind, künftig Ihr Recht auf Gestaltung Ihrer Individualität weit gehend Ihrem Rang und Ihrer Funktion unterzuordnen. (Wenn nicht, dann werden Sie eben kein leitender Angestellter.)

Hinweis für die Vertreterinnen der Minorität weiblich + akademischer Abschluss + ausgesprochener Machtanspruch:

Sie haben leider kaum Rollenvorbilder – außer, Sie gehen ins Ausland. Orientieren Sie sich nicht am Outfit und schon gar nicht am Auftreten anderer Frauen in einer Organisation – die stehen jetzt schon oder künftig hierarchisch unter Ihnen (und hassen Sie von ganzem Herzen, weil Sie ihnen deren eigene berufliche Indolenz vor Augen führen). Im Interesse Ihrer Karriere neutralisieren Sie Ihre erotische Attraktivität so weit Sie können. Das ist auch gut so, da Sex Appeal bei einer Angestellten weniger sie selbst aufwertet, als die Männer, denen sie zuarbeitet. Tragen Sie im Bewerbungsgespräch und später im Office ausschließlich dezente (modische) Kleidung, die Wertigkeit und Rang und nicht die Farben der Saison ausdrückt. Sie dürfen nicht aussehen wie die Chefsekretärin, wenn Sie selbst Chef werden wollen.

Frauen wie Männer, die in den Tagesdress des Upper Managements schlüpfen, stehen ziemlich uniform da. Das bringt im Jobinterview und in jeder Situation des beruflichen Alltags den Vorteil, dass man über das Outfit stets eindeutige Signale aussendet. Sie brauchen sich deshalb keine Gedanken machen, ob Sie overdressed sind. Fokussieren Sie als Jobkandidat Ihre Energie stattdessen darauf, Ihre Mitbewerber durch Ihre liebenswürdige Überlegenheit zu entwaffnen.

Vom formalen Code dürfen Sie abweichen, wenn Sie sich um ein Praktikum oder Volontariat bewerben. Eine Karrieremesse sollten Sie aber stets in Ihrer förmlichen Office-Kluft aufsuchen.

Sachbearbeiter, Programmierer, Mitarbeiter in F & E oder in akademischen Einrichtungen oder im Bildungsbereich entledigen sich gern Teilen der Büro-Uniform und lieben es etwas legerer. Für sie gilt:

Business Casual – M

Kleidung wie oben angeführt oder saubere, nicht abgewetzte oder ausgeblichene Jeans/Baumwoll-/Leinenhosen (auch in schwarz oder braun) plus einfarbiges Hemd (optimal: plus Jackett plus Krawatte). Lederschuhe.

Business Casual – F

Kleidung wie oben angeführt oder Hose plus Bluse bzw. Rock plus Bluse. Flache oder halbhohe Lederschuhe, vorn geschlossen. Eher erklärt der Papst das Zölibat für gescheitert, als dass eine Frau mit nackten Schultern und bloßen Schenkeln, in hautengen Klamotten oder dünnem Fähnchen je eine Abteilung übernimmt.

Jede Organisation ist ein eigener Mikrokosmos mit internen Regeln. Kleidung differenziert die Funktionsträger. Berufsgruppen haben ihre eigenen Neigungen und Obsessionen. Wenn Sie Bäcker werden wollen, dann treten Sie vor den Meister als Bäcker. Wenn Sie in ein Business wollen, dann treten Sie im Business Dress an.

Nebenbei bemerkt

Gehört nicht hierher, ist aber sowieso daneben. Mailwechsel mit einem angehenden Bewerbungsberater:

> *«Hi, Gerhard,*
> *kannst du mein Formular Selbstanalyse testen? …»*

> *«Lieber …,*
> *schön, dass dein eigenes Bewerberberatungsprojekt erste Gestalt annimmt. Dein Fragebogen erinnert mich an etwas, aber ich komm nicht drauf. Ich habe versucht, nach bestem Wissen zu antworten. Meine Angaben sind in teerfarbener Schrift …*
> *GW»*

Selbstanalyse

Hinweis: Bitte klicken Sie auf die grau unterlegten Felder und füllen Sie sie aus. Sie brauchen nicht unbedingt alle Felder auszufüllen. Wenn Sie noch Ergänzungen und Anmerkungen zur Selbstanalyse machen wollen, mailen Sie an …

Mein Beruf
Bauarbeiter

Ich bin mit meinem Beruf zufrieden, weil
ich gern heißen Asphalt rieche

Ich bin mit meinem Beruf unzufrieden, weil
Asphalt so schnell abkühlt

Meine fachlichen Kenntnisse und Fähigkeiten (auch EDV- und Sprach-Kenntnisse)
Asphalt aufbringen

a) Diese Arbeiten machen mir Spaß:
Asphalt aufbringen

b) Diese Arbeiten gelingen mir nicht so gut:
Asphaltaufbringmaschine reinigen

c) Diese Arbeiten machen mir überhaupt keinen Spass

s. o.

Wie würden Sie sich selbst beschreiben? (Denken Sie an Ihre Soft Skills)

Ich bin:

ein Asphaltcowboy

Meine Bekannten beschreiben mich so:

Asphalt uralt

Tipp: Fischen Sie nach Komplimenten und nach Kritik. Berücksichtigen Sie auch das Bild, das andere Menschen von Ihnen haben. Erst dann können Sie sich realistisch einschätzen.

Oha

Meine größten Erfolge:

Landstraße Fenken – Blitzenreute (3,9 km Bitumen-Mix, zweispurig, mit Bankette)

Meine größten Misserfolge:

Geburtstagsgeschenk für meine Mama (Asphaltdecke)

Ihre Ergänzungen:

Mein Motto:

Asphalt ist hart und manchmal weich
Ich tu es dem Asphalt gern gleich

77 Dress Code

«Als Naturwissenschaftlerin bin ich legere Arbeitskleidung gewohnt – ich bin im Labor die Woche über ganz in Weiß herumgelaufen. Seit meinem Wechsel in eine Firma nehme ich Projektmanagementaufgaben wahr. Ich bin mir jetzt über meine Kleidung auf einmal ziemlich unsicher. In der Firma laufen die drei Vorstände völlig anders herum als der Rest. Wie kleide ich mich angemessen?»

Dazu eine wahre Geschichte: Die Abordnung einer Bank sucht ein noch junges, aber schon zu den schönsten Erwartungen berechtigendes Unternehmen auf. Man will sich als Konsortialführer für den geplanten Börsengang andienen. Im Konferenzraum trifft der kleine Trupp auf eine Dame mittleren Alters: unkomplizierte Frisur, schwarzes Nadelstreifenkostüm, blickdichte Strumpfhosen und Audrey Hepburns Ferragamo-Schuhe in Schwarz. Die junge Finanzexpertin unter den Bankern wünscht dieser Dame noch unter der Tür einen guten Tag und bittet im selben Atemzug um eine Tasse Kaffee. Gern, antwortet der so angesprochene weibliche Vorstand, werde sie den Wunsch an ihre Sekretärin weiterleiten.

Die Dame wäre in den USA, nach den dort gültigen, weit strengeren Dress Codes für das Formal Business, eindeutig als Officer identifizierbar gewesen.

Tatsächlich funktioniert die Kleidung von Führungskräften, um ihre Träger vom Corps abzusetzen, um sie hervorzuheben und auf Anhieb unterscheidbar zu machen. Im Business Dress ist man so gut wie nie unpassend gekleidet. Laufen Sie darin durch ein Freibad: Das bauchfreie Volk wird Ihnen umstandslos zubilligen, dass Sie geschäftlich unterwegs sind.

Es gibt für männliche leitende Angestellte keine Alternative zum Anzug. Es gibt für weibliche leitende Angestellte in Deutschland wohl noch keinen Dress Code, der so eindeutig wäre, dass selbst die oder der Dümmste auf Anhieb kapiert, wer frau ist. Und es gibt nicht nur für Fach- und Führungskräfte keine Situation, die unhöfliches und arrogantes Auftreten rechtfertigt.

Ach ja, die Bank. Die ist mit der AG nicht ins Geschäft gekommen.

Nebenbei bemerkt.

So sagt's uns eine *freundin*: «Durch den Mix von puren, femininen Looks mit edlen Einzelteilen entsteht eine spannende, individuelle Optik, die vom klassischen Kostüm abweicht.» Und so sagt's Ihr Bewerberberater: «Durch den Mix von purer, spannender Optik mit edlen femininen Einzelteilen werten Sie von Männern dominierte Büroetagen auf.» Das *Jackie-O.-Kleid* sieht cooler aus als schwarze Zahlen, aber es markiert Sie auf ewig als subaltern.

Bewerber live: kontakten, verhandeln, gewinnen

Als Teilnehmer oder Beobachter von Geprächen fiel mir auf:

- aufdringliche Industrie-basierte oder selbst produzierte Duftnote
- Schuhwerk entspricht nicht dem sonstigen gehobenen Outfit
- zu kurzer Rock; auch noch ab und zu glatt gestrichen
- zu enges Jackett – offensichtlich für diesen Anlass reaktiviert
- zu stark getönte Brille
- kurze Hosen – berufstätig deckt sich nicht mit burschikos
- Kleidung bereits länger als einen Tag getragen

Bevor Sie weiterlesen

Ziehen Sie sich nicht um vieles besser an als Ihre Chefs. Nur im Schuldienst ziehen Sie sich besser niemals schlechter an als Ihre Vorgesetzten. «Ich kann mich unmöglich noch unmöglicher anziehen, sonst befördern die mich womöglich noch zum Fachleiter», klagte ein Lehrer. «Ich verdiene dann zwar besser, aber das muss ich alles sofort wieder für schlechtere Kleidung ausgeben.»

78 Komm in mein Video

«Sie schreiben irgendwo auf Ihrer Seite, dass man wie ein Architekt auftreten soll, wenn man Architekt sein möchte. Dazu muss man m. E. aber Zugang zur Szene haben. Wie findet man heraus, was in ist, wenn man selbst gerade out ist?»

Es ist verblüffend, wie ganze Berufsgruppen ähnliche Vorlieben und Abneigungen haben. Viele Naturwissenschaftler halten Labor und Büro für die Indoor-Variante von Outdoor, wofür sie ja eigentlich schon vor fünf Jahren sämtliche Kleidung erstanden haben: In dieser Hose war ich schon durch ganz Patagonien.

Beispiel Media-Agentur. Dort, so nimmt man an, tummeln sich schwarzgewandete Frauen mit gewaltigen Mähnen und Männer in Schwarz mit fiepsigen Zöpfen. Die Wirklichkeit ist trister. Klassischer Anzug oder Kostüm in gedeckten Farben sind Pflicht beim Vorstellungsgespräch für eine gehobene Position. Auch sonst richtet sich der Bewerberauftritt in einer Agentur danach, für welche Position man sich bewirbt. So tritt man im Anzug auf, wenn man sich für eine Stelle als Kontakter (Werbekaufmann) vorstellt. Ein Kontakter besucht Kunden und berät sie strategisch. Er repräsentiert nicht nur die Agentur nach außen, er ist auch maßgeblich daran beteiligt, dass der Kunde ein stabiles Vertrauensverhältnis zur Agentur aufbaut.

Einem Kreativen (Texter, Layouter, Reinzeichner) gesteht man dagegen Abweichungen vom Standard zu. Die Arbeitskleidung ist ja wie Arbeitsmittel und Arbeitsumgebung auch eine Frage des persönlichen Stils. Auf wunderbare Weise sieht man dennoch nie anders aus als all die anderen angesagten Besucher des örtlichen Stil-Werks, der Sushi-Bar oder der After-Work-Vernissage.

Die Elite in Industrie, Verwaltung und Dienstleistung vertraut sich im Fachgeschäft dem Fachverkäufer an. Die mittlere Gehaltsgruppe kauft Look-Alikes, was genau so aussieht, aber viel weniger kostet. Kreative kennen jemanden, der gerade einen Online-Shop mit Re-Importen aus Taipeh aufgemacht hat.

Für unsichere Bewerber lohnt es sich, die Homepages von Firmen auf Selbstdefinitionen und Selbstaussagen hin zu erforschen, Bildmaterial zu sichten und vor Ort zu recherchieren. Eine *Gang* im Videoclip auf MTV macht irgendetwas und stellt sich zugleich als Gruppe dar. In Office-Etagen arbeitende Menschen setzen sich, während sie arbeiten, darüber gegenseitig ins Bild, wie sie zusammen als Gruppe arbeiten. Man nimmt nur neue Leute ins eigene Video mit auf, die in die *Gang* passen. Gott sei Dank ist die Welt so oberflächlich.

Den persönlichen Stil von Adoleszenten und jungen Erwachsenen nach einem idealen beruflichen und sozialen Status auszurichten, ist eine Aufgabe, die üblicherweise vom bürgerlichen Elternhaus besorgt wird. Nur gibt es kein Üblicherweise mehr. Haben die Eltern das Bürgerliche ganz abgeschafft oder sind selbst aus dem Haus geschlichen oder haben so ganz und gar kein Benehmen, dann erzieht man sich eben allein, das heißt, man sucht sich seine Rollenmodelle. Aber ja nicht im TV. In der freien Wirtschaft!

Nebenbei bemerkt

Sie machen keine besondere Karriere, wenn Sie Ihr gesamtes Handeln danach ausrichten, wie sich die anderen geben, was die anderen tun und was die Leute von Ihrem eigenen Handeln denken könnten. Sie machen unter keinen Umständen Karriere, wenn Sie Ihren Impulsen oder Egoismen unkontrolliert nachgeben. Plündern Sie nicht die Gummibärchen-Schale in der Lufthansa-Lounge. Werden Sie nicht zum Spesen-Raubritter. Belassen Sie einem Dienstleister seine Würde. Behandeln Sie Personal durchweg freundlich und mit Respekt. Bestehen Sie nicht auf vertikaler Distanz – keiner zweifelt Ihren Rang an. Handeln Sie ohne nachzudenken loyal. Kümmern Sie sich um Ihre Mannschaft. Agieren Sie, als stünde die Gruppe unter feindlichem Feuer und Sie hätten geschworen, jeden einzelnen Ihrer Mitarbeiter wieder heil und gesund nach Hause zu bringen.

Eines meiner eigenen beruflichen Schlüsselerlebnisse war die Entdeckung, dass die Manager-Elite genau die Verantwortungsethik praktiziert, die der kritische öffentliche Diskurs einfordert. Erfolgreich führen heißt, sich permanent das Herz schwer machen. Im STRIZZ-Cartoon der FAZ seufzt Fabrikant Leo an Silvester: «Ich werde keinen entlassen müssen. Da fällt mir aber ein großer Stein vom Herzen.» Sie werden nicht mehr lachen, wenn Sie selbst erfahren oder miterleben, was *für andere kämpfen* bedeutet.

Selbsttest für angehende Führungskräfte

- Beschreiben Sie Situationen, in denen Sie schnell und entschlossen entschieden haben.
- Beschreiben Sie Situationen, in denen Sie persönlichen Mut gezeigt haben. Zum Beispiel, indem Sie unangenehme Wahrheiten gegenüber einem Leitungskreis oder Mitarbeitern laut ausgesprochen haben.
- Beschreiben Sie Ereignisse, in denen sich Ihr strategisches Denken bestätigt hat.

- Beschreiben Sie für die tägliche Arbeit die Regeln, die Sie aufgestellt haben. Wie Sie diese einführten und durchsetzten. Wer sich daran hält. Was der Vorteil dieser Regeln ist.
- Beschreiben Sie Ihre konkreten Handlungen, die den einzelnen Mitarbeiter ermutigen und das Team zusammenschweißen.
- Beschreiben Sie Ihre konkreten Handlungen um die Karriere Ihrer Mitarbeiter zu fördern.

Bevor Sie weiterlesen

Schaffen Sie gleitende Übergänge von einer Ausbildungsphase in den nächsten, berufspraktischen Teil Ihres Lebenslaufs. Orientieren Sie sich als Schüler oder Student in den Werkshallen, Lagern, Verkaufsräumen und Büros wie Marco Polo in der Goldenen Stadt: neugierig und vorsichtig zugleich. Die Arbeitswelt ist eine fremde Kultur mit eigenen Gesetzen und mit Gestalten, die sich Ihnen für Ihr Leben einprägen werden.

79 Klemmbrett, Ringbuch, Tasche

«Zu Vorstellungsgesprächen habe ich immer ein Klemmbrett oder ein Ringbuch mitgenommen, in dem meine Fragen standen und das ich für Notizen nutzte. So ein Brett oder Ringbuch muss aber in einer Tasche stecken, wenn man es nicht die ganze Fahrt dorthin in der Hand halten will. Ich habe eine recht hübsche Tuirola-Tasche. Sie ist pechschwarz, mit einem weißen Werbeaufdruck *Modehaus Tuirola*. Sie, Herr Winkler, raten nun auf Ihrer Webseite strikt davon ab, als Bewerber kleidungsmäßig Werbebotschaften zu verkünden. Denken Sie, ich könnte dennoch mit meiner Tuirola-Tasche zum Termin erscheinen, wenn ich darauf achte, sie mit meinem Mantel oder meinem Anorak im Vorzimmer zu lassen und nur mit meinen Schreibsachen in das Zimmer gehe, wo das Gespräch stattfindet?»

Noch nicht einmal Vertriebsleute, die sich doch an Portalwächtern und an Vorzimmerdrachen vorbei schlängeln, geben sich als Werbeträger her. Im seriösen beruflichen Umfeld schleppen höchstens Teilnehmer von Kongressen und Tagungen großzügig beschriftete Beutel oder Taschen mit sich herum. Damit und mit Ihren Badges machen sie sich gegenseitig kenntlich – als umtriebige Mitglieder einer Gesellschaft für *Präpostale Palmologie* oder einer *Vereinigung Erdnußöl Exportierender Länder*. Ob im Dienst, auf irgendeinem Dienstgang oder als Bewerber: Ich würde meinen Esprit bei Gelegenheit zeigen, aber keinesfalls auf der Brust tragen. Und auch sonst in Kleidung und Accessoires absolut alles vermeiden, was nach FIRMENNAME oder LOGO aussieht. Als Ad Space auf zwei Beinen beeindrucken Sie nur die Fußgängerzonen bevölkernde Fauna, die ihren Fressfeinden damit vor allem signalisiert, dass sie ungenießbar ist.

Ein Kleidungsträger oder Accessoire-Nutzer von Verstand betreibt nicht freiwillig das Vermarktungsgeschäft der XXXL-Industrie. Solches Tun mag man nicht einmal mehr einem marktfremden Fünfzehnjährigen zugestehen. Wer will schon mit ansehen, wie Kevin, Igor und Ahmed unter heftigem Ganzkörpereinsatz die Geheimmarken Niko oder Dadidas promoten. Im mit Nanopartikel beschichteten Dress, dessen Ikonisierung sowieso eine schlechte Parodie der Kommunikation des Konsumenten mit der Marke darstellt, pumpen junge Bewerber ohne Not ihr adoleszentes Vakuum mit der heißen Luft der Warenästhetik auf. Sagte gerade gestern Nacht in ARTE die Pressefrau der Neuen Frankfurter Schule.

Echte Klasse ist keine Frage des Logos. Wer auf sich selbst entschieden Wert legt, vermeidet so gut es geht, jede Referenz auf die Zulieferer seines persönlichen Outfits. Die eigene Leistungsklasse, seinen guten Geschmack und einen gehobenen sozialen Stand drückt man reklamefrei aus.

Käufer kaufen als Kleidung getarnte Werbemittel, weil sie entweder ganz preiswert oder einen Tick teurer sind. Im ersten Fall nimmt man das Logo in Kauf. Im zweiten Fall kauft man sich mit der höheren Preisklasse in irgendein In-Sein ein.

Mit dem einen Verhalten signalisiert man tatsächlich, dass man nichts von sich hält. Mit dem anderen postuliert man, dass man nicht weiß, wo man hingehört.

Mein langes Plädoyer mündet in eine fachhandelsfreundliche Aufforderung: Ziehen Sie los und kaufen Sie sich eine wirklich praktische, schicke, fürs Office geschaffene Tasche!

In ein Vorstellungsgespräch gehen Sie in textfreien Textilien. Mit einer textfreien Mappe oder Handtasche, die keine Abriebspuren oder Flecken zeigt. Darin ein persönlicher DIN A5-Timer oder ein ähnlich kleines Notizbuch. Darin auch ein Schreiber, den Sie nicht irgendwo umsonst haben mitgehen lassen. Treiben Sie's nicht zu bunt und ziehen Sie keine Kulis heraus, die mit dem Logo der Konkurrenz Ihres Gesprächspartners geschmückt sind. Je billiger Sie sich ausstaffieren, desto weniger wird man Ihnen zahlen wollen. Je wichtiger Sie sich selbst nehmen, desto mehr Geschmack dürfen Sie zeigen. Sie wollen doch nicht mit einem Organizer stifteln. Falls Sie doch den Tschibochrome auspacken: Man schafft es nicht, während eines Jobinterviews die Texteingabe zu erlernen. In Norditalien fabriziert man übrigens kleine Carnets mit Lederrücken. Ich weiß nicht, wer die nach Frankfurt bringt, aber dort kann man sie kaufen. Gönnen Sie sich eines und beschreiben Sie das elfenbeinfarbene Papier mit einem Füllfederhalter aus Zelluloid.

Ihren sozialen Status und Ihren untadeligen Geschmack zeigen Sie als Frau so, dass sich Ihre Persönlichkeit dem beruflichen Rahmen ostentativ unterordnet: Unauffälliger, echter Schmuck (Brosche, Kette, Ring), handwerklich gefertigte Uhr, makellose Tasche, hochwertige Schuhe. Sparen Sie auch als Mann weder am Schuhwerk noch an der Krawatte. Während des ganzen Jobinterviews ist Ihr mobiles Fon weder zu hören noch zu sehen. Selbst dann nicht, wenn Sie damit den Personaler fotografieren könnten.

Im Gespräch können Sie durchaus Namen und Zahlen notieren. Das Mitschreiben darf den Gesprächsfluss aber auf keinen Fall stören. Im Zweifelsfall setzen Sie sich hinterher in eine stille Ecke und notieren, was Ihnen als wichtig erscheint. Skribbeln Sie nur dann, wenn der Gesprächspartner gerade redet, aber schauen Sie ihm zwischendurch und sofort nach Beenden Ihres Aufschriebs wieder in die Augen.

Hinterlassen Sie nicht den Eindruck, Sie müssten die Informationen, die man Ihnen gesprächsweise gibt, erst einmal mühsam notieren und verarbeiten und verdauen. Lassen Sie Ihr Gegenüber nicht warten, während Sie Satz für Satz Ihr Heft füllen. Erwachsene zeichnen sich dadurch aus, dass sie sich Dinge merken können. Falls man ein miserables Namens- und Zahlengedächtnis hat: Stichwörter aufschreiben. Sonst geht es Ihnen wie mir und Sie wissen noch am Ende einer Probezeit nicht so recht, für wen Sie eigentlich arbeiten.

Wäre ich für Ihre Einstellung zuständig, würde ich aber innerlich seufzen, wenn ich zusehen müsste, wie Sie sich getreulich all die Aufgabenbereiche und Tätigkeiten aufschreiben, die ich Ihnen gerade schildere. Ich würde an Ihnen zweifeln, wenn Sie einerseits im Lebenslauf ein anspruchsvolles Abitur angeben und andererseits eine daheim vorbereitete Liste an Fragen vom Blatt ablesen.

Fazit dieses Tipps: Halten Sie sich im Vorstellungsgespräch bedeckt. Vergessen Sie nicht, dass restlos alles, was irgendwie Anlass zur Interpretation und Wertung geben könnte, tatsächlich wahrgenommen und ausgewertet wird. Für den Personaler ist alles zeichenhaft.

Nebenbei bemerkt

Accessoires und Gegenstände, die der Bewerber augenscheinlich schon sehr lange hat und sichtlich pflegt, verweisen auf Beständigkeit und Sorgsamkeit. Mir ist an Bewerbern aufgefallen: Uhr, Schreibgerät, Timer, gut eingelaufene und sehr gepflegte Lederschuhe. Eine Handtasche hält nicht mehr als zwei Jahre, und wenn frau sie nicht nach dem Chef geworfen hat, hält sie drei.

Schätzen Sie Ihren Gesprächspartner ein

Die Kleidung verweist auf Funktion und Rang innerhalb der Organisation, auf soziales und kommunikatives Verhalten. Ob einer konservativ, pedantisch, formalistisch, angepasst, ungezwungen, modebewusst, jugendbewegt, verkaufsorientiert, eitel … ist: Stimmen Sie als Bewerber Ihre Rede und Ihr Handeln darauf ab.

Bevor Sie weiterlesen

Der No-Logo-Claim hat nichts mit Kapitalismuskritik zu tun. (Mit *Logos* wird man dem Sozialismus nicht gerecht.) Ein Bewerber hat es einfach nur schwer wahrgenommen zu werden und sich von den Mitbewerbern nachhaltig abzuheben. Wollen Sie, dass Ihr distinktives Merkmal lautet: *Die mit der Bandenwerbung? Der kleine 3-Streifen-Mann?* Überlegen Sie: Welches Attribut, das einem hilft sich an Sie zu erinnern, könnten Sie (nicht zu forciert) einsetzen? – Liebenswürdigkeit wirkt lange nach.

80 Gehört das Gehalt genannt?

«Alle Experten raten, dass man seine Gehaltsvorstellungen, wenn vom Stellenanbieter verlangt, auch angeben soll. Ich sehe das aber nicht ein. Wirft mich das aus dem Rennen?»

In der Tat befinden alle Weisen der Beratungszunft: «Spätestens beim Bewerbungsgespräch muss sowieso eine konkrete Summe genannt werden.» Jobkandidaten, die nicht eilfertig ihre Gehaltskarte aufdecken, gelten als unsicher und marktfern.

Den Spielregeln gemäß verhalten sich Jobwechsler, wenn sie Jahresgehalt plus alle geldwerten Arbeitgeberleistungen addieren und dann im Anschreiben die Summe als derzeitige Bruttojahresvergütung angeben. Begründen Sie kurz, warum Sie so neiderregend viel verdienen. Stellenanbieter, die das nicht ausgeben wollen, müssen ihrerseits überzeugende Gründe nennen. Schneiden Sie vor allem das Thema Gehaltsverzicht nie selber an. Akzeptieren Sie ihn nur bei sofortigem Glücksausgleich. Oder bei begründeter Aussicht auf ein späteres Return of Investment. Oder in wirklich lausigen Zeiten.

Den aktuellen Kurswert ihrer Arbeit bestimmen auch Berufsstarter mit wenigen Suchabfragen und Mausklicks – geben Sie einmal Gehaltsspiegel in `google.de` ein. Auch Quereinsteiger, Berufswechsler und Langzeitarbeitslose erfahren Richtwerte und Kennzahlen im Internet leicht. Ob Ihre Arbeit sich rechnet, fragen Sie sich am besten häufig selbst. Ob Ihre Arbeit angemessen entlohnt wird, prüfen Sie zumindest sporadisch. Im Zweifel fragen Sie direkt bei denen nach, die Gehälter zahlen oder die berufshalber Branchenwissen sammeln. Wie man das genau macht? Indem man lange und intensiv nachdenkt. – O.k., ich verrate es: Indem man anruft, sich vorstellt und sich höflich erkundigt.

Ein Tipp für Ihr Anschreiben: Winden Sie stets einen Lorbeerkranz um Ihre Zahlen. Wie soll ein Stellenanbieter dann noch zweifeln, dass Sie Tüchtige(r) absolut Ihr Gehalt verdienen?

Und so formulieren Sie das im Schlussteil Ihrer Bewerbung:

Meinen besonderen Qualifikationen und meinen beruflichen Erfolgen entsprechend sollte mein Gehalt nicht unter … Tsd. Euro liegen. Ich könnte die Tätigkeit bei Ihnen zum … aufnehmen.

Oder:
Meinen überzeugenden Leistungen entsprach bisher eine Vergütung von … Tsd. Euro. Ich stehe Ihnen ab dem … zur Verfügung.

Oder:
Mein Bruttoverdienst von … Tsd. Euro honoriert meine außergewöhnliche Leistungsstärke und meinen überdurchschnittlichen Einsatz. Ich könnte Ihnen ab dem … zur Verfügung stehen.

Während die einen unter den Lesern schon anfangen zu rechnen und zu recherchieren, fragen sich die anderen: Und wie verhandelt man auf die harte Tour um seine Vergütung?

Nebenbei bemerkt

Auf Jobbörsen wie `Jobs.de` erlauben Verdienst-Taschenrechner das Nettogehalt zu überschlagen.

Bewerber live: kontakten, verhandeln, gewinnen

«Kommen wir zur Gehaltsfrage. Was haben Sie sich denn vorgestellt?»

«Ich kann Ihnen gern mein Jahresgehalt nennen: … Tsd. Euro»

«Tatsächlich? Ehrlich gesagt, liegt das ja weit über dem, was branchenüblich ist.»

«Man honoriert damit ja auch keine übliche Leistung.»

Bevor Sie weiterlesen

Feilschen ist eine Form des Verhandelns. Sie müssen das in einem Vorstellungsgespräch nicht praktizieren, wenn es unangemessen ist und Ihrer unwürdig und so weiter. Zwischen nicht praktizieren wollen und sich nicht damit beschäftigen wollen ist aber ein feiner Unterschied. Stellen Sie sich vor, es gäbe eine Online-Auktionsplattform für Arbeitsleistungen. Was bestimmt den Preis einer Leistung?

81 Gehaltsverhandlung auf die harte Tour

«Ich bin eine gefragte Fachfrau, aber ich hole immer zu wenig Gehalt heraus. Bin ich dazu verdammt weniger zu verdienen als meine cleveren Kollegen?»

Viele Bewerber sind in der Zwickmühle, weil sie befürchten, ihre Gehaltsvorstellung entweder zu niedrig oder zu hoch anzusetzen.

Kein Personaler ist dagegen erfreut, wenn er wertvolle Arbeitszeit damit vergeuden soll, verstockten Kandidaten Zahlen zu entlocken. Ebenso unangenehm, wenn die hier und da im Web aufgehängten Gehaltsspiegel das raue Bild der Gegenwart verfälschen und die Gehaltsempfänger sich begeistert auf nicht mehr aktuelle Empfehlungen berufen. Kommentar eines Personalers: «Die auf gute Gehälter geeichten Berufsanfänger und Umschüler verheben sich ebenso wie die in den letzten Boomjahren hofierten Berufspraktiker.» Kommentar eines Berufspraktikers: «Da ich weiß, was Sie zahlen, beleidigen Sie mich, wenn Sie mir weniger zahlen.»

Das klappt, wenn Sie wissen, dass man Sie braucht wie der Bäcker die Hefe. Das Spiel kennt nur eine, allerdings unumstößliche Regel: Wer als erster mit der Zahl herausrückt, hat verloren. Personaler geben deshalb nie nach. Aber irgendwann doch – allerdings nur dann, wenn man Sie für fast jede Heuer mit ins Boot nehmen will. Zum Beispiel, weil Sie sich auf der Kommandoebene tummeln. Wenn Sie es sich leisten können, dann lassen Sie die anderen kommen.

Bewerbungsgespräche sind Konzentrationsaufgaben. Und das Thema Gehalt ist viel zu ernst für Geplänkel. Beim Verhandeln müssen Sie standfest sein wie der Verkehrspolizist in der Love Parade und schlagfertig wie Marilyn Monroe. Marilyn Monroe war nicht schlagfertig, aber sie sah absolut so aus. Können Sie jemandem in die Augen schauen und abwarten? Dann fechten Sie's durch! Nichts tut einem mehr gut als der widerwillig gezollte Respekt in den Augen eines altgedienten Personalers.

Ich präpariere Bewerber für das Jobinterview folgendermaßen:

1. Schweigegebot
   Sprechen Sie nicht (!) von sich aus das Thema Gehalt an.

2. Wartepflicht
   Warten Sie ab, bis die Gegenseite darauf zu sprechen kommt.

3. Personalerattacke
   Seien Sie darauf vorbereitet, dass auch der menschlichste Personaler in Sachen Vergütung dazu tendiert, eine schwache Position und jede kleine Unsicherheit des Bewerbers gnadenlos auszunutzen.

4. Doppelsignal
   Agieren Sie deshalb so diplomatisch wie verbindlich. Machen Sie dem Personaler klar, dass Sie Ihren Marktwert kennen, aber legen Sie sich nicht auf eine Zahl fest.

5. Wer zeigt, verliert
   Lassen Sie sich nicht darauf ein, als Erster mit dem von Ihnen gewünschten Brutto-Jahresgehalt herauszurücken.

6. Auskunftspflicht
   Wenn Sie aber eine genaue Zahl im Kopf haben, zum Beispiel Ihr letztes Jahresgehalt, dann nennen Sie diese. Geben Sie an, was Sie verdient haben oder was andere Menschen in vergleichbaren Positionen erhalten. Decken Sie aber wie gesagt nicht auf, welche Vergütung Sie anstreben, bevor nicht der Verhandlungspartner seine Zahl genannt hat.

7. Marktkenntnis
   Wenn Sie als Einsteiger durch vergleichende Recherche einen Wert gefunden haben, dann geben Sie den an. Sagen Sie: «So viel zahlt die Industrie.» Enthüllen Sie aber dennoch nicht im gleichen Atemzug, wie viel die Industrie Ihnen zahlen sollte.

8. Krise
   An diesem Punkt des Gesprächs haben Sie für die andere Seite eine deutliche Marke gesetzt: «Ich habe, alle Zuwendungen meines letzten Arbeitgebers eingerechnet, …tausend Euro verdient.» Oder: «Die Industrie zahlt durchschnittlich …tausend Euro und zwar an Leute, die weniger qualifiziert sind als ich.» Sie haben damit eine untere Marke gesetzt. Fügen Sie dazu: «Nach unserem bisherigen Gespräch werden Sie mir bestätigen: Meine Leistung ist natürlich mehr wert.»

Sie haben den Ball über's Netz geschlagen. Jetzt ist die andere Seite dran.

Die wird vielleicht zunächst den Druck auf Sie erhöhen, damit Sie sich offenbaren: «Sie werden uns doch sagen können, was Sie für sich reklamieren.» Oder: «Es ist absolut nicht üblich, dass wir vorab eine Gehaltshöhe nennen.» Lächeln Sie und sagen Sie: «Ich habe Ihnen alle Informationen gegeben, die Sie brauchen. Ich merke, dass Sie jetzt selber ein wenig Zeit benötigen um darüber nachzudenken und mir einen Vorschlag zu machen.»

9. Abkürzung
   Kürzen Sie dieses Spiel ab, um aus einer Position der Stärke heraus ein Angebot abzugeben. Geben Sie fünf Prozent mehr an, als man Ihnen am Ende zahlen soll.

10. Bedenkzeit
   Sobald der Jobanbieter Ihnen einen Gehaltsvorschlag macht – und darauf, dass er dies als Erster tut und nicht Sie, ist Ihr ganzes Gesprächsverhalten in diesem Abschnitt des Interviews angelegt – sagen Sie, dass Sie das ganz prima finden und darüber nachdenken werden. Und zwar bis übermorgen.

Gehaltsfindung ist ein Spiel. Es besteht für Sie aus mehreren Aufgaben:

- Signalisieren Sie, dass Sie sich selbst adäquat einschätzen.
- Signalisieren Sie, dass Sie die Marktpreise kennen.
- Signalisieren Sie, dass Sie die Bedingungen und Möglichkeiten des Stellenanbieters verstehen. Lassen Sie den anderen zuerst die Marke setzen.

Ich nehme an, dass der das Spiel verliert, der zuerst die Zahl nennt. Das bedeutet sicher nicht, dass der Verlierer dann auch notwendigerweise bei der Gehaltsfestlegung verliert und insgesamt schlechter fährt. (Man kann ja auch auf wohlwollende und faire Arbeitgeber treffen.) Die Regel besagt nur, dass der Stellenanbieter Ihnen am Ende nicht weniger bieten kann, als den Betrag, den er Ihnen zuerst nennt, und dass Sie nicht mehr bekommen als den, den Sie zuerst angesagt haben. Und es ist einfach leichter, offensiv seine vielen guten Pro-Argumente auf einen ersten Gehaltsvorschlag der Gegenseite draufzusetzen, als sich defensiv gegen einen versierten Personalkostensenker zu behaupten.

Auch Edith Nebel von der Online-Bewerbergemeinschaft meint, nur echt genialen Verkaufsprofis ist es vergönnt, Marktpreise bis zum Letzten auszureizen. Am Ende ist es aber wichtiger, in eine Organisation aufgenommen zu werden, als ein Maximum an Startgeld zu erhandeln.

Allgemein gilt: Nehmen Sie immer den Job, der Ihnen mehr Geld bringt. Und dann bringen Sie Ihren Vorgesetzten nach sechs Monaten oder einem Jahr dazu, dass er eine allzu große Differenz zwischen Ihrem Gehalt und dem Ihrer Kollegen ausgleicht. Davon profitiert er nämlich ebenso wie Sie.

Nebenbei bemerkt

Die Herausforderung für Sie: zu wissen, was marktüblich ist, was Sie verlangen können (ohne dass Sie oder Ihr Gegenüber rot anläuft) und was der Anbieter vermutlich vorschlägt. Das geht nicht ohne Recherche. Mit ein Grund dafür, dass Sie Fach- und Wirtschaftszeitungen lesen, Suchtechniken im Web verfeinern und nützliche Kontakte pflegen.

Bewerber live: kontakten, verhandeln, gewinnen

«Da bleibt noch die Frage Ihrer Vergütung. Was würden Sie uns vorschlagen?»

«Den Sign-on-Bonus und eine leistungsabhängige jährliche Gratifikation werden Sie sich sicher in Form von Wandelschuldverschreibungen vorstellen.»

«Das tun wir in der Tat. Aber als ich von Ihrem letzten Jahresgehalt erfahren habe, machte ich mir wirklich Sorgen. Sie wissen ja, wir wollen Sie wirklich haben.»

«… Aber nicht um jeden und nicht einmal um meinen Preis. Wissen Sie was, verraten Sie mir doch, wie viel die Planung hergibt. Sobald ich unterschrieben habe, erfahre ich ja sowieso sämtliche Zahlen.»

Bevor Sie weiterlesen

Die Gehaltsfrage ist eine Karte, die ein Bewerber erst ausspielt, wenn er damit sticht. Der Info-Verwurster *Cocomore* drückt den Gedanken klipp & so aus:

«Nutzen Sie das Verhandlungsgespräch vor allem zum Kennen lernen der Firma und zu Ihrer eigenen Präsentation. Erst zum Schluss oder in einem zweiten Gespräch wird das Entgelt diskutiert.»

«Verhandlungsgespräch» – über solchen Cocomores stolpern Online-Leser allenthalben. Während also die Leser von kongenialem Content die Gesprächsgelegenheit zum Kennen lernen der Firma und zur eigenen Präsentation nutzen, nutzen Sie, liebe Leser, das Gespräch am besten um eine mögliche Allianz zu besprechen. Sich gegenseitig kennen zu lernen und sich selber vorzuführen ist ja ganz niedlich. Sie gehen aber gut präpariert ins Jobinterview und gehen dort die Agenda durch, weil's um Geld und Leistung geht.

82 Gehaltsverzicht im Jobpoker

«Haben Sie auch goldene Regeln für das Aushandeln von Gehältern? Ich habe das erste Vorstellungsgespräch schon hinter mir. Nach dem mir vorgelegten Angebot müsste ich leider auf 800 Euro/Monat verzichten. Die Stelle ist unternehmensintern tatsächlich so niedrig bewertet. Ich weiß das so genau, weil ein guter Freund in dieser Firma arbeitet und er die Information für mich in Erfahrung bringen konnte. Mein Problem: Wie könnte ich beim nächsten Treffen darauf hinweisen, dass ich bereit wäre, auf 500 Euro zu verzichten, ohne für diesen Vorschlag sofort eine Abfuhr zu kassieren?»

Was will der Mann mehr, bin ich versucht zu fragen. Sie haben das Glück, vor Ihrer nächsten Gesprächsrunde alle wichtigen Daten schon zu kennen. Für viele Bewerber liegt das Gehaltsziel so tief im Zahlennebel verborgen, dass sie resigniert von Sichtflug auf Blindnavigation umstellen. Erst nach Verhandlungsende merken sie dann, dass sie nicht auf einer grandiosen Gehaltsspitze, sondern im Tal der Tränen gelandet sind.

Es gilt also, möglichst viele Koordinationsdaten zu beachten um das Ziel nicht zu verfehlen. Eckwerte für einen Stellenbewerber der außertariflichen Leistungsklasse sind:

Eigener Jahresgesamtverdienst. (Versteht sich von selbst, rechnet sich aber nicht von selbst zusammen.)

Verdienst laut Gehaltsspiegel. (Trotz der vielen Variablen pendeln sich Gehälter um eine Mitte herum ein. Einwirken können Region, Größe und Marktpositionierung des Unternehmens, Bewerberqualifikationen, Arbeitsmarktpolitik, ökonomische Rahmenbedingungen und einiges andere mehr.)

Interne Richtwerte einer Organisation. (Deren Budget lässt in Sachen Lohn und Gehalt meist nur einen engen Spielraum zu – außer, Sie sind ein Spielführer.)

Gehälter der anderen. (Kollegen aus derselben oder Kontakte aus einer anderen Firma. Die aus privaten Stichproben gewonnen Daten sind so zufällig wie aufschlussreich.)

Übertragen auf einem Blatt Papier, ergibt das Ergebnis von Gehaltsrecherchen meist eine gute Entscheidungsgrundlage:

(Gehaltsspiegel)	————————————X——	Tsd. EURO
(Anderswo)	————————X————	Tsd. EURO
(Derzeitiges Gehalt)	——————X——————	Tsd. EURO
(Stellenanbieter)	——————X——————	Tsd. EURO

Beachten Sie dabei, dass die in Medien publizierten Gehaltsspiegel dazu tendieren, Jahresgehälter eher zu hoch als zu niedrig anzusetzen.

Auf den Punkt gebracht lautet die Aufgabenstellung fürs Aushandeln seines Verdienstes prinzipiell so: Von wo aus kann ich wie weit gehen?

Sie sind in der seltenen und beneidenswerten Lage, diese Ausgangspunkte zahlengenau zu kennen. Verzichten könnten Sie auf jährlich sechstausend Euro. Dafür brauchen Sie einen überzeugenden Grund, sonst hält Sie Ihr Partner schlicht für bescheuert. Mehrkosten für den Anbieter: Immerhin mindestens 3600 Euro. Auch dafür muss ein GF oder Vorstand gewichtige Argumente finden.

Vielleicht ist der Job sowieso sehr gut dotiert, so dass ein paar Tausend Euro mehr oder weniger keine der beiden Parteien wirklich schmerzen. Dafür stimmt dann die Aufgabe und für beide Kooperationspartner schimmert die gemeinsame Zukunft rosig.

Wie bringt man den Stellenanbieter aber dazu, dass dieser einerseits sein festes Gehaltsgefüge durchbricht und andererseits nicht skeptisch auf den Vorschlag eines Gehaltsverzichts reagiert? Ich denke, mit taktisch ausbalancierter Offenheit.

Warten Sie stets ab, bis Sie gebeten werden, sich gehaltswunschmäßig zu artikulieren. Dann sollte Ihre Vorschlag an den Personaler etwa so lauten:

Ich erziele derzeit, wie in meinem ersten Gespräch erwähnt, einen Gesamtverdienst von .... Euro.

Mein Wunschgehalt von ... Euro durchbricht immer noch Ihre internen Vorgaben. Bedenken Sie aber, dass ich bereit bin, in etwa auf die Hälfte dessen zu verzichten, was ich derzeit ***mehr*** *verdiene. Es ist also viel schwieriger für mich, Ihnen entgegen zu kommen als für Sie, Ihr Budget umzustricken. Ich verzichte real. Sie schichten um. Warum ich mich darauf einlasse? Weil ich Chancen und Gelegenheiten erkenne. Von der neuen Stelle profitiere ich langfristig, da ich ja (...) leisten, (...) über-*

nehmen, (...) beweisen, (...) erreichen und mich überhaupt in Richtung (...) entwickeln kann.

Kurzum, Sie haben zunächst höhere Personalkosten als veranschlagt. Die vielen Vorteile für das Unternehmen gleichen das aber sehr schnell aus. Ich werde ja von Anfang an ein Maximum an Leistung bringen. Lassen Sie uns also gemeinsam 6-Monatsziele setzen und eine Gehaltsanpassung vereinbaren, wenn ich die Vorgaben nach einem halben Jahr oder früher erreiche.

(Schaut Ihr Gegenüber jetzt skeptisch, einfach noch einmal auflisten, was für einen spricht.) Sie haben Ihre Karten freimütig auf den Tisch gelegt. Jetzt liegt es an der Gegenseite, sich zu äußern.

Das klappt nur, wenn Sie mit Ihrem Gehaltsverzicht nicht das Gesicht verlieren. (Drohende Insolvenz des derzeitigen Arbeitgebers, notwendiger Umzug in eine andere Region oder Wechsel in völlig andere Aufgabenbereiche legitimieren Ihre Absicht von vorne herein.)

Zweite Variante: Üben Sie sich in Geduld, bis Sie gebeten werden, Ihre Vorstellung über den erwarteten Verdienst zu offenbaren. Dann antworten Sie in Ihrer typischen Direktheit:

1. Die Gegenseite kenne bereits Ihr Jahresgehalt.
2. Sie seien durchaus bereit, substantiell entgegenzukommen,
3. aber jetzt müsse erst einmal das Gegenangebot auf den Tisch.

Egal, wie Sie handeln:

Ihre persönliche Stopp-Loss-Marke haben Sie stets vorab gesetzt. Wenn die unterschritten wird und Sie erkennen, dass man absolut nicht bereit ist, Ihnen mehr zu zahlen: Sagen Sie höflich Tschüss und schreiben Sie das Gespräch ab.

Keine Zu- oder Absage ohne vorherige Bedenkzeit. Die reicht von einmal Überschlafen bis zu einer ganzen Woche.

Und im Übrigen gibt eine Firma immer dann mehr Geld als veranschlagt für einen aus, wenn Sie es sich leisten kann und wenn man es wert ist. Das erste finden Sie heraus, das zweite bitte ich Sie zu beweisen.

Nebenbei bemerkt

Um geradlinig Karriere zu machen gehen Sie immer nach dem Geld. Wenn Sie diese Regel befolgen, verdienen Sie am Ende Ihrer Laufbahn am meisten und Sie sind in der Hierarchie am höchst möglichen Punkt angekommen. Dass alle gleich viel verdienen, liegt weder in der Natur des Menschen noch in der Natur der Dinge.

Bewerber live: kontakten, verhandeln, gewinnen

«Ich habe unser Dilemma noch einmal gründlich überdacht. Sie haben eine Stabsstelle mit einem Mitarbeiter besetzt, der dafür nicht recht qualifiziert war und der auch verblüffend wenig von der Leistung gebracht hat, die man vernünftigerweise von ihm erwarten konnte. Ergebnis: Sie haben sich ein paar Jahre lang das marktübliche Gehalt erspart und dafür haben Sie jetzt eine Abteilung, die so sehr aus dem Ruder läuft, dass die Leute unwillkürlich den Kopf einziehen, wenn sie vor dem Gebäude vorbeihasten. Ich bin aus vielen guten Gründen sehr an der Position interessiert, aber ich möchte nicht unter den Folgen einer kurzsichtigen Sparpolitik leiden. Es liegt an Ihnen, jetzt für die ganze Firma ein Zeichen zu setzen und zu zeigen, dass Sie sich kompetente Fachleute leisten können.»

Bevor Sie weiterlesen

Ein kleiner Stich ins solidarische Herz all jener, die's stets von den *Herren da oben* haben: Richtig Spaß macht ein Job, wenn man wirklich dort oben steht und einmal im Jahr den Bonus seiner Mitarbeiter bestimmen und eine erkleckliche Summe Geldes aufteilen kann. *Sie würden jedem den gleichen Anteil an der Gratifikation auszahlen. Ach je, wie gerecht.* Man wird gern unter Ihnen arbeiten. (Apropopos «unter»: Hallo Staat! Wo bleibt das Gratifikations-Begünstigungsabbaugesetz?)

83 Mit Mut in die Gehaltsverhandlung

Seinen Lohn handelt man mit dem aus, der ihn zahlt. In der Theorie. Ein großer Teil der hierzulande Beschäftigten lädt aber das harte und undankbare Geschäft der Lohnverhandlung auf Experten ab. Warum das so kam, erkläre ich Ihnen am *ersten Mai*. Wenn diese Lohn-Agenten nichts ausrichten können, muss man als Lohnabhängiger herunter auf die Straße, sich dort eintüten lassen und einmütig Unmut zeigen. Das ist nicht nur ein schönes Beispiel für gelebte Tradition. Dieses Lohnfindungsverfahren funktioniert auch.

Der Grundsatz *Für alle dasselbe* gilt aber nicht für alle. Es gibt ein Jenseits der Tarifzone und dort gilt die Regel: Fairer Preis für meine Leistung. Die Konditionen handelt jeder für sich aus. Oh je, freie Wildbahn fürchten jetzt manche. Dabei spielt man dort einfach nur die Standardsituationen aus dem Lehrbuch der Verhandlungsführung durch.

Wäre es für erfolgreiche Gehaltsverhandlungen aber nicht gut zu wissen, wie Leute ticken, die einen bezahlen sollen?

Ich befragte dazu meinen Gewährsmann, den Dozenten für Personalwesen Michael Altieri. Glücklicherweise zeigte sich Michael bereit, die Karten des Personalers aufzudecken.

«Vorab eine grundsätzliche Frage: Können nur Außertarifliche an der Gehaltsschraube drehen?»

«Das wäre ein tragischer Irrtum. Wenn jemand mal nicht in einen tariflichen Gehaltsrahmen gepasst hat, ich ihn aber unbedingt haben wollte, dann habe ich einfach eine mitbestimmungsfreie übertarifliche Zulage gezahlt. Ich würde doch nicht die zweite Wahl einstellen, wenn ich mit ein wenig Phantasie die erste Wahl mit ins Boot nehmen kann.»

«Nehmen wir an, es besteht eine deutliche Kluft zwischen dem letzten Jahresgehalt eines Bewerbers und dem Budget des Stellenanbieters. Ist es für einen teuren Kandidaten überhaupt sinnvoll, die Verhandlungen weiterzuführen?»

«An ein paar tausend Euro im Jahr können Bewerbungen von Fach- und Führungskräften eigentlich nicht scheitern. Grund (auf den man als Bewerber aber im Gespräch tunlichst nicht anspielen sollte) ist die simple Tatsache, dass eine Neuausschreibung der Stelle meist mehr kostet, als der Bewerber für sich verlangt. Vielleicht ist auch der andere Topkandidat mit einer unangenehm langen Kündigungsfrist ausgestattet. Man will jetzt nicht noch drei Monate warten und zahlt dem anderen, schneller verfügbaren Bewerber letztlich doch mehr, als man ursprünglich beabsichtigte.»

«Mit welchen Argumenten lassen sich widerstrebende Personaler doch noch überzeugen?»

«Ein Vorschlag, den jeder Personaler überdenken wird: Ich bin bereit, zu ihren Konditionen zu arbeiten. Sie haben mir ihre Lage erklärt und die Argumente sind nachvollziehbar. Allerdings möchte ich eine gehaltliche Perspektive sehen. Deshalb ein Vorschlag meinerseits: Nach Ablauf der Probezeit erhalte ich 8,5 Prozent mehr Gehalt. Entweder Sie sind während dieser Zeit mit mir unzufrieden. Dann beenden Sie einfach das Vertragsverhältnis innerhalb der Probemonate. Oder Sie sind hochzufrieden und sind gerne bereit, mir diese Gehaltserhöhung zu zahlen.

Nicht vergessen: Diese Gehaltserhöhung muss im Vertrag fixiert werden. Natürlich gilt es für jede Vertragsverhandlung, im Vorfeld auch die künftigen Gehaltsschritte zu erfragen. Die gehaltliche Perspektive ist ein Element jeder Karriereplanung. Erfährt man, dass die Vergütung für diese Stelle ausgereizt ist, dann ist das eine klare Entscheidungsgrundlage.»

«Michael, welche Bewerberargumente nerven Sie besonders?»

«Hinweise auf die überhöhten Gehaltsspiegel in der Presse höre ich gar nicht gern. Als Bewerber sollte man immer in Erfahrung bringen, was die Branche real zahlen kann. Ach ja, wenn ein Landei in die Großstadt zieht, dann werden erhöhte Lebenshaltungskosten in seine Gehaltsfindung sicher vorab einfließen. Ich will aber über die Vergütung für reale Arbeitsleistungen diskutieren und nicht über Mietzuschüsse. Unerfahrenen Bewerbern kann ich nur raten: Gehen Sie couragiert in die Gehaltsverhandlung. Mut beruht auf Selbstvertrauen. Je besser man seine eigenen Leistungen, die Konkurrenzsituation, die Firma und das Marktumfeld kennt, desto sicherer wird man auch auftreten und desto überzeugender wird man argumentieren.»

Nebenbei bemerkt

Achten Sie, ob sich die Körperhaltung versteift und der Gesprächston auf einmal bestimmend und leicht aggressiv wird. Lassen Sie sich davon nicht einschüchtern. Lassen Sie sich aber auch nicht auf einen Schaukampf ein. Arbeitsverhältnisse sind Vereinbarungen unter Reisenden; jedes Bündnis gereicht beiden Seiten zum Vorteil. Machen Sie klar: Die Personalkosten sind gerade in Ihrem Fall ein gutes und sicheres Investment. Wer Sie einstellt, gewinnt.

Bewerber live: kontakten, verhandeln, gewinnen

Dass man das Gehaltsgefüge durcheinander bringt, ist das Top-Argument von Leuten, die wissen, dass man Ihnen nicht mit dem Schmerzensduett aus Wagners *Zuwenig Rheingold* kommen kann. Bemerken Sie: Die Gehaltsstruktur ordnet sich nur neu. Sie haben ferner nicht die Absicht, vertragswidrig zu handeln und Ihre Vergütung in der Organisation auszuplaudern. Und außerdem möchten Sie jetzt nicht dafür zahlen, dass die anderen vorher so schlecht verhandelt haben.

Bevor Sie weiterlesen

Wenn Sie sich partout nicht einigen können, schlagen Sie vor, die Gehaltsfindung zu vertagen. Dass es wegen der unterschiedlichen Gehaltsvorstellungen nicht klappt, rationalisiert manchmal ganz andere Vorbehalte.

84 Jobwechsel– was man mitnimmt

«Mein bisheriger Arbeitgeber schließt sein Geschäft und ich muss mich schleunigst umorientieren. In meiner Initiativbewerbung möchte ich als Anreiz für mögliche Stellenanbieter auf meine Stammkunden hinweisen, die mir sicher folgen würden. Deshalb schreibe ich: Mein neuer Arbeitsplatz sollte nicht zu weit von meiner alten Wirkungsstätte entfernt sein um auch alte Kontakte pflegen zu können. Wie finden Sie das?»

Ein Bekannter, gestandener Media-Mann, stand einmal an einem Hamburger Brook, sah zu, wie sein Office in einer Springflut der Insolvenz unterging, hielt sich dabei an einer geretteten Designer-Büroklammer fest und dachte: Egal, wie überstürzt man seinen Schreibtisch räumen muss, mit leeren Händen geht man praktisch nie. Ob Sie mehr mit sich nehmen als ein Arbeitszeugnis und Ihre Papiere, hängt auch davon ab, ob in Ihrem Vertrag steht, dass Sie etwas mitnehmen dürfen. – Sparen Sie sich das Durchblättern, Sie werden keinen Hinweis darauf finden. Adresslisten, Kundendateien, Präsentationen und sonstige geschäftlichen Dokumente hat man aber als geschäftiger Sa-So-Arbeiter ab und an nach Hause transferiert. Jetzt alles löschen? Dann wäre alles weg. Wichtige Kontakte, über Jahre hinweg aufgebaut, anspruchsvolle Papiere, in die man sein Herzblut gesteckt hat: sind die nicht zu wertvoll, als dass man sie einfach in den Orkus jagen könnte? Wie immer Sie sich entscheiden, beachten Sie die Rechtsverhältnisse sowie die Gebote der Fairness und des Anstands.

Natürlich ist man auch deshalb begehrt, weil man die Szene kennt und selbst in der Szene bekannt ist. Sie steigern Ihren Anspruch auf jeden Job, dessen Wirkungskreis sich über das Firmenareal hinaus erstreckt, wenn Sie im Bewerbungsschreiben oder im Jobinterview Namen nennen, vorausgesetzt, diese Namen sind für den Stellenanbieter aufschlussreich. Sie tun sich selbst nichts Gutes, wenn Sie im Anschreiben Konditionen auflisten. Vor allem dann, wenn diese Bedingungen eigentlich verhandelbar wären.

Vorab gestellte Bedingungen sind keine Leitzäune, mit denen Sie einen Jobanbieter in den Pferch Ihrer Wünsche lenken. Sie stellen damit Mauern auf und selbst, wenn die so niedrig sind, dass der Vertragspartner leicht darüber kommt, bleibt doch immer die Frage, ob der sich für Sie die Mühe machen wird zu springen.

Und der treue Kundenstamm mag Ihnen vielleicht mit zur neuen Organisation folgen. An dem Tag, an dem Sie das neue Unternehmen wieder verlassen, wird der Stamm aber auch brav mit ihnen von dannen ziehen. Kein Betrieb findet es schlecht, wenn sein Vertreter Kunden festhält, aber was eigentlich binden soll, sind Produkte und Services. Ein echter Verkäufer fällt sowieso niemals weit vom Kundenstamm.

Wählen Sie Ihre Argumente gut aus. Besinnen Sie sich auf die bewährten Regeln aus den guten alten Anfangszeiten des Berufszweigs. Ein guter Viehhändler kennt alle Bauern. Ein tierisch guter Viehhändler verkauft an jeden Bauern.

Und so könnte ein Anschreiben aussehen:

«Zu den von mir seit … in der Region Rottweil betreuten Kunden habe ich ein exzellentes Vertrauensverhältnis aufbauen können. Dies bestätigen meine Referenzen. Meine Erfahrung und meinen hohen Erfolgswillen würde ich auch in neuen, mir anvertrauten Gebieten für Ihr Unternehmen einsetzen.»

Bewerber live: kontakten, verhandeln, gewinnen

«Ich hatte nach unserem ersten Telefonat den Eindruck, Sie wollten mich auf völlig unbekanntes Terrain schicken, damit ich für Sie den Markt komplett neu aufbaue. Damit habe ich kein Problem. Wie erwähnt, halte ich aber auch meine Gebietskenntnis in Nielsen IV für ein wertvolles Asset.»

«Das haben wir uns auch gedacht. Kennen Sie Leiermann?»

«In Möllendorf? Auf dem Hof von Leiermann weht meine Fahne. Natürlich nur sozusagen.»

Bevor Sie weiterlesen

Sie sinken in der Achtung eines neuen Arbeitgebers, wenn er mit anhört, wie Sie Ihrem alten Arbeitgeber gegenüber illoyal auftreten. Selbst wenn es die ärgsten Konkurrenten sind, verbindet sie doch ein gemeinsames Interesse, gegen das Sie gerade verstoßen. Denken Sie sich ein positives Statement aus, das Sie abspulen, sobald egal wer nach der alten Firma fragt. Etwas wie: *Oh, absolut professionell dort. Wenn Eiswürfel deren Geschäft wäre, dann hätten die einen Polarbär als Geschäftsführer und Eskimos im Vertrieb.*

85 Zwischen zwei Jobangeboten

«Ich bin in einer echten Luxussituation, da tatsächlich zwei Jobangebote auf dem Tisch liegen. Jedes mit Vor- und Nachteilen. Jetzt neigt sich aber der Monat dem Ende zu. Ich komme unter Druck, meine Kündigung einzureichen. Meine Auswahllisten und Bewertungsschemata führen irgendwie nicht zum Erfolg. Haben Sie einen Tipp, wie sich so eine Entscheidung am besten strukturieren lässt?»

So soll es im Leben sein, dass sich die Gelegenheiten gegenseitig die Klinke in die Hand geben. In den Kernbereichen des Erwachsenendaseins Partner, Wohnen, Job tut man aber gut daran, die Konsequenzen einer Entscheidung vorab gründlich auszuloten. Jede Entscheidung ist prekär, denn der Weg, den Bewerber letztlich wählen, wird unauslöschlich in ihrem Lebenslauf kartografiert. Und nicht jeder hat das Glück und vernimmt wie Dorothy Gayle den einstimmigen Rat: Follow the yellow brick road.

Ihre strukturierte Vorgehensweise ist dem Problem angemessen. Für eine Entscheidungsfindung listet man Punkt für Punkt auf, was man sich selber wünscht und was die Anbieter offerieren. Hat man das getan, die Argumente gewichtet und kommt man dennoch nicht mit sich ins Reine, dann mangelt es oft nicht so sehr an eigener Entschlusskraft, sondern einfach an der Attraktivität der Angebote.

Dazu ein fachmännischer Rat von Mittelfeldmann Uli Ludwig: «Wenn zwei Vereine dich gern hätten, und du bist von keinem so richtig begeistert, dann nimm mit einem dritten Kontakt auf.»

Andererseits können beide Angebote einen gleichermaßen anlächeln. Auch ein eher umständlich-idealistisch eingestellter Jobsucher sollte darüber nicht grübeln, sondern das tun, was nahe liegt.

Für Karrieristen gibt's nur eine einzige richtige Lösung. Aufstiegsberater Jeffrey J. Fox empfiehlt zu Recht: *Always take the job that offers the most money.*

Karriere ist nicht jedermanns Sache. Aufbruchsstimmung will andererseits Taten sehen. Bei allem Tatendrang: Was wird mit einem Jobwechsel nicht nur anders, sondern auch besser?

Dazu der Hinweis von Bienenfachwirt Winnie The Puh: «Hier steht immerhin ein Schrank mit Honig. Wer weiß, ob es dort überhaupt einen Schrank gibt.»

Eine derart abwägende Haltung kennzeichnet nicht nur Bären von geringem Verstand. Verblüffenderweise ist das meiste, was man tut oder lässt, im Endeffekt immer wieder typisch für einen. Leben nach Verhaltensmustern ist vielleicht nicht gerade knorke, aber wenn man sein eigenes Erfolgsmuster kopiert, kann man sehr gut damit leben.

Dazu passt der Tipp eines erfahrenen Wanderführers: «Im Zweifel folgen Sie Ihrem inneren Bären.»

Das darf jedoch kein Vorwand sein um sich vor Neuem zu drücken. Vielleicht traut man sich eine andere Job-Aufgabe doch nicht so hundertprozentig zu, vielleicht kommt sie für einen zu früh, vielleicht möchte man lieber doch länger noch im Verborgenen wachsen.

Vielleicht ist man einfach unschlüssig, weil man sich nicht traut. Doch wenn die Chance kommt, muss man sie festhalten. Deshalb mein Rat: Mut zum nächsten Karriereschritt!

Nebenbei bemerkt

Kein Personaler kann seine Zusage hundertprozentig absichern. Und auch Ihre Entscheidung kann kein Restrisiko umgehen. Doch nur, wenn der Staat der einzig mögliche Arbeitgeber ist, haben Sie Grund, sich als Jobsucher zu sorgen. Ansonsten: keine Panik. Die Welt ist voller Abenteuer, Arbeit und Angebote.

Bewerber live: kontakten, verhandeln, gewinnen

«Guten Tag Herr Müller!»

«Ah, Sie haben auf dem Display meine Nummer erkannt. Das beantwortet mir schon meine Frage.»

«Welche Frage hatten Sie denn?»

«Ehrlich gesagt, eine recht unkluge. In unserem ersten Gespräch fragten Sie mich, warum Sie mich nehmen sollten und niemand anderen.»

«Herr Müller, ich verstehe. Jetzt wollen Sie im Gegenzug von mir hören, warum Sie sich für uns entscheiden sollten. Aber das ist doch ganz einfach.»

«Ich bin sicher, dass Sie mir das verraten.»

«Mal abgesehen davon, dass wir ein gutes Gedächtnis für gute Leute haben: Sie spüren ja selbst, dass Ihre künftigen Kollegen sehr viel von Ihnen halten.»

«Frau Köhler, Sie haben mich überzeugt.»

Bevor Sie weiterlesen

Sie wissen nicht, bei welcher Firma Sie unterschreiben sollen. Welche der beiden Firmen würden Sie kaufen? In welche würden Sie Ihr Geld investieren? Die Firma, die sicherer ein Kapital vermehrt, ist die Organisation, bei der Sie anheuern.

86 In der Probezeit wechseln?

«Ich bin in einem großen Unternehmen als eine von mehreren Geschäftssekretärinnen tätig. So wie es ausschaut, werde ich die Probezeit wohl nicht überstehen, weniger wegen meiner Arbeitsleistung, sondern weil die Chemie zwischen mir und meinem Chef nicht so ganz seinen Vorstellungen entspricht.

Er hat mir gerade eröffnet, dass er sich das Miteinander persönlicher vorstellt; ich wäre ihm zu distanziert, er wüsste nicht, was mich persönlich bewegt usw. Dies verbunden mit der Bitte, das Ganze für mich zu überdenken und nach den Ursachen zu suchen. Ich bin todunglücklich darüber, weil mir die Arbeit an sich wirklich Spaß macht und weil dies bisher auch der anspruchsvollste Job ist, den ich bisher hatte.»

Keiner besingt die großartige Anpassungsleistung neuer Mitarbeiter, aber jeder kennt ein paar saftige Stories von Leuten, die kamen, sahen und ihre Klappe nicht hielten. So trauert meines Wissens niemand in einer Frankfurter Westend-Firma der bis vor kurzem noch neuen Marketingleiterin nach. Schon nach wenigen Tagen fing sie an, ihre Opfer abzupassen und jedem unter vier Augen zu eröffnen: Ganz unter uns: Der GF hat dich auf seiner Abschussliste. Aber ich halte zu dir.

Auch Sie durchlaufen gerade die Probezeit für Ihre bis dato prestigeträchtigste und zugleich schwierigste Stelle. Dabei machen Sie wohl nicht die Kardinalfehler unerfahrener oder unbedachter Einsteiger, die als wahrhaft neue Plage das Büro-Biotop aufmischen. Sie trampeln weder als Office-Elefant durch umfriedete Gehege, noch trompeten Sie als Platzhirsch Ihre Ansprüche über die Lichtung. Sie verschlafen nicht als Murmeltier den kompletten Arbeitstag in Ihrem Bau und Sie kreisen auch nicht als stolzer Adler hoch über den Niederungen der täglichen Arbeit.

Sie wissen, dass Ihre Leistung andauernd geprüft und bewertet wird und stimmen Ihr Verhalten darauf ab.

Allerdings verstehe ich nicht, weshalb Sie annehmen, Ihre Probezeit wohl nicht zu überstehen. Mit Ihrer Performance sind anscheinend weder Sie noch Ihr neuer Arbeitgeber unzufrieden. Ihre Einschätzung gründet, wie Sie schreiben, allein auf der Chemie zwischen Ihnen und Ihrem Chef.

Mit den anderen Geschäftsführern kommen Sie gut zurecht – ein sicherer Hinweis darauf, dass Sie weniger befangen und weniger ängstlich auftreten, wenn Sie mit Personen agieren, die Ihr berufliches Schicksal nicht unmittelbar beeinflussen.

Halten wir aber fest: Das Verhältnis zu Ihrem Chef ist von ziemlicher Unsicherheit und Sorge bestimmt.

Jetzt wird Ihnen auch noch signalisiert, dass Sie sich zu sehr zurücknehmen und zu zurückhaltend auftreten. Ihr eigenes Verhalten werten Sie als Reaktion darauf, dass Sie mit ihrem Vorgesetzten eben nicht auf einer Wellenlänge liegen. Sie empfinden es zudem als eine Grenzüberschreitung, dass Ihr Chef von Ihnen mehr persönliche Dinge erfahren möchte.

Meine Fragen an Sie:

- Kann man sicher ausschließen, dass Ihre Arbeitsleistung objektiv zu wünschen übrig lässt?
- Kann man sicher ausschließen, dass Ihr Chef auf irgendeine Weise zudringlich werden möchte?
- Kann man sicher ausschließen, dass Sie allgemeine Probleme haben, im Unternehmen (oder in der Abteilung oder von Ihrem Chef) akzeptiert zu werden?

Im ersten Fall müssten Sie das Gespräch mit Ihrem Chef geradezu suchen um gemeinsam Defizite zu bestimmen und Zielsetzungen zu vereinbaren. Nur im zweiten Fall würde ich empfehlen zu wechseln – bei uns fehlen noch die entsprechenden Gesetze, die Sie anderswo in Europa und in den USA adäquat schützen. Sollten Sie sich heimatlos und nicht richtig angenommen fühlen, ändern Sie am besten Ihr eigenes kommunikatives Verhalten. (Aus dem einfachen Grund, weil Sie sich viel leichter damit tun, eigene vertrauensbildende Aktionen einzuleiten, als darauf zu warten, dass sich schwerfällige Kommunikationsstoffel ändern.)

Das Problem, nicht zu wissen, «wie ich in zukünftigen Vorstellungsgesprächen auf die Frage reagieren soll, warum ich bereits nach vier Monaten die Firma wechseln will», scheint vielleicht in der Tat daran zu liegen, dass Ihnen gar kein triftiger Wechselgrund einfällt.

Ein großes Problem haben Sie dennoch: Sie erhalten kein Feedback über Ihre Arbeit, das Sie bestärkt und motiviert. Darüber würde ich mit dem Chef reden!

Nebenbei bemerkt

Viele Leute fühlen sich nicht wohl, wenn auf ihrer Etage nicht die *Arbeitsbegleitende Permanente Personenzentrierte Interaktion* abläuft. Ich habe mir den Ausdruck gerade eben ausgedacht, aber er beschreibt quasi wissenschaftlich das Phänomen der Einfühler und Aus-sich-selbst-Herausgeher. Wenn Sie mit denen nicht small talken, wird man Sie verstoßen. Zeit um einen Trick zu lernen: Den Einstieg in den Gesprächsausstieg.

Bewerber live: kontakten, verhandeln, gewinnen

«Frau Moryati, Sie sehen heute wieder so besorgt aus.»

«Ach wissen Sie, wenn Sie nicht so nett fragen würden, wäre ich noch viel besorgter.»

«Nervt Sie auch die Frau Gutbrod so sehr?»

«Überhaupt nicht, mir geht nur der Wasmuth-Report überhaupt nicht aus dem Kopf. Sorry, aber ich husche mal gleich wieder an meinen Platz und führe mir diese Zahlen zu Gemüte.»

«Frau Moryati, ich bewundere Sie.»

Bevor Sie weiterlesen

Gespräche starten und beenden: Entwickeln Sie sich zum Impulsgeber. Dann können Sie Gespräche steuern.

87 Was tun im siebten Monat?

«Ich habe eine Ausbildung als Konditor begonnen, sogar im besten Café der Stadt. Jedoch muss ich feststellen, dass dies nicht mein Traumjob ist. Im Gegenteil, diese Ausbildung macht mir körperlich und seelisch sehr zu schaffen. Zu kochen und zu backen kann ich bloß als schönes Hobby schätzen. Der siebte Monat geht jetzt zu Ende und ich will nur noch aufhören. Mir schwebt vor, stattdessen etwas mit Computern, Software usw. zu erlernen.»

Ersparen wir uns die flotten moralischen Sprüche à la *Auch als angehender Konditor muss man manchmal in den sauren Apfel beißen* oder *Selbst Kuchenbacken ist kein Honigschlecken.* Was ist für einen jungen Menschen, der an seiner Berufswahl leidet, die beste Karrierestrategie? Klipp und klar: Nach der Probezeit kann man eine laufende Ausbildung nur an den Nagel hängen, wenn

- akute Gefahr für Leib und (Seelen-) Leben besteht,
- sicher abzusehen ist, dass man den erlernten Beruf niemals ausüben wird (z. B., weil es keinen Bedarf dafür gibt).

Die Regel lautet also: Bleib, wo du bist. Oh, es gibt noch eine weitere Ausnahme: Die aktuelle Ausbildung hindert einen daran, sich auf sein eigenes Business zu konzentrieren. Am schnellsten lernt man, indem man ein eigenes Geschäft aufbaut und was man dabei lernt, werden Ausbilder nie lehren. Und wenn man nicht vom Geist des Entrepreneurs beflügelt wird? Dann überstürzt man nichts, sondern plant strategisch, recherchiert und entwirft Szenarien. Und man versetzt sich in einen Personaler, der in fünf oder zehn Jahren einen Lebenslauf prüft. Aus Personalersicht gilt für die Zukunft wie für heute:

Ob man eine Ausbildung durchlitten oder durchjubelt hat, ist völlig gleich. Überstanden oder abgebrochen? Gutes oder schlechtes Ergebnis? Zeugnis o.k.?

Fand ein nahtloser Wechsel statt, wird das zur Kenntnis genommen und akzeptiert. Doch ein vorzeitiger Ausbildungsausstieg plus daran anschließende Zeiten des Leerlaufs kann man nur wieder ausbügeln, wenn man hinterher doppelt erfolgreich ist. Also lieber leiden, als den einzig wirklich schlimmen Karrierefehler begehen, den man in jungen Jahren machen kann.

Im Lebenslauf lässt sich die Wahrheit stets ein wenig kneten und umfärben und aufbacken. Doch faule Zutaten wie Unstetigkeit, Desorientiertheit und Nichtstun wird ein Personaler noch bei geschlossener Bewerbungsmappe erschnuppern.

Auch wenn es eigentlich unmöglich ist: Man setzt am besten die aktuelle Ausbildung fort. Lässt sich nichts anmerken. Gibt sich keine Blöße.

Arbeitet sich nebenher in die Gebiete ein, die einen von sich heraus interessieren. Liegen sie einem? Könnte man daraus seinen Beruf machen?

Man nimmt persönlich oder telefonisch Kontakt mit Ratgebern und möglichen Ausbildern auf und vereinbart Vertraulichkeit über diese Gespräche.

Man denkt über die derzeitige Lage hinaus. Was erlaubt einem eine abgeschlossene berufliche Ausbildung? Welche allgemein bildende Schule könnte man danach ansteuern, welchen weiteren Bildungsweg könnte man dann einschlagen?

Man verschafft sich Feedback. Ein gut vorbereitetes Gespräch mit dem Ausbilder bringt erst einmal mehr als jeder Rat, den ein Außenstehender geben kann. Ich würde als Lehrling den Konditor bitten, sich mit mir nach 19 Uhr bei einem Milchkaffee zusammenzusetzen und sich eine halbe Stunde Zeit für mich zu nehmen. Wie weit bin ich nach sieben Monaten gekommen? Bringe ich, was von mir erwartet wird? Womit ist man gar nicht zufrieden? Was habe ich gut gemacht? Was sollte ich sehr schnell ändern? Was besser machen? Welche Alltagsprobleme stören? Wie könnte man sie beheben? – Ich wette, da gibt es einiges zu besprechen.

Jeder erfolgreiche Schritt im Berufsleben ist eine Frage des richtigen Timings. Und ein Gespräch mit dem Vorgesetzten ist bestimmt jetzt an der Zeit.

Nebenbei bemerkt

Der allgemeine Schulabschluss hat null Wert an sich. Er taugt nur was als Eintrittskarte in die nächste Lernzone. Obacht: Am Ausgang der Schule stoßen Sie sich mit so viel Schwung ab, dass Sie nicht am Boden kleben, wenn die nächste Ausbildungsstufe zünden soll. Ihr Drive reicht am besten bis zum Ende der beruflichen Ausbildung. Wenn etwas Sie abbremst, brauchen Sie sehr viel Kraft um wieder in die Gänge zu kommen.

Bewerber live: kontakten, verhandeln, gewinnen

«Hast du die Granatsplitter fertig glasiert?»

«Sind fertig. Ich würde Sie mal gern ein paar Sachen fragen.»

«Nicht jetzt, Hermine. Lös das lieber mal vom Backblech ab.»

«Kann ich denn nicht mal am Samstagmittag kurz bei Ihnen vorbeischauen?»

«Du bist doch nicht etwa schwanger?»

«Nein, aber ich könnte jetzt wohl ein Gürkchen vertragen.»

«Mach dich nur lustig über uns. Hat jemand ein Gürkchen für Hermine?»

«Herr Honoldt, ich finde, wir sollten einmal über mein erstes halbes Jahr bei Ihnen reden.»

«Wieso reden? Passt dir was nicht bei uns?»

«Alles o.k. Ich möchte, dass Sie mit mir absolut zufrieden sind und dass alles optimal läuft.»

Bevor Sie weiterlesen

Notieren Sie alles, was Ihnen zu Ihrer Ausbildung an Erwähnenswertem einfällt – im Guten wie im Schlechten. Streichen Sie alles in Ihrer Liste aus, was nicht konkret ist. Belegen Sie Aussagen wie: «Es kotzt mich alles an.» Oder: «Hier ist es megageil.» Wenn Ihre Stimmung keine faktischen Ursachen hat, dann haben Sie kein Jobproblem, sondern ein gebrochenes Herz. Gehen Sie in den Wald und umarmen Sie ein paar Bäume.

88 Rat für Leute in Bochum und sonst wo

Man kann Crash-Jugendlichen die Mauern abpolstern, auf die sie zuhalten. Man kann ihnen aber auch beibringen, wie man abbremst, steuert und attraktivere Ziele anfährt. Petra Rufaut und ihre Kolleginnen engagieren sich im Auftrag der Aral-Stiftung täglich an Bochumer Hauptschulen. Für ihre schwierigen Kunden zehn Tipps im Klartext:

1. Bewerber brauchen einen See an Geduld, einen Berg an Starrsinn und einen Teelöffel voll Witz.

   - Was man haben will: Ausbildungsstelle
   - Was man nicht verlieren soll: Nerven
   - Woran man scheitern kann: Ungeduld
   - Wie man's hinkriegt: Mit der Zeit

2. Stellensucher sind Frühstarter.

   - Was man haben will: Fun
   - Was man nicht vergessen soll: Jeder Tag ist Stellensuchtag
   - Woran man scheitern kann: «Fundamentale» Faulheit
   - Wie man's hinkriegt: Nicht mit links

3. Die großen Dinge im Leben macht man selbst.

   - Wo man sich verstecken will: Hinter den Kumpels
   - Was man nicht vergessen soll: Jobsuche ist meine Baustelle
   - Woran man scheitern kann: Angsthasenhaftigkeit
   - Und wenn man sich doch gegenseitig hilft: Umso besser!

4. Wer immer nur auf andre hört, der setzt bestimmt aufs falsche Pferd.

   - Wovor man sich drückt: Entscheidung
   - Was auf Null zuläuft: Selbstwertgefühl
   - Wozu man wird, wenn man nicht aufpasst: Bewerbungszombie
   - Wie man's hinkriegt: In sich hören

5. Sieger sind informiert.

   - Was man haben will: Einen Job, der passt
   - Was man nicht verlieren soll: Übersicht

- Was wirklich doof ist: Den Jobmarkt nicht als Markt der Möglichkeiten sehen
- Wie man's hinkriegt: Die Berufsbeschreibungen lesen

6. Bewerben heißt Distanz verringern.

- Was man haben will: Bewerbungschance
- Wie man vorgehen kann: zuerst anrufen oder vorsprechen. Danach: Unterlagen einschicken oder abgeben
- Woran man scheitern kann: Ansprech-Angst
- Wie man's hinkriegt: Verwickle dich oft in Gespräche

7. «Schwache haben keine Verbündete. Stark ist, wer sich Verbündete sucht.»

- Wo man hingehen soll: IHK und Handwerkskammern, Berufsverbände, Arbeitsamt …
- Was man von dort mitnehmen soll: Infos, Infos, Infos
- Wonach man fragen soll: «Wo geht's zum zweiten Ausbildungsmarkt?»
- Wie man's hinkriegt: Lächelnd

8. Die Zukunft lässt sich steuern.

- Was man haben will: Noch ein Jahr oder so
- Wo man weiterkommt: BBE – Lehrgänge des Arbeitsamts und für die Guten: weiterführende Schule
- Woran man scheitern kann: Isdoché-Syndrom («is doch eh alles egal»)
- Wie man's hinkriegt: Die Schule darf einem nicht den Bildungshunger verderben

9. Klettere auf das 5-m-Brett, wenn du innerlich für das 3-m-Brett bereit bist.

- Was man rausfinden muss: Eigene Grenzen
- Warum das gut ist: Wie machst du dir sonst klar, wo du gut bist?
- Wie man das anstellt: Sport – Verein – Hobby – Ferienjob – Weiterbildung – Projekte – Reise
- Wie man's hinkriegt: Weißt du doch schon: mit Geduld, Durchhaltekraft, Mut

10. Verschwinde.

- Wohin: Ausland, nächste Stadt, zumindest raus aus deiner Straße
- Warum: Probier aus, was du kannst und wo dein Horizont aufhört

- Wie: Ferienjob, Praktikum, Au-pair, Jugendcamp, Ausbildung, Kurse & Veranstaltungen, Job
- Wann: Sobald du es Dir zutraust

Nebenbei bemerkt

Meine Schule in den Sechzigern hat den Mühsamen und Beladenen nicht viel beigebracht. Die Schule des 21. Jahrhunderts schafft es genau so wenig. Auszug aus einem von einem Schüler bearbeiteten Online-Fragebogen zum Vorstellungsgespräch:

Berichten Sie von Ihrem beruflichen Werdegang! «Meine schulische Werdegang is wiehso schlecht»
Welche Schulfächer liegen Ihnen am meisten? «Kochen; Sport»
Bei welcher Unterrichtseinheit sind Sie gerade? «Kochen; Sport»
Mit welchen Programmiersprachen sind Sie vertraut? «Deutsch, Englisch, Russisch»
Was haben Sie schon alles programmiert? «Windows; Soundsistemmen»
Charakterisieren Sie unser Unternehmen in drei Sätzen! «Sehr gut»
Wie würden Sie sich selbst einschätzen? «Ich bin einfach cool und gut»
Was haben Sie bisher alles im Team gemacht? «Party; Disco»
Was wollen Sie in fünf Jahren erreicht haben? «Computumechanieker oder Presedent!!!!»

(Das Arbeitsblatt finden Sie auf `jova-nova.com`)

Bewerber live: kontakten, verhandeln, gewinnen

«Architekturbüro Scheer.»

«Guten Tag! Ich würde gern Herrn Scheer sprechen.»

«Am Apparat.»

«Hallo, Herr Scheer. Ich fahre seit zwei Jahren täglich mit dem Schulbus an Ihrem Büro vorbei. Sehe die Leute dort arbeiten. Und wünsche mir, dass ich bei Ihnen sehr gern einmal ein Praktikum machen würde.»

«Mein Lieber, das tut mir aufrichtig leid, aber wir nehmen keine Schüler als Praktikanten.»

«Herr Scheer, ich möchte Sie ja gar nicht am Telefon überfallen. Kann ich denn nicht morgen nach der Schule kurz bei Ihnen vorbeischauen?»

Bevor Sie weiterlesen

Wenn Sie wirklich keinen Ausbildungsplatz finden, auch nicht, wenn Sie dafür nach Frankfurt am Main ziehen würden, und wenn Sie nicht zurück auf eine Schule können und auch nicht als Au-Pair nach Bern gehen und wenn das Soziale Jahr schon ohne Sie angefangen hat und Ihnen nichts, aber auch gar nichts mehr einfällt: *Suchen Sie sich einen Job.* Wenn Sie im Oderbruch hausen und der letzte Job dort schon 1993 hinter dem alten VEB-Ferienrestaurant zu Ende gebracht wurde, suchen Sie sich einen Job an einem anderen Ort. *In Ihrer Situation tut es jeder Job.* Und aus diesem Job heraus bewerben Sie sich.

89 Nächstes Ziel bitte

«Kann ich eigentlich davon ausgehen, dass mich meine derzeitige Ausbildung nach dem dualen System (Betrieb und Berufsschule) später ohne große Probleme in einen Job bringt?»

Schule, Ausbildung, Beruf: Die meisten, die mitten im Lernen stecken, sagen sich: in Ruhe eins nach dem anderen. Das Leben ist schließlich ein fahrender Zug. Und bis zur nächsten Station, da darf man es sich schon ein bisschen gemütlich machen. Na, seine Fahrt arbeitet man ganz schön ab. Es gibt außerdem Kontrolleure. Und den Fahrplan mit den Anschlusszügen, den studiert man am sichersten noch vor der Abfahrt.

Nach der in Klassenzimmern herrschenden Lehre erlernen junge Leute exakt die Fertigkeiten, die sie zur späteren Berufsausübung brauchen. Friseur bleibt schließlich Friseur. Was man in den ersten 42 Monaten an praktischem Knowhow erwirbt, das soll dicke für die nächsten 42 Jahre reichen. Typische Ansicht: Zur Auffrischung und damit ich mein *Gabi's Frisierstübchen* toll mit Diplomen pflastern kann, werde ich alle paar Jahre ein Kräusel-Seminar in Bockenheim oder Paris besuchen.

In Wirklichkeit, das räumt selbst Verdi ein, singt man in den meisten Arbeitsstätten das Lied des Wandels. In einem Landsalon stellt eine routiniert verpasste Dauerwelle vielleicht noch die gesamte Laufmaschenkundschaft zufrieden. In der Stadt konkurrieren Haarstylisten allein in einem einzigen Viertel schon mit einer ganzen Reihe von anderen, einfallsreichen und erfolgshungrigen Friseuren.

Während sich der Friseurmarkt wandelt, wird es auch für andere Berufe haarig: Sollten Sie sich gerade im kaufmännischen Bürobereich oder im Bereich Bürokommunikation qualifizieren, so machen Sie sich auf permanente Weiterbildung gefasst: Nach einer Untersuchung des Bundesinstituts für Berufsbildung (BIBB) finden rund 85 Prozent der befragten Betriebe, dass Bürofachkräfte ihre Kenntnisse nach der Ausbildung noch weiter ausbauen sollten. Dass man sich zusätzliche Qualifikationen aneignet, halten ca. 60 Prozent der Interviewten für wünschenswert. Die Initiative zum Lernen ergreifen die Mitarbeiter dabei von sich aus – zumindest, wenn es nach den ausgesprochenen Erwartungen der Arbeitgeber geht.

Unter dem Slogan *Weiterbildung nach der technischen Ausbildung* wirbt das Deutsche Kraftfahrzeuggewerbe um die Bereitschaft seiner Junggesellen, sich an die steigenden fachlichen Anforderungen anzupassen: «Durch die ständige Entwicklung im Bereich der Automobiltechnik und den hohen Anspruch an die Produktbetreuung gibt es immer Neues zu lernen.» Allein um sich zu informieren, und um herauszufinden, wohin genau nach der beruflichen Ausbildung die Reise gehen soll, brauchen Sie Zeit, Rat und Hilfe.

Profitieren Sie vom Ratschlag Ihrer Ausbilder. Studieren Sie Lebensläufe erfolgreicher älterer Kollegen. Wenn Verkäufer oder Vertriebler zu Ihrem Betrieb gehören, erkundigen Sie sich, was draußen auf dem Markt läuft. Außendienstmitarbeiter kämpfen noch in der Kantine gegen den Wind an, haben aber stets eine feine Nase für Entwicklungen und Trends.

Im beruflichen Alltag besteht die Gefahr, dass man vor lauter Arbeit den Kopf gesenkt hält und nicht erkennt, was sich einem ringsum alles an Entwicklungsmöglichkeiten bietet. Beispiel KFZ-Bereich: Sie können Technikseminare in den Kundendienstschulen der Automobilindustrie, in den Berufsbildungszentren der Handwerksorganisation oder in der Technischen Akademie des KFZ-Gewerbes (TAK) belegen.

Und jetzt schnallen Sie sich an, wenn Sie im KFZ-Gewerbe lernen. Ihre persönlichen Entwicklungsmöglichkeiten bringen Sie sicher in Fahrt: KFZ-Servicetechniker – Meister im KFZ-Techniker-Handwerk – KFZ-Betriebswirt – Ausbildung im kaufmännischen Bereich – Studium an einer Fachhochschule oder Technischen Hochschule im Bereich Maschinenbau, Fahrzeugtechnik mit Schwerpunkt KFZ-Technik – Studium der Betriebswirtschaft – Studium im Ausland – weltweite Praxisjahre als Geselle oder Meister.

Bildung ist zunächst immer Bildungsplanung. Ihr weiterer beruflicher Weg wird immer auch ein Bildungsweg sein. Man lässt Sie dabei weder allein noch ohne Unterstützung. Viel leichter planen lässt es sich, wenn einem die unmittelbare Existenzsicherung abgenommen wird. Nach dem erfolgreichen Berufsabschluss können Handwerker und andere Fachkräfte eine staatliche Aufstiegsförderung in Anspruch nehmen. Das Meister-Bafög erlaubt, sich auf die Qualifizierung zum Handwerks- oder Industriemeister, Techniker, Fachkaufmann, Fachkrankenpfleger, Betriebsinformatiker, Programmierer oder Betriebswirt zu konzentrieren. Bei dieser tollen staatlichen Leistung spricht man den Begriff Aufstiegsfortbildungsförderungsgesetz (AFBG) natürlich gern und oft aus.

In Frankreich finden Sie an Bahnübergängen das nette Schild: *Vorsicht. Ein Zug kann den anderen verdecken.* Beherzigen Sie den Hinweis während Ihres gesamten beruflichen Lebens. Behalten Sie das ganze Marktgeschehen im Auge. Konzentrieren Sie sich während der Ausbildung nicht ausschließlich darauf, Ihre Sache gut zu machen. Prüfen Sie zugleich aufmerksam, was Sie nach Ihrem Abschluss an weiterem Wissen brauchen. Entwerfen Sie mehrere realistische Szenarien, wie es anschließend weiter gehen soll.

Im Beruf wird Ihnen nichts anderes übrig bleiben, als Ihr Gespür dafür zu schärfen, wie es Ihrem Betrieb wirtschaftlich geht. Sie sitzen niemals nur mit der Abteilung oder mit ein paar Kollegen in einem Boot. Entwickeln Sie eine ganzheitliche Wahrnehmungsweise Ihres Betriebs. Nichts nutzt dabei mehr als eine neutrale Außensicht. Und genau dafür liest man Tageszeitungen.

Jede Menge neuer Aufgaben, Hürden und Anforderungen. Sorry, aber Sie werden nicht aufhören zu lernen. Ein Trost des Erwachsenenlebens: Sie lernen weit gehend selbstbestimmt. Lernen Sie so früh es geht, sich selbst zu helfen. Auch im Fall, dass Sie zwischen Arbeitsphasen Perioden der Jobsuche einschieben.

Früher stellte man sich das Leben aus drei Blöcken zusammengesetzt vor: ein großer marienkäferfarbener Block, die Schule – ein gelber Block, die berufsdienliche Ausbildung – ein sehr großer grüner Block, die Arbeit. Heute ist das Leben ein grauer Betonklotz: Die Schule. Danach kommt aber sofort eine riesige grüne Wiese mit sehr vielen gelben Sonnenblumen. O.k., es gibt dort auch Hornissen, Hornochsen, Kühe und Gänse. Aber damit kommen Sie zurecht.

Im Job finden Sie lebenslange Freundschaften, Ihr tägliches Lob und die bewundernde Anerkennung durch andere. Hier werden Sie ganz allein Ziele erreichen und zusammen mit Kollegen Meilensteine setzen. Sie werden gemeinsam feiern und sich gemeinsam in Krisen bewähren. Sie werden sich ziemlich sicher aus tollen Teams lösen müssen, weil Ihr eigener Weg Sie eben woanders hin führt. Sie werden um die Anerkennung durch ein neues Team kämpfen.

Sie werden ab und zu an sich selbst und ab und zu an den anderen zweifeln.

Und irgendwann werden Sie einen blutigen Anfänger, dem vor lauter aufgeregter Schüchternheit die Wangen leuchten, sicher durch seine ersten Schritte über die Wiese lotsen.

Nebenbei bemerkt

Tauchen Sie noch vor Ende Ihrer Schulzeit in die Welt der Arbeit ein. Selbst, wenn es nur mit der linken Fußspitze ist.

Die beste Bewerbungsstrategie für Jugendliche

Sich über einen Erwachsenen irgendwo einführen zu lassen und sich dann dort präsentieren. Persönlich oder schriftlich, je nachdem.

Die beste Stelle verschafft man sich über Beziehungen. Ungerechte Bevorzugung, klagen die zu kurz Gekommenen. Bedenken Sie: Jugendliche sind völlig unbeschriebene Blätter. Man ist heilfroh, wenn jemand anklopft und für Sascha, (16 J., 12 Z. Lebenslauf) die Hand ins Feuer legt.

Bevor Sie weiterlesen

Von der Schulzeit bis zum CEO brauchen Sie Mentoren. Ein Mentor ist ein Schutzengel, der einen (vielleicht) auch noch zum Kaffee einlädt. Einen Lehrer als Mentor zu haben, ist schon ein sehr großes Glück. Finden Sie jemanden, der es gut findet, was Sie machen. Und dann strengen Sie sich unglaublich an um zu rechtfertigen, dass Ihr Mentor Sie hoch einschätzt.

90 Testen Sie Tests!

«Ich weiß nicht, was bei einem Test auf mich zukommt. Ich weiß nicht, was von mir erwartet wird. Und im Einladungsbrief steht, dass die lieben Bewerberinnen und Bewerber einen Test machen werden. Hilfe!»

Karl Schotten hat einmal gesagt: Traue keinem Test, den du nicht selbst geschrieben hast. – Offenes Misstrauen ist allerdings kein besonders kluges

Bewerberverhalten und steht bei Personalern nicht hoch im Kurs. Wer sich Tag für Tag darum kümmert Personal zu entwickeln, der erwartet einfach einen Vertrauensvorschuss für seine Auswahlverfahren. Modern geführte Firmen tun außerdem alles, was in ihrer Macht steht um ihr wertvolles menschliches Kapital nicht zu verscheuchen. Etwas Harmloses, aber möglicherweise doch Beunruhigendes wie ein Testdurchlauf wird darum meist bereits in der Einladung zum Vorstellungsgespräch angekündigt.

Andererseits berichten immer noch Bewerber von miesen Tests, die noch nicht einmal böse, hart und anspruchsvoll, sondern bloß dilettantisch konzipiert und der Position völlig unangemessen gewesen sind.

Als kooperativer, aber ängstlicher Proband kann man im Falle eines Informationsdefizits noch vor dem Testtermin anrufen und abklären:

1. Welche Tests führen Sie durch? Was sind Ihre Ziele?
2. Sind das eingeführte und bewährte Verfahren, die von Wissenschaftlern bzw. Fachinstituten entwickelt wurden? Sind diese Tests standardisiert?
3. Wer führt die Prüfungen durch? Wer wertet die Ergebnisse aus?
4. Welches Gewicht haben die Tests in einer Gesamtbeurteilung?
5. Was passiert mit den Testergebnissen? Kriegt man das Resultat mitgeteilt? Werden die Tests archiviert? Landen sie später in der Personalakte?
6. Haben Sie einen Tipp zur optimalen Testvorbereitung?

Klären Sie immer auch ab, ob es sich um einen Einzel- oder Gruppentest handelt. In einer fortschrittlichen Testsituation könnten zum Beispiel Aufgaben wie diese auf Sie zukommen:

- Unter Zeitvorgaben Übungen oder Testaufgaben am PC bearbeiten
- In einer kleineren Arbeitsgruppe gemeinsam Aufgaben lösen – unter Beobachtung!
- In einer kleineren Runde über etwas diskutieren – unter Beobachtung!
- Sich selbst kurz, aber einprägsam vorstellen – vor einer Gruppe!
- In einem definierten zeitlichen Rahmen praxisnahe Übungen durchspielen
- Einen Text über sich selbst oder über ein vorgegebenes Thema verfassen

Solche ausgefeilten Tests und Übungen brauchen natürlich einen schwer zu schreibenden wissenschaftlichen Namen. Sie sind Bestandteile eines Assessment Centers. So nennen die coolen Testfahrer die moderne Mangelstube für wirtschaftlich oder technisch orientierte Universitätsabgänger und für karriereorientierte Berufseinsteiger. Ein Assessment Center fängt morgens an und dauert einen ganzen Arbeitstag. In einer weniger zeitintensiven Form wird es sicher verstärkt auch zur Auswahl von Auszubildenden eingesetzt werden. Teamstärke und sprachliche Aktionsfähigkeit sind heute ja mehr und mehr gefragt. Tests sind so angelegt, dass man sie auch mit einer Extradosis Testosteron nicht schafft. Keine Panik, wenn der Aufgabenstapel nicht kleiner werden will.

Nebenbei bemerkt

Eignungstests fragen ab, ob man befähigt ist. Einstellungstests fragen ab, ob man die richtige Einstellung hat.

Lohnt es sich, dicke Testbücher durchzuarbeiten?

Schleifen Sie die Lösungswege für Technikaufgaben und Rechenaufgaben ein. Sobald Sie Übungstypen gelangweilt und sicher lösen, lassen Sie's. Wissensfragen fragen Wissen aus den Lehrplänen ab. Sonst würde man überhaupt nicht wissen, was junge Leute wissen müssen. Da Sie schlecht abschätzen können, aus welchen Gebieten die Fragen kommen, steigen Sie nachts in die Stadtbibliothek ein und arbeiten Sie sich im Schein des Notlichts in Gesellschaft, Geschichte, Kultur, Wirtschaft, Wissenschaft, Technik und Länderkunde ein. Schlechter Scherz! Lassen Sie sich eine Lesekarte ausstellen, strahlen Sie die freundliche Bibliothekarin an und fragen Sie, in welcher Ecke die wirklich wichtigen Schwarten stehen. Lesen Sie täglich immer dann, wenn Mama fernsieht.

Bevor Sie weiterlesen

Stiften Sie nach Ihrem erfolgreichen beruflichen Einstieg der Bibliothek Ihrer alten Schule Ihre Testbücher. Und natürlich auch dieses Buch.

91 Achtung: Test!

Ein Unternehmen findet Ihre Bewerbung interessant und hat Sie am Telefon ermutigt. Trotz Ihres Hinweises auf eine angeborene Testallergie möchte man Sie aber zunächst einmal testen. Es hieß: Keine Angst. Der Test ist kandidatenverträglich. Wir haben alles zuerst im Tiermodell getestet. Natürlich bringen Sie alsbald in Erfahrung, um welche Testtypen es sich handelt. Sie bereiten sich sehr gründlich darauf vor. Jetzt rückt der Testtag näher und Sie kosten das Wort *mulmig* aus.

Da fallen Ihnen diese *Goldenen Regeln* ein:

10.
Tests absolviert man ohne Narkose. Spätestens 24 Stunden vor dem Termin setzen Sie alle Beruhigungsmittel ab. In Sachen Alkohol gilt striktes No. Experimentieren Sie auch nicht am Vorabend einer Prüfung mit unbekannten Narkotika wie Baldrian oder Frauenberuhigungstee. Sie haben nur einen Kopf, und den brauchen Sie jetzt. Lieber zittrig vor Aufregung als dumpf und vernebelt.

09.
Gehen Sie am Vorabend früh schlafen. Licht aus vor Mitternacht und dafür Birne an am nächsten Morgen. Übrigens: Nur weil Sie eine schreckliche Nacht hatten, bricht Ihre Performance tags drauf nicht ein. So ziemlich jeder Marathoni erwacht vor einem Rennen wie gerädert. Tausende Hobbyläufer schaffen dennoch wenige Stunden später ihre 42,195 Kilometer. Das beste Mittel, um vor einem Einstellungstest sofort in einen gesunden Schlaf zu fallen: sich gut zudecken und sich vorstellen, wie toll man sparen könnte, wenn man jedem einzelnen seiner vielen Träume 0.69 Cent abzieht.

08.
Studieren Sie beim Frühstück eine Tageszeitung. Erstens lenkt Sie das ab und zweitens haben Sie einen Vormittag lang das gute Gefühl, informiert zu sein.

07.
Lassen Sie Ihre gewohnte Mein-Großer-Tag-Routine ablaufen: gründliches spirituelles und feuchtes Reinigungsritual, Ankleidezeremonie, Kurzauftritt vor dem großen Spiegel …

06.
Finden Sie sich 30 Minuten vor dem vereinbarten Termin an Ort und Stelle ein, peilen Sie die Lage und spazieren Sie zweimal um den Block. Sollten Sie mit einem sehr schlechten Gedächtnis gesegnet sein, holen Sie jetzt Ihren

Firmenspickzettel heraus und prägen Sie sich Personalien und wichtige Kennziffern ein.

05.
Während Sie frische Luft schnappen: Grinsen Sie zwei-, dreimal wie ein Honigkuchenpferd. Bis weit über die Ohren hinaus. Halten Sie Ihr Lächeln eine Weile. Natürlich darf Sie kein Mensch dabei sehen. Falls doch, erklären Sie, dass Sie sich immer noch so sehr darüber freuen, wie gut das Land regiert wird. Mit Ihrer Freuden-Motorik schütten Sie Ihre gesamte Wochenration an Gute-Laune-Hormonen auf einmal aus. Und nur wer hoch gestimmt ist, der kommt auch hoch hinauf.

04.
Während Sie im Vorzimmer warten: Konzentrieren Sie sich mit geschlossenen Augen auf sich selbst. Entspannen Sie bewusst Ihren Körper – eine Partie nach der anderen. Atmen Sie, als wären Sie nichts als Atem. Hören Sie in sich, als wären Sie nichts als Körper. Sie sind jetzt nur Körper … Nach einer Weile finden Sie Ihren inneren Schwerpunkt. Was immer in den nächsten Stunden abläuft – es kann Sie nicht aus dem Lot bringen.

03.
Während die Aufgabenstellung erläutert wird bzw. während sie die Aufgabenstellung lesen: Übersetzen Sie alles simultan in einen Film. Sobald das Bild flirrt, zum Beispiel, weil nicht klar gesagt wird, was Sie da oder dort zu tun haben: Fragen Sie nach.

02.
Beim Studieren der Aufgaben: Identifizieren Sie die Testtypen, die Ihnen am besten liegen. Starten Sie damit. Arbeiten Sie alle leichten Aufgaben zuerst ab. Was man hat, das hat man.

01.
Falls der Körper versagt: Schweißausbrüche, Zittern, Schwindel, Übelkeit. Das ist wie eine stürmische See, die Sie zu verschlingen droht. Halten Sie sich am Steuerrad fest und fixieren Sie den Blick strikt auf den Kompass. Das Steuerrad sind Ihre Testaufgaben, die Kompassnadel zeigt auf KONZENTRIERT BEARBEITEN. Freiwillige Selbst-Experimente unter extremen Prüfungsbedingungen beweisen: Spätestens 4,36 Minuten, nachdem man einen Prüfungsraum betreten hat, gibt jeder aufgewühlte Körper wieder Ruhe. Weitere 1,69 Minuten danach hat jeder Prüfling vollkommen vergessen, dass er im Stress war. Keine Panik, wenn Sie nach einer Weile bemerken, dass viel mehr Aufgaben gegeben wurden, als Sie bewältigen können: Das ist Kalkül. Testkonstrukteure model-

lieren damit das wahre Leben. Drehen Sie Ihre Denkmaschine voll auf, aber bleiben Sie stets im grünen Bereich.

92 Bewerbungskosten & wer dafür zahlt

«Ich wurde zu einem Vorstellungsgespräch eingeladen, welches ich auch wahrgenommen habe. Anschließend habe ich eine Zusage erhalten, doch möchte ich die Stelle nicht antreten. In der Absage will ich nun auch deutlich machen, dass ich gerne meine Reisekosten ersetzt haben möchte. Können Sie mir einen Tipp geben, welchen kilometermäßigen Betrag ich ansetzen darf und woraus dieser Anspruch hervorgeht?»

Ihre Fragen bieten mir eine prima Gelegenheit, ausführlich auf das Thema Ersatz der Vorstellungskosten einzugehen. Insofern passiert Ihnen dasselbe wie dem Zoobesucher, der sich nur erkundigen wollte, ob man die Schimpansen dort mit Erdnüssen füttern darf, und der vom uniformierten Experten einen längeren Vortrag über Lebensweise und Ernährungsgewohnheiten der Primaten erhielt.

Für Bewerbungsaktionen setzt man viel Mühe, einiges an Zeit und nicht wenig Geld ein. Die Investitionen kann man versuchen, so gering wie möglich zu halten. Man verschafft sich ja manches kleine Erfolgserlebnis, wenn man an den Präsentationskosten spart, etwa durch Einsatz einer Amateuraufnahme als Bewerberfoto, mit einem recycelten Schnellhefter oder einem aufgebügelten Lebenslauf. Bewerber vergessen darüber besser nicht, dass sie eigentlich auf den großen Erfolg aus sind. Zu den Präsentationskosten zählen auch das neue Paar Schuhe, die vielleicht notwendigen Ergänzungen Ihrer Business-Kleidung, der Friseurbesuch, Fachbücher zur Vorbereitung und anderes. Alle diese Unkosten tragen Sie selbst.

Vor allem Vorstellungsgespräche können ins Geld gehen. Zum Glück übernimmt Ihre Auslagen der Stellenanbieter, sofern diese Voraussetzungen stimmen:

1. Der Stellenanbieter muss Sie einladen. Als Einladung gilt selbstredend auch die telefonische Aufforderung, am 26.5. um 15 Uhr vorbeizuschauen. Tut der Personaler dies, werden von seiner Firma auch Ihre Kosten für das Treffen in Folge einer von Ihnen initiierten Bewerbung übernommen.

2. Der Stellenanbieter hat nicht ausdrücklich und von vorne herein ausgeschlossen, dass er die Auslagen übernimmt. Informiert er Sie vorab darüber, dass er überhaupt nichts (oder keine Taxifahrten oder kein Mittagessen oder keine Unterkunft) zu begleichen gedenkt, so muss er dies auch nicht tun. Bleibt das Thema Auslagen beim Telefonat oder in der schriftlichen Einladung unerwähnt, muss allerdings erstattet werden, was ein vernünftig handelnder, Recht und Billigkeit berücksichtigender Bewerber an Unkosten hatte. Firmen mit hohem Kandidatendurchlauf notieren oft schon im Einladungsbrief die Konditionen für eine Auslagenerstattung.

3. Wie sonst im Leben fällt es auf einen zurück, wenn man das rechte Verhältnis missachtet, unangemessene Forderungen stellt oder sich gar über eine geschickt gedrehte Rechnung ein wenig sanieren möchte. Ein paar Scheine abzupressen, weil der Stellenanbieter sowieso abgesagt hat oder weil man sowieso den Job nicht annimmt und weil man sich sowieso nie wieder im Leben trifft, ist kurzsichtig. Die Wörtchen *sowieso* und *nie wieder im Leben* haben schon die schlimmsten Fehleinschätzungen eingeleitet.

Faustregel: Nehmen Sie das Transportmittel, das Sie auch nutzen würden, wenn es eine Geschäftsreise wäre. Kommen Sie aus Ihrem Ameisenhügel das ganze Jahr über nur wegen Feueralarm oder Betriebsausflug heraus, dann steigen Sie für Ihr Interview in den PKW oder in die Bahn 2. Klasse. Es gilt als legitim, dass ein Bewerber für die Leitungsebene von München nach Köln den Flieger 1. Klasse nimmt, ohne dass er sich vorher darüber abstimmen müsste (was aber die meisten dennoch tun). Nehmen Sie aber kein Taxi, wenn man Ihnen eine Wegeskizze mit eingezeichneter U-Bahn-Verbindung zugeschickt hat.

Im Zweifelsfall rufen Sie an. Dies wird nicht als Zeichen von Unerfahrenheit gewertet; Sie beweisen damit Ihre Souveränität. Nimmt der Sekretär der Personalerin das Telefon ab, besprechen Sie Ihre Fragen gleich mit ihm. Je länger der Anfahrtsweg, desto eher müssen Sie vorab die Modalitäten klären.

Es ist keine Schikane Ihnen gegenüber, Belege und klare Angaben zu erbitten. PKW-Benutzern rät ein Personaler: «Greifen Sie auf den Kilometersatz zurück, den das Finanzamt aktuell für Fahrten zwischen Wohnung und Arbeitsstätte erstattet.» Tipp: gefahrene Kilometer über einen Online-Routenplaner wie den auf `web.de` bestimmen.

Positionieren Sie sich neu und nehmen Sie dazu den Service Ihres Arbeitsamts in Anspruch, dann werden Ihnen nach Absprache die Vorstellungskosten vergütet. Arbeit Suchende werden nicht zögern, davon Gebrauch zu machen. Gegen Vorlage der schriftlichen Einladung, dem vom Gesprächspartner unterschriebenen Formular, dass der Termin stattgefunden hat sowie der Originalbelege erstattet die Bundesanstalt die Kosten für die Bahnfahrt 2. Klasse Mit seinem Arbeitsberater klärt man bei extrem langen Anfahrtswegen und notwendiger Übernachtung am besten vorher, ob das Arbeitsamt alle Auslagen übernimmt.

Was Ihnen auf der Anreise widerfährt: seien Sie ausnahmslos zum vereinbarten Zeitpunkt da. Verlassen Sie sich absolut nicht darauf, dass die Bahn schon pünktlich sein wird. Sie ist es nicht, gerade nicht auf Fernstrecken. Die so genannte höhere Gewalt ist deshalb keine Berufungsinstanz für überfällige Gesprächskandidaten. Stopp & Go auf der Straße und «herumirrende Personen auf den Gleisen» (so die Standard-Ausrede der DB) rechnen Sie einfach ein.

Warten Sie dann ab, ob man von sich aus wegen der Belege und Ihrer Bankverbindung auf Sie zukommt. Falls nicht, schneiden Sie das Thema nicht an. Je nachdem trifft man sich noch ein zweites, vielleicht sogar ein drittes Mal. Schreiben Sie erst nach Abschluss der Verhandlungen diesen oder einen ähnlichen Brief:

Vorstellungsgespräche am 3. und 28. September; Auslagenerstattung

Sehr geehrter Herr Strobl,

für die beiden Vorstellungsgespräche sind mir an Unkosten erstanden:

2 x Hin- und Rückfahrten (2. Kl., Bahncard) RA – F à 57 Euro

Die Belege liegen bei. Den Gesamtbetrag von 114 Euro bitte ich auf mein Konto 12345678 bei der Sparkasse Rastatt BLZ 40040040 zu überweisen.

Ich möchte Ihnen bei dieser Gelegenheit noch einmal herzlich für den netten und aufmerksamen Empfang danken!

Nebenbei bemerkt

Bewerbungsunkosten sind ein Investment. In einem mir bekannten Fall bedeutete dies sogar Ausgaben für Langstreckenflug plus Unterkunft. Wenn Sie sich bei nächster Gelegenheit wieder über einen geizigen Firmengründer schwarz ärgern, halten Sie kurz inne und wägen Sie ab, wie sich Ihr Einstieg langfristig auszahlen könnte.

Bewerber live: kontakten, verhandeln, gewinnen

«Wächtersbach.»

«Guten Tag Frau Wächtersbach. Hallenser Halogenwerke, Neustadt. Ich würde Sie gern zu einem Vorstellungsgespräch einladen.»

«Bei Ihnen in Halle? Prima! Das freut mich aber!» (Frau W. hält kurz inne) «Eine Frage: Die Fahrtkosten übernehmen Sie? Kann ich davon ausgehen?»

«Ja, Frau Wächtersbach. Sie reichen uns dann Ihre Bahnfahrkarte ein …»

Bevor Sie weiterlesen

Sie dürfen erfreut reagieren, wenn Sie eine Einladung erhalten und dieser Freude auch bei Ihrer Ankunft höflich Ausdruck verleihen.

93 Altersweiser Bewerbungstipp

«Was raten Sie älteren Arbeit Suchenden, die wie ich 51 Jahre oder älter sind? Was können sie realistisch gesehen erwarten, was weniger? Ist es gar nötig, das Alter zu thematisieren?»

Realistisch gesehen, sind Leute ab 30 für Leute unter 30 ausnahmslos alt und im Weg. Leute unter 25 nehmen Individuen jenseits der 35 nur noch als graue Nebelkerzen wahr. Leute um die 20 kennen nicht einmal mehr George Harrison.

Das hindert die Generationen nicht, rücksichtsvoll, verständig und kooperativ das Arbeitsleben zu teilen. Über die Personalauswahl befinden in Deutschland schließlich rational handelnde Menschen. In einer beliebigen Bewerbergruppe werden Personaler und Geschäftsführer denjenigen favorisieren, der am meisten bringt und dafür am wenigsten kostet. Darüber hinaus werden sie nicht anders als Sie selbst auch von unbegründeten Annahmen und unklugen Vorurteilen geleitet.

Lassen Sie als älterer Bewerber unter keinen Umständen zu, dass der Zeitgeist sein Leintuch über Sie wirft. Thematisieren Sie nicht ungefragt Ihr Alter. Spielen Sie mit keiner Silbe darauf an. Kommen Sie nicht auf die Idee, sich für Ihre langjährige Existenz mit einem Ja, aber-Argument auch noch zu entschuldigen.

Geben Sie sich im Privatleben, wie Sie wollen. Sind Sie alt genug, dann treten Sie doch auf wie die bewährten Rollenvorbilder aus Lindenstraße und Sunset Boulevard: seien Sie altersweise, altersmild, altbewährt, alternierend zwischen Größe und Anmut. Nur als Bewerber stilisieren Sie sich am besten nie anders als:

> *kompetent, zuverlässig, engagiert, ehrlich.*

Seit alters her, seitdem der Große Personaler die beiden Landschaftsgärtner A. und E. anheuerte, erwartet man von Bewerbern zuerst, dass sie's können, dass sie nichts anbrennen lassen, dass sie im Schweiße ihres Angesichts, zumindest unter emsigem Klappern der Tastatur, schuften und dass sie den Boss nicht veräppeln.

Das einzige aus dem höheren Alter abgeleitete Pro-Argument wäre eine über die Jahre entwickelte Berufserfahrung. Doch auch die riecht ein bisschen streng, wenn Sie Ihr halbes Berufsleben auf einer einzigen Stelle verbracht haben. Markieren Sie diskret, dass Sie modern, aufgeschlossen, flexibel, mit den neuen Tools und mit den sich ändernden Arbeitsbedingungen vertraut sind. Behaupten Sie's nicht bloß, beweisen Sie's augenscheinlich. Treten Sie jugendlich oder dynamisch oder gar revolutionär auf, wenn Sie nicht anders können. Versuchen Sie nicht mitzuhalten. Bei einem Volkslauf messen Sie sich auch nicht mit der Altersklasse M oder W 25.

Sie schaffen ein Bild von sich: Beim telefonischen Kontakt geht das über Stimme, Sprachniveau und Gestimmtheit. Fürs schriftliche Bewerben gilt: Formulieren Sie nicht so, wie Sie's schon vor 25 Jahren nicht gewusst haben. Misstrauen Sie allen Bewerbungstrainern, die sich aufs Formale beschränken. Hassen Sie aus ganzem Herzen alle professionellen Seelenverkäufer, die Ihnen raten, sich zu verkaufen. Noch besser, Sie überwinden Ihren Hass und *verzeihen.*

Wenn Sie merken, dass Sie sich schwer tun einen Job zu finden, analysieren Sie, was Stellenanbieter als Voraussetzungen nennen. Eignen Sie sich an, was Ihnen an kritischem Know-how fehlt. Signalisieren Sie, dass Sie auch mit einer befristeten Einstellung zufrieden wären. Wenn gar nichts geht, schaffen Sie sich selber einen Job. Erfinden Sie Ihre eigene Stelle, hieven Sie sich über eine Beschäftigungsgesellschaft oder Ähnliches ins Boot. Arbeiten Sie freiberuflich oder ein paar Monate ehrenamtlich für eine Non-Profit-Organisation. Verlassen Sie Ihren Beruf, falls Sie darin nicht reüssieren. Mit 51 kann man durchaus noch neue Marmeladensorten, neue persönliche Interessen, neue Freundschaften, eine neue berufliche Ausrichtung erproben.

Nebenbei bemerkt

Haben Sie schon mal mit einem Pfarrer geredet? Auch wegen des geistlichen Beistands. Vor allem aber, weil Pfarrer absolute Organisationstalente sind und beim Aufbau von Selbsthilfegruppen entscheidend mitwirken können.

Warum ist eine Selbsthilfegruppe gut?

Klar, sie hilft gegen Vereinzelung und Isolation. Und sie ist eine rechtliche Einheit, mit der Kommunen, Ämter, Betriebe viel besser umgehen können. Wenn es zum Beispiel darum geht, Projektgelder und Fördermittel zu vergeben.

Bevor Sie weiterlesen

Sie sind arbeitslos, älter, sozial isoliert und Sie zögern noch? Suchen Sie oder gründen Sie die lokale Arbeitsloseninitiative! Agieren Sie dann aber nicht als

Gerechtigkeitsverein. Handeln Sie als Coop Existenzgründung, bauen Sie etwas gemeinsam auf und machen Sie Geld.

94 Tipp für Geschäftsgründer

«Da es zur Zeit viele Arbeit Suchende gibt und ich schon einige Erfahrung mit eigenen Bewerbungen habe, hätte ich Interesse, auch Bewerbungsberatung anzubieten. Welche Voraussetzungen sind Ihrer Meinung nach nötig um als kompetenter Bewerbungsberater zu gelten?»

Eine ähnliche Frage stellte ein amerikanischer Bekannter einem Schamanen und erhielt die Antwort:

«Was man als Schamane braucht? Nicht viel. Kenntnis der Kräuter und ätherischen Öle, eine gewisse Tanz- und Gesangsfertigkeit, Bereitschaft, um nächtliche Feuer zu hüpfen.»

«Das ist alles?», fragte mein Bekannter ungläubig.

«Der Rest ist Reputation.»

Gefragt ist man, wenn sich die Antworten, die man gefunden hat, herumsprechen. Ich schreibe auf `jova-nova.com`, weil ich davon überzeugt bin, dass jeder, der sich ausreichend mit dem Thema und sich selbst beschäftigt, eine überzeugende und erfolgreiche Bewerbung vorlegen kann. Sein Know-how weitergeben ist eine Sache. Bewerber beraten heißt jedoch, auf sie eingehen. Je engagierter Sie das tun, desto mehr brauchen Sie professionelle Distanz und

Verantwortungsbewusstsein. Sie greifen in das Leben anderer ein. Manchmal tragen Sie dazu bei, dass andere sich und ihr Leben grundlegend ändern.

Ethik. Zeigen Sie Einfühlungsvermögen, Aufmerksamkeit, Spürsinn, Sturheit, Strenge und vor allem Respekt gegenüber Ihren Auftraggebern. Sich bewerben heißt an sich selbst arbeiten. Ein Bewerbungsberater agiert dabei als ein persönlicher Trainer. Er sieht die Stärken, deckt die Schwächen auf, übt ein, korrigiert, sorgt für die zunehmend bessere Performance.

Kenntnis der Regeln. Von einem Spezialisten kann man sicheres Wissen und Beherrschen der einschlägigen Konventionen erwarten: Rechtschreibregeln, Grammatik, DIN-Regeln für Korrespondenz, guter Ton im beruflichen Alltag, Verhaltensregeln, gängige Bewerbungswege und übliche Prozeduren. Regeln, Vorschriften können übrigens um des Bewerbungserfolgs willen durchbrochen werden. Trauen Sie sich? Trauen Sie sich das zu?

Stil. Stil ist bloß Oberfläche, raunzen die Tiefsinnigen unter den Verächtern. Ja, dann sollen die Sinnsucher doch tatsächlich tief abtauchen und sich unsichtbar machen! Karriere-Autorin Susan Ireland holte mich in Berkeley einmal zum Kaffeetrinken ab und fuhr im *roten Sportcoupé* vor. (Was glauben Sie, warum ich unbedingt Karriereberater werden wollte ...) Wir stoppten bei Peet's, setzten uns in die Sonne und sprachen übers Geschäft. Ob Profiling und Screening die individuellen Bewerbungen killen. Welche Vorschriften für Resumes gelten. Und wie man eine Bewerbung so anschneidet, dass sie den Drall kriegt und unhaltbar in der linken oberen Ecke landet. Stecken in Ihnen nicht nur ein ästhetischer Snob, sondern ein Designer, ein Arrangeur, ein Choreograf, ein Überzeugungskünstler? Dann werden Sie Bewerbungsberater!

Sichere Schreibe. Und das meint Geduld, Kreativität, Findigkeit, Stilsicherheit und Perfektionismus beim Formulieren. Anschreiben nach Schablone ist wie Angeln mit Papierbällchen. Es beißt garantiert keiner an.

Marktkenntnis. Sie besitzen ein breites Wissen über Berufsfelder und Tätigkeitsbereiche, über deren Voraussetzungen und Möglichkeiten. Außerdem verfügen Sie über Kenntnis der Jobmärkte, der Wirtschaft sowie Fachwissen in

Arbeitsrecht und Personalwesen. Für Klienten sind Sie ein Informationsbroker. In Recherchieren, Analysieren, Auswerten sind Sie deshalb ausgesprochen stark.

Personal-, Führungserfahrung. Der ideale Coach hat bereits selbst Personalverantwortung übernommen und profitiert von seiner Erfahrung bei Auswahl, Führen, Entwickeln von Mitarbeitern. Nur wenn Sie denken wie ein Personaler und das aussprechen, was ein Geschäftsführer aus Höflichkeit für sich behält, sind Sie Bewerbern von Nutzen.

Das wäre eigentlich schon alles. Vergessen Sie nicht: Dieser Job ist eine unglaublich gute Gelegenheit, sich die Sorgen anderer Leute aufzuladen. Interessiert? Regeln Sie Ihre Angelegenheiten, verabschieden Sie sich von Ihren Lieben, werden Sie Bewerbungsberater!

Nebenbei bemerkt

Sie können Freunde und Kollegen bereits dadurch massiv unterstützen, indem Sie Texte auf Rechtschreibung, Grammatik und Stil prüfen, die Formatierung optimieren und sehr behutsam Empfehlungen aussprechen (*Dieses Jackett? Möchtest du, dass die Blümchen im Besprechungszimmer welken?*)

Staatliche Bewerbungshilfe

Funktionäre, die eher in ein Löwengehege klettern würden, als ohne Geleitschutz den freien Jobmarkt zu betreten, erklären der arbeitenden und Arbeit suchenden Bevölkerung, Jobvermittlung wäre Sache des Staats. Was Sie aber, liebe Leser, an Know-how und Handlungsgeschick für Jobsuche und Bewerbung brauchen, das brauchen Sie auch Tag für Tag in Beruf und Alltag. Autonome Bewerber sind autonome und selbständig denkende Bürger. Frei auf dem Jobmarkt agieren? Ein Alptraum für Funktionäre.

Bevor Sie weiterlesen

Unterstützen Sie den Bewerbungsberater in Ihrer Nachbarschaft und melden Sie ihm alles Auffällige, Ungewöhnliche, Ungeheuerliche, was Ihnen während Ihrer eigenen Jobsuche auffiel.

95 Profil und Angebot

«Dass Sie als Bewerbungsdesigner Deckblätter hassen, verstehe ich ja. Aber gegen ein Profilblatt kann man doch nichts einwenden. Oder raten Sie auch davon ab?»

Bewerber-Profile sind oft dermaßen langweilig, dass man sich weit aus dem Office-Fenster lehnen und frische Luft schnappen möchte. Nicht, weil der Kandidat selbst oder sein Beruf so sterbenslangweilig wären. Der übereifrige Bewerber feuert einfach eine Breitseite an Banalitäten ab:

- Erledigung der Korrespondenz
- Erledigung des Postein- und ausganges (!)
- Vor- und Nachbereitung von Teammeetings
- Führen der Handkasse
- Organisation und Bereitstellung von Büromaterial und -möbel (!)
- Gähn
- Organisation und Koordination der Hotelunterkünfte und des Rücktransportes (!) zu Airport/Bahn

  …

Und das nimmt kein Ende. Die Dingbats-Pfeilchen auf der hier zitierten authentischen Profilseite spießen unerbittlich, Zeile für Zeile, berufliches Alltagsverhalten auf. In diesem Fall ist es so selbsterklärlich wie sekretärlich:

- Unterstützung des Teams bei verschiedenen Projekten
- Betreuung der Führungskräfte des Unternehmens in allen administrativen Angelegenheiten

Ich verfalle keinem Vorurteil, wenn ich behaupte, dass besonders Verwaltungsassistenten gern Erbsen zählen: In meiner Bewerbungspraxis sind dies meist Frauen mit bodenständiger kaufmännischer Ausbildung und schon etwas bemooster Stechkarte. So tough wie Muhamad Ali und logistisch so versiert wie der gesamte Vorstand eines Medienhändlers. Mit Augen, die schon alles gesehen haben, was sich *Geschäftsführer, Abteilungsleiter, Leiter Personal, Geschäftsbereichsleiter und Teammitglieder* seit 1984 an schlimmen Fauxpas geleistet haben. Natürlich sind es nicht nur gestandene Sekretärinnen und Office-Administratorinnen, die ellenlange Listen aufsetzen und akkurat mit spitzen Pfeilen oder kleinen Kugeln verzieren. Wer dies aber macht, der hat ziemlich sicher irgendwo bei den Coach-Potatoes gelesen, dass es höchst angebracht ist, so zu verfahren.

Ist es aber nicht.

Man bevorzugt ja nicht die Kandidaten, die kein Ende finden. Vor allem dann, wenn fixe Konkurrenten die Aufgabenstellung nicht minder kapiert haben und dies nicht extensiv, sondern treffend belegen. Das Selbst-Briefing erhebt Bewerber über den Stand jener bedauernswerten Menschen, die nicht wissen, was sie täglich tun. Es ist aber wirklich nur für einen selbst gedacht. Vielleicht auch noch für jenen ganz besonderen Menschen, der sich höchst einfühlsam und gründlich für jede Facette eines Arbeitslebens interessiert: für den persönlichen Bewerberberater.

Jeder Mensch profitiert enorm davon, wenn er bei Gelegenheit innehält, sich selbst prüft und restlos alles notiert, was er an Arbeiten leistet. Noch besser ist es, diese Informationen in Bezug zu setzen auf die Organisation, für die man jobbt. Fast schon genial: sich mit den Bezugspersonen im Organisationsdiagramm zu vergleichen. Und das non plus ultra an Selbsterforschung: alle diese Informationen in einem letzten Schritt mit den vereinbarten Zielen und erzielten Erfolgen abzugleichen. Sie grenzen damit zum Beispiel ein, was Sie zuviel tun. Was Sie nicht so richtig gut tun. Was Sie tun, obwohl Sie es nicht müssten. Was Sie tun, obwohl Sie es nicht dürften. Was Sie vermeiden, obwohl man es von Ihnen erwartet. Und was Sie alles tun, das Sie eigentlich zu einem Ass macht, wenn man es einmal genau betrachtet. Und das tun Sie ja gerade.

Aber diese Daten roh und unbearbeitet weitergeben? Damit gesteht man ein, dass man nicht zu synthetisieren versteht. Lange Aufzählungen von typischen Alltagsaufgaben erwecken immer den Eindruck, dass man kleinlich denkt und ungern gewichtet. Als Bewerber präsentiert man sich tunlichst nicht um vieles klüger, als der Job verlangt. Aber auch nicht so, wie sich ein Personaler den Prototyp des in seiner eigenen kleinen Welt gefangenen Angestellten vorstellt:

- Organisation und Koordination von Dienstreisen, Meetings, Tagungen, Seminaren etc. inkl. Reisekostenabrechnung
- Erstellung und Gestaltung von Präsentationen, Statistiken, Jahres- und Monatsberichte (!) für Meetings, Tagungen, Seminaren (!), Gesellschafterausschüsse

So aufgezählt, ist es nicht spannend. So unsystematisch von oben nach unten geschrieben, ist es mehr eine Drohung als eine Verheißung. Es signalisiert: Obacht! Ich bin permanent beschäftigt. Unter anderem mit:

- Führen der Handkasse

Jetzt aber!, würde ein oberschwäbischer Bewerberberater ausrufen. Irgendwann in den ausgehenden Siebzigern hat die Autorenfirma Dröge und Smarter wohl empfohlen, die beiden nichts sagenden Dokumente Anschreiben und Lebenslauf mit einem Profilblatt zu ergänzen, damit man wenigstens irgendetwas Handfestes in der Bewerbungsmappe finden möge. Und ein paar Jahre später hatte dann ein bewerbungsberatender Jugendpfarrer die Idee, das Ganze mit dem Bei-Beiblatt «Was Sie sonst noch über mich wissen sollten» auf die Spitze zu treiben.

Doch alles, was der Große Personalverantwortliche dort oben und seine vielen Stellvertreter hienieden über einen wissen müssen, das konzentriert sich allein im Anschreiben und im Lebenslauf. Um es so alttestamentarisch wie deutlich zu sagen: Der Lebenslauf sei Ihr Schild und das Anschreiben Ihr Schwert. Kommen Sie aber jetzt bitte nicht auf den Gedanken, das Profilblatt sei Ihre Rüstung. Das separate Profilblatt ist nichts anderes als die Binde vor Ihren Augen.

Bullet-Listen ergeben kein Profil. Ein Profil ist ein charakteristisches Erscheinungsbild. Bewusst skizzieren und arrangieren geht da allemal über simples Aufzählen.

Nehmen Sie sich ein Beispiel an der Gegenseite. In Stellenanzeigen wird nur aufgelistet, was von Belang ist. Oder es werden wenige Stichworte geliefert, aus denen der interessierte Bewerber sein Bild zusammensetzt: Ein international tätiges Werbe- und PR-Agentur-Network sucht für die Niederlassung in K. eine

Assistentin der Geschäftsführung

Aufgaben:

Leitung des Geschäftsführungsbüros
Termin- und Reiseplanung
Korrespondenz nach Phonodiktat
Abstimmung zwischen Geschäftsführung und Abteilungsleitungen

Anforderungen:

abgeschlossene kaufmännische Ausbildung
mehrjährige Berufserfahrung
gute MS-Office-Kenntnisse
überdurchschnittliche Leistungsbereitschaft
stresserprobt, Flexibilität
Bereitschaft zu Überstunden

Die richtige Antwort darauf gibt man nicht mittels eines Profilblatts. Texten Sie ein Anschreiben und fangen Sie so an:

«Sehr geehrte …,

ich bin Sekretärin des Geschäftsführers Deutschland einer international operierenden Agentur. Für die gesamte Einheit stimme ich den zentralen Kalender ab. Zu meinen vielfältigen Aufgaben zählen das Planen und Organisieren von Geschäftsreisen, Messe- und Kongressbesuchen, Agentur-Events und internationalen Teammeetings. Für den Leitungskreis koordiniere ich zum Beispiel die Sitzungen, erstelle ich Präsentationen und Vorlagen und führe ich das Protokoll.

Meiner Arbeit zugute kommen eine fundierte Ausbildung zur Anwaltsgehilfin, kontinuierliche berufsbegleitende Weiterbildungen, eine mehrjährige berufliche Praxis in Agenturen und eine ausgesprochene Affinität zu administrativen und organisatorischen Aufgaben.

…»

Und so weiter. Legen Sie los! Es macht Spaß, sein Profil zu schärfen!

Nebenbei bemerkt

Übliches Bewerberverhalten richtet sich im Grunde nach der gerade gängigen Konzeption, wie Transaktionen funktionieren und Allianzen geschlossen werden. Propagiert wird bei uns seit vielen Jahren ein Aktionismus, der sich aus Erkenntnissen der Werbe- und Verkaufspsychologie und des Marketings ableiten lassen soll. Ganzheitlich bewerbende Kandidaten von heute entwerfen sich vorab in Motivationsschreiben als Fans einer Firma. Sie bekunden, dass sie Organisation, Markt und Herausforderung verstanden haben. Sie reihen die verlangten Buzzwords in ihren zu Listen eingebruzzelten Charakterskizzen auf. Sie sind begierig, ihre soziale Kompetenz im Kindergarten arrangierter Testsituationen zu beweisen. Poor guys.

Direkt-Marketing: der neue Königsweg für Bewerber?

Dazu Jupp von Matt: «Ich mache Direktmarketing, seit ich fünfzehn bin. Bis ich merkte, dass immer auch ein Nachfassen angesagt ist, war ich Ende dreißig. Und als ich endlich vom lang vorbereiteten Branding profitieren wollte, merkte ich, dass meine Service-Abteilung nicht mitkam. Kaum hatte ich meinen Claim meinen bescheideneren Möglichkeiten angepasst und das operative Geschäft wieder halbwegs zum Laufen gebracht, brach mein Back-Office zusammen.»

Bevor Sie weiterlesen

Der Jobanbieter hat einen langen und harten Weg vor sich. Ob man da als Scout weit vor dem Tross läuft oder als letzter Mann der Truppe sein Lasteselchen führt: Jeder, der mitgeht, hat eine Funktion. Der Jobanbieter kommt schon von irgendwoher. Wenn Sie mit ihm gehen könnten, bedenken Sie tunlichst seine Herkunft, seine Geschichte, seinen Standort und seine Pläne. Legen auch Sie Ihre Herkunft, Ihre Geschichte, Ihren Standort und Ihre Pläne offen. Vielleicht setzt der Stellenanbieter den Akzent auf die Frage, ob man Sie in die Truppe aufnimmt. Legen Sie selbst den Schwerpunkt auf die Frage, ob Sie sich verbünden. Aufgenommen werden heißt nicht mitmachen. Ein Bündnis bedeutet, gemeinsame Ziele zu bestimmen und sie auch zu verfolgen.

96 Auf der Startlinie

«Haben Sie einen Tipp, worauf man bei der Analyse von Stellenanzeigen alles achten sollte?»

In Stellenanzeigen tobt sich das Temperament des Personalers aus. Von der Neuen Sachlichkeit bis zum Heldenepos wird sich jeder Gattung bedient. Gibt Ihnen das hier zu denken:

> *Überdurchschnittliches Engagement, die Fähigkeit zur Teamarbeit, Verantwortungsbewusstsein und Belastbarkeit gehören ebenso wie Selbständigkeit und Eigeninitiative zu Ihren persönlichen Eigenschaften.*

Das gibt Ihnen sogar sehr viel zu denken? Das sollte es aber nicht. Was hier verlangt wird, bringt doch jeder, vom Baumarktleiter bis zum Klinikarzt, von der Kindergärtnerin bis zur Finanzberaterin.

Weshalb werden Stellenangebote veröffentlicht? Weil schnellere und kostengünstigere Wege, wie z. B. die interne Ausschreibung, nicht den gewünschten Erfolg hatten. Und was, wenn Sie in Ihrer bevorzugten Jobbörse oder Zeitung vergeblich nach spannenden Annoncen blättern? Vielleicht besteht wirklich kein Bedarf nach Ihnen. Sie werden es nie genau erfahren, wenn Sie nicht von sich aus in Unternehmen nachfragen.

Die Samstagsausgaben der überregionalen Tagespresse und die wichtigen Wochen- und Fachzeitschriften können Sie in öffentlichen Bibliotheken durchblättern. Lesen Sie bei dieser Gelegenheit auch den Wirtschaftsteil Ihrer Zeitung. Für jede Branche und jeden Beruf existieren Fachzeitschriften mit entsprechenden Annoncen. Zwischen Ärzteblatt und VDI-Nachrichten gibt es fast so viele Periodika und Newsletter wie Branchen- und Berufsverbände.

Zeitschriftenverzeichnisse recherchieren Sie ganz ohne Rechercheberater im Web. Beispiel: Wissen und Management sind die beiden Pole Ihrer beruflichen Welt. Dann geben Sie in `google.de` einfach ein Begriffspaar wie «Zeitschrift+Wissensmanagement» ein.

Stellenangebote publiziert aber auch das Arbeitsamt. Rundfunksender verlegen sich auf akustische Stellenmärkte. Um die großen Jobbörsen im Web wachsen heftig kommunizierende Online-Gemeinschaften. Dort lassen sich die Guides und Gemeindemitglieder in ihren Diskussionen von den eingehenden Jobangeboten zumindest nicht stören.

Stellenangebote sind Indikatoren für Beruf, Karriere und Wirtschaft. Indikatoren zeigen an, was passiert. In manchen Berufszweigen, so könnte man meinen, braucht es keine Indikatoren. Controller sind zum Beispiel immer gesucht und die Leute, denen sie auf die Finger klopfen, auch. Aber fragen Sie mal einen Controller. Über Stellenanzeigen, Business-News, Lektüre von Geschäftsberichten, Insidertalk und Infos vom Nachbartisch sammelt er in aller Ruhe Daten für seine Markt-Analysen. Kurzum: Leute, zu deren Jobbeschreibung es gehört, informiert zu sein, verfolgen eher die Märkte und reagieren deswegen auch schneller auf Gelegenheiten und Veränderungen.

Ihnen ist egal was in der Welt passiert? Dann analysieren Sie doch, was heutzutage an Schlüsselqualifikationen verlangt wird. Vielleicht kommen Sie zum Schluss, dass Sie Ihr Englisch oder Ihre zweite Fremdsprache schleunigst ausbauen sollten …

In Zeiten hoher Arbeitslosigkeit mehren sich dubiose Anzeigen. Bitte vergessen Sie bei der Lektüre nicht den alten Grundsatz: Steig zu keinem fremden Jobanbieter ins Auto.

- Wanted – Intelligente Menschen mit einem Hang zur Selbständigkeit und viel Verständnis für Neuerungen für ein Geschäft der Zukunft mit geringen Investitionen …
- Hilfe !!! Ich ersticke in Arbeit !!! Wer kann mir …
- Junger Unternehmerin wächst das Geschäft über den Kopf …

Überhören Sie am besten derartige Appelle an Ihre Intelligenz oder an Ihre natürliche Hilfsbereitschaft gegenüber jungen Unternehmerinnen. Alle Anzeigen, auch die seriösen, lesen Sie kritisch und sorgfältig durch. Annoncen werden natürlich von Unternehmen als ein Medium der Selbstdarstellung benutzt. Um Bewerber anzusprechen, spart man nicht an schönen Worten.

Trotz aller Beteuerungen, wie viel Spaß der Job bei Firma Ernst & Bieder machen wird: Meist steht da noch in sehr klaren Worten geschrieben, welche minimalen Voraussetzungen der Kandidat erfüllen muss. Glauben Sie dem Stellenanbieter, wenn er Formulierungen wie unbedingt, notwendig oder wünschenswert verwendet. Ihre Chancen verringern sich drastisch, wenn Sie eine oder gar mehrere grundlegende Bedingungen nicht erfüllen. Statt sich mit aussichtslosen Bewerbungen abzumühen, könnten Sie z. B. weiter recherchieren, Ihren Aktionsradius erweitern und sich die überregionalen Angebote anschauen. Manch einer bemerkt bei der Lektüre von Stellenanzeigen entsetzt, dass die eigenen Fähigkeiten nicht mehr up-to-date sind. Dann ist es allemal klüger, Bewerbungsabsichten bis auf weiteres zu vertagen und sich erst einmal die fehlenden Schlüsselqualifikationen zu erwerben.

Lassen Sie sich von den verlangten nicht-spezifischen Eigenschaften nicht ins Bockshorn jagen. Bewerber reagieren auf Aufzählungen wie Engagement, Teamfähigkeit, Verantwortungsbewusstsein, Belastbarkeit, Selbständigkeit, Eigeninitiative … in der Regel so, dass sie alle Kriterien einzeln abfragen: Bin ich eigentlich engagiert? Was bedeutet engagiert? Wie steht's mit meiner Teamfähigkeit? Wie soll ich Verantwortungsbewusstsein beweisen? Bin ich belastbar? *In jedem Fall viel weniger als mein Kollege Christian Gasche. Der arbeitet ja noch bis Mitternacht an seinen Exposees.* – Sich so zu prüfen ist der falsche Ansatz. Meine dringende Empfehlung:

- Versuchen Sie nicht, die verlangten persönlichen Eigenschaften Punkt für Punkt zu belegen.
- Versuchen Sie aber stets, den verlangten fachlichen Erfordernissen punktgenau zu entsprechen.

Beispiel: Sie sind Baustellenleiter. Ein Personaler schreibt eine Position *Baustellenleiter* aus. Die aufgelisteten persönlichen Eigenschaften in der Jobofferte beschreiben den Baustellenleiter so, wie sich ein gewissenhafter Personaler das Profil eben vorstellt, wenn der Betriebsrat mitliest. Sie sind aber selber ein tüchtiger Baustellenleiter. Sie wissen viel besser, wie ein idealer Baustellenleiter tickt. Greifen Sie darum nicht den Forderungskatalog auf. Veranschaulichen Sie stattdessen den König der Baustellen, so wie Sie ihn in Fleisch und Blut verkörpern. Über Ihrem lebendigen Bild vergisst der Personaler garantiert seinen ersten Entwurf. Und falls er es nicht tut, haben Sie sowieso verloren. Die beste Präsentation überstrahlt alle anderen.

Versuchen Sie es. Haben Sie endlich eine interessante Anzeige gefunden? Innerhalb von 14 Tagen nach Veröffentlichung sollten Sie darauf antworten. Rechnen Sie mit mehr Konkurrenten, als Ihnen lieb ist. Und mit Mitbewerbern, die geradezu vom Glück verwöhnte Sunnyboys und -girls sind. Jetzt ist es an der Zeit, Ihr Lächeln zu aktivieren. Von zwei Bewerbern gewinnt der, der bis zum Ende lächelt.

Wie Ihre Mitbewerber haben Sie keine Wahl der Waffen. Der Dreischritt *Analysieren – Formulieren – Präsentieren* ist Ihnen vorgegeben. Da empfiehlt sich eine simple, aber erfolgreiche Methode: Übertragen Sie alle wichtigen Informationen aus der Annonce einfach in Ihre Checkliste für Stellenanzeigen. Und die finden Sie als Online-Formular auf `jova-nova.com`!

Nebenbei bemerkt

Mit Ihrer Bewerbung wenden Sie sich entweder an einen idealen unbekannten Briefempfänger oder an eine Ihnen bekannte Person. Beide Male sind die Schlüsselworte: Stichhaltigkeit (der Argumente), Klarheit (der Aussagen), Geschlossenheit (Ihrer Darstellung), Präsenz (Ihrer Person). Wenn Sie an jemanden schreiben, den Sie kennen, werden sich Argumentationsauswahl und Tonfall des Briefes ändern. Egal an wen Sie schreiben, die meisten Empfänger lassen sich mehr oder minder unbewusst von den oben skizzierten Vorgaben leiten.

Bewerber live: kontakten, verhandeln, gewinnen

Absagen sind Anlässe zum höflichen Nachfragen. Rufen Sie an und erkundigen Sie sich: Womit hat der ausgewählte Bewerber überzeugt? Was hat der eigenen Bewerbung gefehlt? Was würde der Stellenanbieter empfehlen, damit man seine Chancen verbessert? Wo könnte man sich noch bewerben?

Bevor Sie weiterlesen

Es gibt aber immer Leute, die alle in der Stellenofferte verlangten Tools beherrschen, auf den projektierten Einsatzfeldern geackert haben und zudem genauso leistungsorientiert und flexibel sind wie Sie. Und fast genauso nett. Ich will Ihnen nicht den Mut nehmen. Aber wenn man sich auf die Startlinie stellt, sollte man sich umschauen, wer mitläuft.

97 Netzwerke pflegen

«Jetzt fangen Sie auch noch mit dem Net Working an. In meinem Job lerne ich niemanden kennen und auch selbst Sie habe ich nur über eine Suchmaschine gefunden! Wie soll ich da Netze knüpfen?»

Manche Platituden aus der Welt der Inter-Office-Memos hauen selbst einem abgebrühten Überlebenden der New Economy die iPod-Stöpsel aus den Ohren. Es sind solche Appelle wie «Kosten einsparen» – «Marke aufbauen» – «Synergien nutzen» oder «Netzwerke pflegen».

Netzwerke pflegen. Da hat man sich so oft wertvolle Abend-Arbeitszeit abgespart, um nach der Arbeit noch auf Events zu gehen. Tags drauf murmelte man dann in einem Meeting: «Lauter viel versprechende Kontakte.» Die dort eingeforderten und noch aufbewahrten Visitenkarten haben jedoch null praktischen Wert mehr. Sie sind zu Sammlerstücken einer bereits entschwundenen, schönen Gründerzeit geworden: Die Start-ups sind down, Fon und Mail wurden abgeschaltet, die vielen Heads of … sind um einen Kopf kleiner.

Netzwerke pflegen, das sagt sich so leicht. In diesem wirtschaftlichen Herbst werden jobdienliche Netze zugleich ausgedünnt und belastet.

Netzwerke pflegen – da schwingt immer auch ein leichtes Schuldbewusstsein mit. Ich sollte mich endlich verstärkt um mein berufliches Netzwerk kümmern. Erfolgreich kontakten heißt schließlich von sich aus auf andere zugehen. Auch das noch, seufzen manche, die von sich aus am liebsten dort verharren, wo sie gerade stehen. Bauen demnach nur offensiv handelnde, kommunikationsstarke Menschen weit reichende und tragfähige Netzwerke auf?

Sofern Sie frei von Intrigantentum, Niedertracht und Boshaftigkeit sind, sofern Sie passable Umgangsformen besitzen und Ihre Egoismen im Zaun halten können, solange Sie also ein halbwegs anständiger Mensch sind, werden Sie es schwer haben, zu lernen, zu arbeiten und Ihre Freizeit zu gestalten, ohne dabei laufend Beziehungen zu anderen netten und nützlichen Menschen zu knüpfen.

Befolgen Sie als Hobby-Netzwerker diese wenigen Regeln:

1. Kümmere dich zuerst um die, die dir am nächsten stehen.
2. Nimm von Kollegen und Vorgesetzten so Abschied, dass du ihnen jederzeit wieder begegnen kannst.

3. Zeig von Zeit zu Zeit, dass du dich an jemanden erinnerst.
4. Hab Geduld.

Karriere ist in der Corporate World ein mächtiger Berg. Sie schaffen es nicht allein nach oben. Ohne Seilschaften und Mentoren kein sicherer Aufstieg – kümmern Sie sich deshalb stets zunächst um Ihre eigene Gruppe. Und die lebt von Kollegialität, Verlässlichkeit und Vertrauenswürdigkeit. Zu allererst immer von der eigenen!

Es gibt keinen Beruf, den man ganz allein ausübt. Selbst wenn Sie Schäfer sind und Ihr einziger Ansprechpartner unter der Woche Sie mit einer feuchten Schnauze anstößt, gibt es Schäfervereinigungen, Schäfertreffen und lustige Schäferstündchen auf Weidekongressen und Wiesenkonventen. Zugegeben, manche Netzwerke sind klein und lokal. Die meisten beruflichen Ambitionen sind aber auch klein und lokal. Wollen Sie mehr vom Leben, dann positionieren Sie sich komplett neu. Die halbe Literatur des Abendlands beschreibt Leute, die ihre Heimat verlassen, in der Stadt interessante Netzwerke knüpfen und sich am Ende doch nach ihren Schäfchen sehnen.

Unbeständigkeit und Wechsel kennzeichnen in der Welt der schnellen Dienste und Leistungen den Alltag. Kollegen, Vorgesetzte, Untergebene entschwinden deshalb häufig Ihrem Gesichtskreis. Verabschieden Sie sich so von ihnen, dass man sich gern an Sie erinnert, wenn man sich eines Tages wieder trifft. Und in dreißig, vierzig arbeitsreichen Jahren trifft man sich weit öfter wieder, als manchem lieb ist.

Das gilt in besonderem Maß für Konkurrenten und Widersacher. Es ist unmöglich, sich beruflich zu entwickeln, ohne auf Kontrahenten zu treffen. Sortieren Sie zwischen Menschen, die Sie nicht leiden können und Menschen, die Ihnen schaden könnten. Arbeiten Sie darauf hin, sich auch Gegenspielern gegenüber nach Möglichkeit künftige strategische Allianzen offen zu halten. Manchmal trifft man dann doch auf echte Intriganten, auf Lügner, Soziopathen oder auf Menschen, die leben, was BILD schreibt. Halten Sie Abstand.

Es gibt stets einen Kernbestand an nicht-familiären Adressen, die Ihnen als sozial integriertem Berufstätigen eine schöne Weihnachtskarte wert sind. Die Zahl der Empfänger wird im Lauf der Jahre wachsen. Investieren Sie in Ihre Besten Wünsche. Verdeutlichen Sie einmal im Jahr Ihre besondere Wertschätzung.

Netzwerke aufzubauen braucht viel Zeit, weil es einfach Zeit braucht, mit anderen Menschen positive Erfahrungen zu machen. Verlieren Sie nicht die Geduld und vergessen Sie nie:

Nichts verbindet einen mehr mit anderen, als gemeinsam Schlachten erlebt und überlebt zu haben.

Das wird so selbst Christian Ströbele guten Gewissens unterschreiben, vorausgesetzt, wir ersetzen Schlachten durch *friedensichernde Geschäftsvorfälle.* Gehen Sie mit Ihrer Peer Group durch dick und dünn, bewähren Sie sich, und die Peer Group wird auch noch in fernen Zeiten für Sie da sein.

Solange Ihnen kluge Ratgeber einfallen, solange sind Sie gut vernetzt. Ich habe mich selbst zum Thema ein wenig umgehört. «Letztlich stärkt ein Netzwerk am meisten, wenn man nachhaltig Gutes tut. Erwarte aber nie eine unmittelbare Gegenleistung dafür,» mahnt ein Geschäftsführer Karl Schotten. «Einsatz für andere ist ein Langzeit-Investment.»

Und für Bewerber-Ersthelferin Edith Nebel ist «Net Working eigentlich nur eine neumodische Bezeichnung für die Folgen ganz altmodischer Tugenden: Höflichkeit, Aufmerksamkeit, Fairness, Hilfsbereitschaft und Zuverlässigkeit».

Nebenbei bemerkt

Immer lobe ich die Erfolgreichen. Das wird schon langsam zur Manie. Aber von wem soll man sonst lernen? Nehmen wir an, Sie haben Erfolg. Erfolg ist Leistung plus die Reaktion anderer Leute auf die eigene Leistung. Ihre Beförderung ist eine Folge ihrer Leistung (sowie Ergebnis Ihrer sonstigen karrierefördernden Handlungen), aber zugleich auch ein Kommentar dieser Leistung. Dieser Kommentar reichert Ihren Ruf an. Je exponierter Sie sind, desto weiter eilt Ihnen Ihr Ruf voraus. Auf Leistung basierender Erfolg regt wiederum viele interessante Leute an, von Ihnen viel zu halten und mit Ihnen in Kontakt zu treten. Sicher werden Sie selbst auch die ganze Zeit über ihre Leistung, ihren Erfolg und Ihren Ruf aktiv und umsichtig vermarkten. (Gut zu sein reicht allein nicht aus.) Dass es funktioniert, merken Sie, wenn Leute Sie kennen, die Sie nicht kennen und wenn Sie zu Vorträgen und Diskussionen eingeladen werden und anfangen, Interviews zu geben. Zwei Führungskräfte: der eine kontaktet rund um die Welt, der andere bringt derweil die Firma voran. Führungskraft Nummer eins hat das weit reichende Netzwerk. Führungskraft Nummer zwei kennt weniger Leute, ist aber so exponiert, dass ihre Leistung sich herumspricht …

Bevor Sie weiterlesen

Investieren Sie in Visitenkarten.

98 Erfolg: Winklers Einsichten

Die erfolgreichen Bewerber in diesem Jahr waren alle umtriebig. Sie haben systematisch nach Bewerbungschancen gesucht. Sie haben sich nicht von Rückschlägen aus dem Konzept bringen lassen. Ihre Umgebung hat sie dabei unterstützt und hat ihre Aktionen ermutigend kommentiert

Mein Fazit: Zum Job kommt sicher, wer *einfach* handelt und wer einfach *handelt.* Und ich bin heilfroh, dass einfaches Handeln nicht kompliziert ist. Sonst könnte man die Regeln nicht so simpel formulieren:

01
Bewirb dich besser über einen geeigneten Fürsprecher als direkt.

02
Sofern du die Wahl hast: Rede lieber jemanden an, als ihn anzuschreiben.

03
Sprich mit den Jobanbietern, die lieber sprechen. Mail die Jobanbieter an, die lieber mailen. Liefere Papier an Jobanbieter, die es gern rascheln hören.

04
Deine innere Bewerbung beginnt mit einem Drei-Wort-Satz: «Ich bin …»

05
Strahle gleichmäßig und stark diese Signale aus: Selbstgewissheit, Bestimmtheit, Eindeutigkeit, Wiedererkennbarkeit, Verlässlichkeit, Robustheit, gute Kinderstube. Du musst nicht auf allen sieben Frequenzen gleichzeitig senden. Aber auf sechs von sieben zu jeder Zeit.

06
Oh, und in Ergänzung zu 05: Deine Rede sei konkret oder gar nicht.

07
Liefere nie mehr an Text, als der Stellenanbieter braucht.

08
Gehalt, Leistungen, Rahmenbedingungen: Jeder Interviewer schneidet von sich aus das Thema an. Lass ihn anfangen. Lass ihn mit seinen Vorstellungen kommen.

09
Häng nicht Ideen nach wie *standesgemäße Arbeit* oder *nur feste Anstellung* oder *staatlicher Geleitschutz durchs Leben.* Mach Geld. Mach weniger, wenn die Zeiten schlecht sind und mehr, wenn die Zeiten gut sind. Mach's, wie du es am besten verstehst, und wie du's vor deinem Gewissen und deiner Selbstachtung verantworten kannst. Kümmere dich nicht darum, was der Bund für Anstalten macht. Mach Geld.

10
Tu niemals nichts.

99 Freudlose Helfer

Mach Geld. Ist das ein kluger Vorschlag? In Deutschland nicht. In Deutschland bezieht man seinen geheimen Kick daraus, sich von Kitschfabrikanten als Looser beschimpfen zu lassen. In Deutschland findet man, dass jeder nicht so clevere Millionär sein Steuerschicksal verdient hat. In Deutschland biegt man seine Lebenslüge zum Sparmotto um und erklärt: *Ich bin doch nicht blöd.*

Geld macht man hier nicht. Geld spart man sich ab oder man holt es von den anderen. Und warum nicht von den Reichen, die der günstigen Besteuerung wegen in Massen nach Deutschland umsiedeln und dort prima leben und sparen. Das nächste Mal, wenn Sie einen dunkelhäutigen Großkapitalisten durch den Regen stapfen sehen, in seinen dünnen Schlaghosen, in seiner hüftkurzen schwarzen Lederjacke und seinem *Lidl-Backpack*: Achten Sie auf sein glückliches Grinsen. *Er flaniert durchs Steuerparadies Deutschland.*

Mach Geld. Können Sie sich das vorstellen? Bildhaft? Wie Sie durch Ihre eigene Anstrengung, durch Ihre eigene Arbeit Geld machen? Dann stellen Sie sich vor, wie unsere Hüter des sozialen Ausgleichs Ihnen dabei zuschauen.

Machen Sie besser kein Geld. Sonst machen Sie am Ende noch zuviel. In der Republik gilt wie in der Ukraine und in ein paar autonomen Wagenburgen als bare Münze, dass überhaupt nur der Reichtümer anhäufen kann, der die Armen bestiehlt.

Ich schrieb: «Häng nicht Ideen nach wie standesgemäße Arbeit oder nur feste Anstellung oder staatlicher Geleitschutz durchs Leben. Mach Geld. (...) Kümmere dich nicht darum, was der Bund für Anstalten macht.»

Eine Mitarbeiterin aus einer Anstalt für Arbeit reagierte kurz und bündig per Mail. Ich antwortete ihr: «In einer Zeit der allgemeinen Malaise rate ich eben Bewerbern, ihre Ansprüche herunterzuschrauben und alle Anstrengung zu unternehmen, um sich ihren Lebensunterhalt aus eigener Kraft zu erarbeiten. Ich glaube an den selbstbestimmten, selbstbewussten Menschen.»

Worauf sie zurückschrieb:

> *«Inwieweit der Mensch tatsächlich selbstbestimmt ist, d. h. zu welchem Anteil er seines eigenen Glückes Schmied ist, darüber könnten wir lange diskutieren. Nur soviel: den homo oeconomicus zu sehr strapazieren, heißt gesellschaftliche und ökonomische Zwänge zu individualisieren und den Einzelnen in seinem Versagen auf sich selbst zurückzuwerfen. Davor kann ich nur warnen: Jobsucher sind Menschen mit Bedürfnissen, die eben nicht nur auf die Jobsuche reduziert werden können. Genauso wenig haben sie Auftritte, es handelt sich hierbei schließlich nicht um Komparsen oder Internet-Homepages, sondern um Menschen, die bestimmte Fähigkeiten, Neigungen, Erfahrungen aber auch Schwächen und Bedürfnisse haben. Und wer dies nicht versteht, sollte besser Türen oder Dachziegeln verkaufen. Von meinen Kunden sind sich die allermeisten*

keinesfalls zu schade zur Arbeit, die wenigsten haben auch zu hohe Ansprüche und haben sich durchaus lange Zeit aus eigener Kraft ernährt!»

Ich predige ungern. Ich bin Berater, und ich denke, wer predigt, berät nicht. Und deswegen halte ich mich mit gut gemeinten Ratschlägen zurück – soweit es mir möglich ist. Das gelingt mir nicht immer. Meine beiden grundlegenden Botschaften wiederhole ich nämlich sehr, sehr gern. Engagiert, beredt und so oft ich kann:

- **Sie müssen sich nicht verkaufen.**
- **Sie können mehr aus sich machen.**

Die Argumentation der Beraterin geht so: Jobsucher, vor allem die schon längere Zeit erfolglosen, können sich noch so flexibel und willig an die ökonomischen Vorgaben und Forderungen anpassen: Die Wirtschaft lässt sie aufmarschieren und vortanzen und stellt dann doch nur aufs Geradewohl ein. Bei aller Marktorientiertheit sind Jobsucher vor allem auch Menschen. Sie müssen das Abgewiesen- und Nicht-Gebraucht-Werden verarbeiten, da sie unter Selbstzweifel, Versagensängsten und Schuldgefühlen leiden. Langzeit-Bewerber sind Menschen in Not – oft in materieller, fast immer in psychischer. Jede Unterstützung verlangt ein ganzheitliches Vorgehen.

Das ist sicher so. Ich kann da nur nichts machen.

Ich kann die Wirtschaft nicht menschlicher, den Staat nicht vernünftiger, die Menschen nicht glücklich machen.

Ich optimiere Bewerbungen und bewege mich auf der Ebene der simplen Handlungsanweisungen.

Ich nehme es sogar als gegeben, dass wir nicht in der besten der Arbeitswelten leben. Ich weiß aber, wie man da überlebt und sich zurecht findet und sich engagiert um gemeinsam die Bedingungen zu verändern. Und ich finde es unsäglich, dass bei uns Jobverlust fast schon reflexartig in die Kategorie Lebenskrise subsumiert wird. Dass wir Beraterbataillone auf Arbeitslosenheere dirigieren. Dass der Staat jetzt auch noch Jobmakler alimentieren will. Jobverlust, Jobwechsel, berufliche Re-Positionierung, Auszeiten, biographische Brüche, geradlinige, verschlungene, diffus verlaufende Lebenswege – das alles macht unser Erwachsenendasein aus. Man muss den Erwachsenen nicht das Risiko zu leben abnehmen. Die Arbeitswelt ist hart und ziemlich ungerecht und in vielerlei Hinsicht überreglementiert. Soweit ich mich erinnere, war die Schulwelt gerade genau so. Das Gute an der Arbeitswelt, so schien mir zumindest, war doch gerade, dass man endlich dem Schulreglement mit seiner kindischen Bevormundung und Gängelei entkommt.

Ich rate allen Arbeitslosen, die mit Hilfe von sozialtherapeutisch geschulten Anstaltsberatern ihre Misserfolge verarbeitet haben und soweit wieder stabilisiert sind, dass sie die Wirtschaftsnachrichten mitverfolgen können, ohne dass es sie schüttelt:

Machen Sie sich klar, warum Sie keinen Erfolg haben.

Liegt es an Ihrem Auftritt? Vermarkten, präsentieren, verhandeln: Haben Sie da Defizite? Sich vermarkten heißt übrigens nicht die Pavianbäckchen keck aufzuplustern und im Brustton der falschen Überzeugung Gabriel einen Erzengel zu heißen. Vermarkten heißt erst einmal Marktkenntnis zu erwerben und sich auf dem Markt zu lokalisieren.

Liegt es an Ihrer Unbeweglichkeit? Wollen Sie nicht dort hin, wo es Arbeit gibt? Oder liegt es an Ihrer Kurzsichtigkeit? Sehen Sie nicht, dass man anderswo nach Ihnen Ausschau hält? Oder finden Sie, dass die Solidargemeinschaft Ihre Immobilität sponsern soll?

Fehlt Ihnen was? Praktisches oder theoretisches Wissen? Bemerken Stellenanbieter als erstes nicht das, was Sie vorweisen, sondern das, was Sie nicht haben?

Sind Sie eine Krabbe auf Landgang? Haben Evolution, Sozialisation und ein extensives Studium in Abtauchen Sie zu einer Spezies geformt, die bloß gut seitwärts kann? Noch mal: Wenn das, was Sie drauf haben und gern tun, Sie nicht ernähren kann, dann klagen Sie nicht über Hunger. Tun Sie etwas anderes. Oder huschen Sie zurück in Ihr Element.

Sind die Stellenanbieter selber in Not? Oder haben sie einen coolen Weg gefunden, ihre Geschäftsziele zu erreichen, ohne dass man Sie dafür braucht? Vergessen Sie nicht: Das Geschäftsziel eines Arbeitgebers besteht in der Regel nicht darin, Arbeit zu geben.

Sind Sie zu lange aus dem Business? Und wenn Sie lange draußen sind, was gibt Ihnen Anlass zu hoffen, dass Sie je wieder hineinkommen? Wissen Sie Beispiele von Leuten, die es geschafft haben? Wie viele hatten Erfolg? Wie lange mussten sie warten?

Manchmal ist es ja sinnvoll, präsent zu sein. Lehrer meines Jahrgangs haben in Baden-Württemberg zehn lange Jahre dies und jenes getan, bis dann an einem

Freitagmittag ein Bürokrat in den Hörer bellte: «Wollen Sie noch Lehrer werden? Sie müssen gleich am Montag anfangen.» Natürlich standen die alt gewordenen Junglehrer drei Tage später beim Schulamt auf der Matte. *Verräter.*

Ein erfolgreicher Jobsucher sucht sich seinen Weg wie Wasser. Manche Jobsucher sind wie stehendes Wasser. Träge Jobsucher ziehen auf magische Weise freudlose Helfer und summende Funktionäre an. Was in Deutschland aber stets dick und satt fließt, sind *Fördermittel.* Darum denken sich auch so viele der mitfühlenden und überarbeiteten Helfer: *Mach Geld.*

100 Die schlimmsten Fehler

«Was sind die schlimmsten Fehler, die man bei einer Bewerbung machen kann?»

Die Punkte 1– 5 sind K.o.-Kriterien, mit 6 – 10 macht man sich das Bewerberleben unnötig schwer:

1. Klar genannte Voraussetzungen nicht erfüllen, dafür aber tapfer Fähigkeiten aufzählen, die keiner verlangt hat.

2. Klar genannten Bedingungen ein verschämtes «Leider ...» entgegensetzen.
3. Mit keiner Silbe auf die Voraussetzungen, Erwartungen, Interessen des Stellenanbieters eingehen.
4. Ein Bewerbungsschreiben wortwörtlich abkupfern und dieselbe Vorlage auch noch an unterschiedliche Stellenanbieter absenden.
5. Lügen, flunkern, übertreiben.
6. Floskeln, Phrasen, leere Worte.
7. Nicht klar und deutlich sagen, was für einen spricht.
8. Tippfehler, Formfehler, Stilfehler.
9. Ein Lebenslauf, den man nicht mit einem Blick erfasst.
10. Kinkerlitzchen an Bewerbungsmappen, Ballast in Bewerbungsmappen, Bewerbungsmappen im Heimdesign.

Vor dem Interview ist es sicher kein Fehler, einmal die Messlatte eines Personalers anzulegen: Jobtauglich? Mannschaftstauglich? Irgendwas von vorn herein problematisch? Zeichnen sich jetzt schon spätere Konflikte und Bruchlinien ab? Personaler werden einem Bewerber Überheblichkeit, Unhöflichkeit, Unpünktlichkeit, Herumtaktieren und mangelhafte Gesprächsvorbereitung kaum nachsehen.

Der schlimmste Fehler: sich für den falschen Job bewerben, die Zusage bekommen und ihn antreten.

Und der allerschlimmste Fehler (schwache Gemüter, jetzt nicht weiterlesen!): eine Karrierechance nicht nutzen, weil man zu feige, zu eingerostet oder zu schüchtern ist.

Nebenbei bemerkt

Bewerber berichten von den unglaublichsten Pleiten und Pannen – die aber nicht verhinderten, dass man den Job doch noch erhalten hat. Zur erfolgreichen Bewerbung gehört immer auch *Glück*.

Wo kann man Bewerberverhalten trainieren?

In der Schule: Referate, Reden, Vorträge halten.

In der Schule, beim Sport: sich Konkurrenzsituationen stellen. Wettbewerbsorientiert handeln.

In der Schule, im Verein, in der Gruppe: Projektarbeit. Integrativ und kooperativ handeln.

Zu Hause: Umgangsformen einüben und pflegen, Gesprächsverhalten pflegen.

Bevor Sie weiterlesen

Kleine Tagträumerei: Sie sind Geschäftsführer. Welche Menschen würden Sie einstellen? Warum?

Anhang

Die Weisheit von den vier Schwingen

«Man findet im Web widersprüchliche Informationen, wo immer man als Bewerber nachliest. Warum sollten gerade Sie, Herr Winkler, Recht haben?»

Die meisten Stories von der Job- oder Wohnungssuche handeln vom unverschämten Glück, vom unglaublichen Zufall, vom Seltsamerweise-hat-es-dennoch-Geklappt. Oder sie gehen so: «Ich habe nichts unversucht gelassen und habe alle guten Ratschläge befolgt. Ich bin beim Vermieter mit dem extra angemieteten Statuswagen vorgefahren. Ich habe vor meiner Bewerbungsaktion sogar noch extra über einen Kurs mein IT-Wissen aufgefrischt. Nichts von alldem hat gefruchtet.»

Bewerber wie Wohnungsuchende können aus derlei Erzählungen zu Recht schließen, dass mit ein bisschen Glück irgendwie alles geht. Doch nur im Großen und Ganzen ist alles möglich. In jedem einzelnen Fall tut man gut daran, der guten und bewährten Praxis zu folgen.

Warum, erklärt uns die altjapanische Weisheit von den vier Schwingen. Den Bewerber tragen ans Ziel:

- seine Kunst, das Eisen zu schmieden (das heißt, sein fachliches Wissen und Können)
- seine Kraft, den Fluss zu queren (das heißt seine persönlichen Stärken)
- seine Vermögen, den Pinsel sicher zu ziehen (er sollte die Formen wahren)
- seine Kenntnis des kürzesten Pfades (er sollte seinen eigenen Werdegang steuern)

In den letzten sechshundert Jahren ist zu diesen vier grundlegenden Bedingungen nur noch dieser eine Fakt dazugekommen:

- Das Dilemma der tickenden Uhr: Bewerber kämpfen dagegen an, dass Personaler immer weniger Zeit haben und mehr und mehr von unwichtigen Informationen eingedeckt werden. Darin unterscheiden sich Personaler aber nicht von uns Zeitgenossen. Wir können uns wiederum umso leichter vorstellen, wie jene Leute von der Gegenseite handeln, die Personal suchen und auswählen.

Und die Schlussfolgerung? Je konkreter Ihre Argumentation, je glaubwürdiger Ihre Stärken, je sichtbarer Ihre formale Anpassungsfähigkeit, je pfiffiger Ihre Bewerbungsmethode und je kürzer Sie sich fassen, desto wahrscheinlicher auch

Ihr Erfolg. Immer vorausgesetzt, Sie können die beruflichen Funktionen auch ausfüllen und sich mit dem Anbieter über die Rahmenbedingungen eines Jobs einigen.

In meinen Tipps und Ratschlägen meide ich, so gut es geht, die Wörter *müssen* und *sollen.* Meinen Trost *Sie müssen sich nicht verkaufen* sollten Sie aber durchaus auch als eine Anweisung verstehen. Sicher bestimmen meine eigenen Vorlieben und Abneigungen mein Urteil, aber ich möchte Ihnen weniger Vorschriften machen, als Ihnen nahe bringen, wie die Dinge funktionieren.

Personaler werden durch die tägliche Fülle wirklich mieser Bewerbungen konditioniert. Klar muss man sich nicht *hiermit* bewerben. Klar sollte man sich verschmuste Halbporträts für andere Arten von Kontakt-Korrespondenz aufsparen. Klar findet ein Deckblatt sein Äquivalent in so schönen Dingen wie Autositzschonbezügen, Handyhaltern, Mausgaragen und gehäkelten Hakle-Mützchen. Die Mehrzahl an Bewerbern liefert einfach suboptimale Unterlagen ab. Zum Teil deshalb, weil Jobsuchende zu eifrig Vorlagen studiert haben und ihnen gedankenlos folgen. Zum Teil, weil sie glauben, sie kommen ganz ohne Bewerbungsrat aus, weil sie sowieso einmal ein Motivations- oder Marketing- oder Verkaufstraining belegt haben. Die Personaler hingegen tun, was sie schon immer getan haben. Sie arbeiten sich mit eiserner Disziplin durch ganze Körbe an prachtvoller Jämmerlichkeit.

Als Bewerberberater streiche ich in den Unterlagen, verdichte ich, konkretisiere ich, belege ich, gewichte und arrangiere ich neu. Praktisch jede mir vorgelegte Bewerbung durchläuft eine Abmagerungskur. Natürlich frage ich auch nach, um all die Pro-Argumente freizulegen, die Bewerber aus falscher Bescheidenheit oder Unachtsamkeit nicht auf den Tisch legen.

Mein Tun beruht nicht auf Geheimwissen. Jeder, der im Web die Tipps auf Jobbörsen oder meine Web Site durcharbeitet, erwirbt das ganze Know-how um seine eigenen Bewerbungsaktivitäten zu optimieren.

Sollte Ihr Interesse darin liegen zu erfahren, wie Sie Ihre Persönlichkeit schon rein optisch groß herausbringen, wie Sie Bewerbungsmappen aufschäumen und wie hoch Sie hüpfen müssen, um schon von weitem aus der Masse an Bewerbern herauszuragen, dann fragen Sie jemand anderen.

Bedenken Sie, dass das Anschreiben der Ort ist, wo Sie Ihre stärksten Argumente bündeln. Hier müssen Sie's zeigen. Dieser ganze Wust an Zusatzpapieren, den die Berater propagieren, dient nur dazu, dass Leute, die sich nicht darstellen oder ausdrücken können, dies auf mehreren Seiten tun.

Und wenn nichts klappen will, dann fragen Sie sich:

- Haben die Ausschreibungen alle gepasst?
- Haben Sie die dort genannten Anforderungen erfüllt?
- Haben Sie sich überzeugend präsentiert?
- Haben Sie im Jobinterview überzeugt?
- Haben Sie ein Feedback eingeholt?
- Wird derzeit überhaupt eingestellt?
- Nutzen Sie alle Recherche- und Kontaktmöglichkeiten?
- Knüpfen Sie aktiv Kontakte?
- Tun Sie was um fachlich auf dem Laufenden zu bleiben?
- Erweitern Sie aktiv Ihr Kompetenzprofil?
- Erweitern Sie die selbst gesteckten Grenzen?
- Passen Sie die eigenen Ziele den Marktbedingungen an?
- Arbeiten Sie sich schon durch `jova-nova.com`?

Noch ein Wort zum neuen Trend, *Gefolgsleute* statt Mitarbeiter zu suchen. Mit Grund rät *Junge Karriere* Einsteigern, im Bewerbungsprozess zu signalisieren, dass man die Marken schätzt, den Quartalsbericht auswendig weiß und den Firmen-*Claim* selbst exemplarisch *vor*lebt. Vergessen wir nicht, dass reguläre Bewerber sich eher für Ego-Themen wie *bezahlter Bildungsurlaub, anlassfreie Gratifikationen* und *veganischer Mittagstisch* erwärmen. Man wünscht sich durchaus Mitarbeiter, die sich mehr mit Ihrem Job und Ihrer Firma identifizieren. Doch wo liegt für einen Personaler die Relevanz, wenn er zu hören bekommt, der Claim sei so stark und die Leadership einfach auch und die Community eigentlich sowieso. Welches Signal sendet ein Bewerber aus, der am liebsten jetzt gleich das Trikot überziehen möchte und *mitspielen*?

Sie sind als Jobsucher ein Auftragsucher und kein Parteigänger. Was an einer Aufgabe reizvoll ist: zuerst die Aufgabe, dann das Team und natürlich der eigene Beitrag. Ihr Corpsgeist ist aber zunächst einmal der Ihres Berufsstands. Stilisieren Sie sich nur dann zum Fan der Firma, wenn der angestrebte Job keinen Verstand erfordert. Das starke Team ist nicht Ihr Ziel. Ihre Gemeinschaft handelt von Leuten, die gemeinsam Ziele verfolgen.

20 Goldene Regeln

Goldene Regel 1
Adressat Ihrer Bewerbungsaktion ist immer eine Person.

Goldene Regel 2
Bevor Sie jemandem Ihre Arbeitskraft anbieten, klären Sie vorab, ob er jemanden wie Sie braucht.

Goldene Regel 3
Bewerben Sie sich nicht aus Verlegenheit, aus Panik oder aus Aktionismus. Bewerben Sie sich genau für das, was Sie tun wollen und können.

Goldene Regel 4
Finden Sie zuerst heraus, was Sie leisten (oder erlernen) wollen. Kümmern Sie sich dann um das Wo und um das Wie.

Goldene Regel 5
Für den richtigen Job ist kein Weg zu weit, keine Investition zu groß.

Goldene Regel 6
Jobanbieter fängt man planvoll. Legen Sie so viele Leinen aus, dass Sie den Überblick noch behalten.

Goldene Regel 7
Jobangebote wenden sich an x-Beliebige. Oder ganz allein an Sie. Beweisen Sie, dass nur Sie gemeint sein können.

Goldene Regel 8
Seien Sie nicht anders als Sie sind – sofern Sie kein notorischer Problemverursacher, Lügner oder Intrigant sind.

Goldene Regel 9
Zuviel Tüfteln an den Bewerbungsunterlagen hält Sie vom Bewerben ab. Zuviel an Sorglosigkeit hält Sie von der Stelle fern.

Goldene Regel 10
Ihre Devise sei: 2E2A. *Einfach und ehrlich, ansprechend und angemessen.*

Goldene Regel 11
Mit dem Anschreiben nehmen Sie Kontakt auf. Deshalb muss es jemanden ansprechen.

Goldene Regel 12
Gestalten Sie Ihre Unterlagen so, dass der Adressat seine Arbeit schneller, leichter und effizienter erledigt.

Goldene Regel 13
Sinn des Anschreibens: Aus dem ersten Eindruck einen bleibenden Eindruck zu machen.

Goldene Regel 14
Anschreiben, die überzeugen, sind weder originell noch floskelhaft.

Goldene Regel 15
Der richtige Kandidat muss nicht einzigartig sein. Er unterscheidet sich bloß deutlich.

Goldene Regel 16

Ein Lebenslauf ist kein Amtsblatt, sondern eine Handreichung.

Goldene Regel 17
Studieren Sie Musterbewerbungen, Vorlagen, Beispiele. Fragen Sie nicht: «Welcher Bewerbungsberater hat jetzt Recht?» Fragen Sie: «Was bringt mich weiter?»

Goldene Regel 18
Kleider machen Leute. Kleidung macht den Job.

Goldene Regel 19
So sind Sie im Jobinterview: freundlich, umgänglich, konzentriert und sachlich.

Goldene Regel 20
Vertrauen Sie sich selbst. Sie finden Ihren eigenen Weg. Mit dem Selbstvertrauen kommt das Glück.

Winklers Fragen

Aufwärmübung

- Wie war die Anfahrt?
- Hatten Sie vorher Zeit, sich ein wenig umzusehen?
- Können wir etwas für Sie tun? Möchten Sie etwas trinken?
- Ziehen Sie eine Linie vom Schulabschluss bis heute: Was müssten wir über Sie wissen?
- Kennen Sie Ihre Stärken?
- Verlängern Sie Ihre Karrierelinie bis in das Jahr 200x: Welche Stationen sehen Sie da?
- Was war das Wichtigste, was Sie in ihrem Leben gelernt haben?

Warum gerade wir?

- Was ist Ihnen an uns aufgefallen?
- Was würden Sie Ihrem Partner (Ihrer Partnerin) über uns erzählen?
- Wissen Sie, in welchen Sparten unsere Firma besonders stark ist?
- Was wissen Sie über unsere Konkurrenten auf dem Markt?
- Was schätzen Sie besonders an uns?
- Was möchten Sie bei uns unbedingt lernen?
- Was bieten wir, das Sie sich nicht auch anderswo aneignen könnten?
- Wie wollen Sie von Ihrer Mitarbeit (Ihrem Praktikum, Volontariat ...) profitieren?
- Wie können wir von Ihnen profitieren?
- In welcher Funktion sehen Sie sich bei uns?
- Was möchten Sie am Ende Ihrer Ausbildung (Ihres Praktikums ...) Neues können oder wissen?

Wer sind Sie?

- Welche Stärke von Ihnen wird am meisten unterschätzt?
- Was mögen Ihre Freunde an Ihnen?
- Für welche Ihrer Schwächen finden Sie am ehesten eine Entschuldigung?
- Haben Sie ein bestimmtes Motto für Ihr Leben?
- Welches sind die drei für Sie wichtigsten Werte?
- Welches Fehlverhalten anderer missbilligen Sie am meisten?

- Was bedeutet für Sie Erfolg?
- Was bedeutet für Sie Geld?
- Was war Ihr bisher größter Erfolg?
- Welches Ereignis schätzen Sie als Ihren größten Misserfolg ein?
- Welche Bedeutung haben für Sie Eltern und Familie?
- Welche Dummheiten haben Sie in Ihrem Leben gemacht?
- Welche mittel- bis langfristigen beruflichen Ziele haben Sie sich gesetzt?
- Was qualifiziert Sie besonders gut für einen Job bei uns?
- Wen würden Sie als Referenz (Fürsprecher) für Sie nennen? Warum?
- Was machen Sie für Ihre eigene Weiterbildung?
- Was haben Sie am meisten bei Ihren Lehrern (Ausbildern, bisherigen Vorgesetzten ...) geschätzt?

Mitspieler, Anführer, Einzelkämpfer?

- Haben Sie schon Aufgaben und Projekte zusammen mit anderen bearbeitet?
- Wer hat Ihnen die Aufgabe(n) gestellt?
- Was haben Sie zur Lösung beigetragen?
- Ist es schon einmal vorgekommen, dass einer ihrer Beiträge vom Team oder von Einzelnen nicht gewürdigt wurde?
- Was würden Sie tun, wenn ein Teammitglied nicht die notwendige Leistung erbringt?
- Welche Eigenschaften schätzen Sie besonders an Teamführern?
- Wie lösen Sie zeitkritische Aufgaben innerhalb des vorgegebenen Rahmens?

Computer, Internet

- Was für Aufgaben oder Projekte erledigen Sie mit dem PC?
- Welche Programme setzen Sie dafür ein?
- Welche Tools nutzen Sie sonst für Ihre Arbeit?
- Was halten Sie von den großen Service-Portalen im Web?
- Wie sehen Sie die Zukunft des Internet?
- Wie wird die Arbeit mit dem PC in fünf Jahren aussehen?
- Was tun Sie, um sich in Sachen Information & Technologie zu informieren?
- Was für technische Probleme am PC haben Sie schon gelöst?
- Was würden Sie auf Ihrer Homepage veröffentlichen?

Sprachen, Ausland

- In welchen Fremdsprachen sind Sie fit?
- Haben Sie schon in multinationalen Teams gearbeitet?
- Vor welchen Problemen sind Sie dabei gestanden?
- Würden Sie künftig auch im Ausland arbeiten wollen?

Engagement

- In welchem Verein engagieren Sie sich?
- Haben Sie sportlichen Ehrgeiz?
- Was tun Sie selbst, damit die Welt ein besserer Platz wird?
- Wenn wir ein gemeinnütziges Projekt unterstützen wollten, welches schlagen Sie vor?
- Wenn wir ein künstlerisches Projekt unterstützen wollten, welches schlagen Sie vor?
- Wenn wir einen Verein unterstützen wollten, welchen schlagen Sie vor?

Dies & das

- Werden Sie aufgrund einer Erkrankung nur eingeschränkt Ihren Beruf ausüben können?
- Wo haben Sie sich noch um eine Stelle (um einen Praktikumsplatz, ein Volontariat ...) beworben?
- Warum sollen wir gerade Sie nehmen?
- Was würden Sie antworten, wenn wir Ihnen sagen, Ihr Mitbewerber gefällt uns besser?
- Was sollen die wichtigsten drei Informationen sein, die wir aus dem Gespräch mit Ihnen festhalten?

Am Ende

- Welche Vergütung erwarten Sie?
- Bei wem können wir uns über Sie erkundigen?
- Falls Sie mehrere Optionen haben: Bis wann müssen Sie sich entscheiden?

Über den Autor

Alles, was Bewerber brauchen: Ein bisschen Glück und jova-nova.com

Gerhard Winkler (*1955) hilft seit 1988 Bewerbern. Helfen ist sein Thema: Schon während seiner Schulzeit engagierte er sich als Bauhelfer, Aushilfe im Supermarkt und Nachhilfelehrer. Im Studium half er unter anderem in einer Druckerei aus, bei einem Messebauer und in der Produktion. Außerdem war er wissenschaftliche Hilfskraft. Nach seinen Examen war Gerhard Winkler zwölf Jahre als Geschäftsführer der Ravensburger Bildungseinrichtung SOLE tätig. (Slogan: Sprachlos? – Wir helfen!) Als Site-Manager arbeitete er für einen Verlag und für Media-Vermarkter in Hamburg und Düsseldorf. In Berkeley (USA) entwickelte er sein eigenes Webprojekt `jova-nova.com`. Auf der unabhängigen, werbefreien und kostenlosen Site finden Job- und Ausbildungsplatzsucher seit 1997 Bewerbungstipps und -vorlagen sowie Online-Arbeitsblätter und weitere nützliche Hilfestellungen. 2000 veröffentlichte der AOL-Verlag Lichtenau drei Bewerbungshefte. 2002 erschienen im Sparkassenverlag Stuttgart die Hefte *Schritt für Schritt zum Ausbildungsplatz, Mustergültig bewerben, Test-Training, Tag Eins.* Für das *Bewerbungsgenie 3* von Data Becker entwickelte er die Texte, Tipps und Dokumentvorlagen.

Dank an Ralf Anzenberger und an sein Team vom *aktuellsten Stellenmarkt* `Jobs.de`.

Stichwortverzeichnis

A

Abendstudium 216
Abitur 243
Absage 33-34, 39, 47-49, 200, 252, 280, 297
Absagebrief 48
Absolvent 184, 232
Abteilungsleiter 289
Abteilungssekretärin 190
Adressdaten 99, 108
Agentur 238
Akademiker 184
Aktionsradius 295
Aktivitäten, berufliche 128
Allgemeinbildung 68
Allgemeinplätze 113, 165, 168
Allianzen 46, 292
Älterer Bewerber 284
Altersangabe 119
Anforderungen 28, 65
Anfrage 95
Angaben, persönliche 127
Angebot 27
Angestrebte Ausbildung 127
Angestrebte Position 127
Angestrebte Tätigkeit 127
Angestrebter Beruf 127
Angestrebtes Praktikum 127
Anlagen 111
Anlagenverzeichnis 202
Anrede 111
Anreise 282
Anschreiben 16, 21-23, 25, 32-33, 39, 44-45, 49, 63, 86, 88-89, 99-100, 102, 104, 110, 117-118, 127, 152, 156, 158, 160, 162-167, 169, 183, 187-188, 196, 204, 209, 244, 257-258, 287, 291-292
Anwälte 186
Anzeige 34, 39, 51, 88, 118, 155, 157, 160-161, 207-208, 211, 296
Anzeigengröße 208
Anzeigenmärkte 207
Anzeigentext 208
Anzeigenvermarkter 207
Arbeitgeber 56
Arbeitgeberleistungen 244
Arbeitsamt 68, 139, 294
Arbeitsblatt 37, 43, 73, 270
Arbeitsgericht 55, 169, 176
Arbeitsgruppe 276
Arbeitskleidung 236
Arbeitsleben 70, 284
Arbeitsleistung 261
Arbeitsloseninitiative 93, 285
Arbeitslosigkeit 40, 55-57, 60, 90, 139, 197, 295
Arbeitsplatz 46, 129
Arbeitspotential 212
Arbeitsstätte 137
Arbeitssuche 93
Arbeitsverhältnis 55
Arbeitswelt 304
Arbeitszeugnis 47, 54, 85, 89, 123, 163, 176-177, 181-182, 184, 186, 189-191, 204, 257
Arbeitszeugnisgenerator 55
Architekt 238
Architekturbüro 270
Archivar 203
Argument 33, 88, 165-166
Argumentationsauswahl 297
Arzt 172
Ärzteblatt 294
Assessment 80
Assessment Center 80, 186, 277
Assistent/in der Geschäftsführung 291
Aufbau 129
Aufhebungsvertrag 53
Aufzählungspunkte (Bullets) 109
Ausbilder 272
Ausbildung 46, 69, 121, 128, 131, 144, 165, 183, 212, 265
Ausbildung, Schule & - 128
Ausbildung, angestrebte 127
Ausbildung, berufliche 18, 66, 71, 139, 266
Ausbildungsbegleitende Tätigkeiten 131
Ausbildungsberuf 144
Ausbildungsdaten 128
Ausbildungsgang 21
Ausbildungsleiter 226
Ausbildungsphasen 89
Ausbildungsplatz 19, 68, 140, 144, 160, 226
Ausbildungsplatzsuche 145
Ausbildungsstationen 82
Ausbildungsverhältnisse 123
Ausbildungszeugnis 184
Ausbildungsziel 127
Außendienstmitarbeiter 273
Aushilfsjob 66
Auslagen 281
Auslandsaufenthalte 16, 113

Auslandspraktika 209
Auslandsschule 73
Auslandssemester 186
Auswahlverfahren 80, 276
Auszeiten 304

B

Bäcker 233
Baumarktleiter 294
Baustellenleiter 296
Bauzeichner 96
Bedarf 159
Belege 187, 282
Beruf, angestrebter 127
Berufliche Aktivitäten 128
Berufliche Ausbildung 18, 66, 71, 139, 266
Berufliche Daten 128
Berufliche Erfahrungen 128
Berufliche Erfolge 128, 165
Berufliche Praxis 128, 165
Berufliche Tätigkeiten 128, 131
Berufliche Ziele 127, 131
Berufsakademie 21
Berufsanfänger 66
Berufsbegleitende Weiterbildung 212
Berufsberatung 66
Berufsbezeichnungen 63
Berufseinsteiger 277
Berufserfahrung 118, 284
Berufsfeld 50
Berufsfindung 67-69
Berufsfindungsphase 69
Berufsplanung 71
Berufsschule 271
Berufsverbände 68
Berufswahl 61, 69, 185
Berufswechsler 244
Berufswege 70
Beschäftigungsgesellschaft 139, 285
Beschäftigungslosigkeit 56
Beschäftigungsverhältnis 131
Besondere Kenntnisse 128
Besondere Stärken 128
Betreff 160-161
Betriebsinformatiker 273
Betriebsklima 97
Betriebspraktikum 224
Betriebsrat 46, 74, 176
Betriebswirt 273
Betriebswirtschaft 32
Bewerber-Homepage 210
Bewerberbiographie 123
Bewerberdaten 103, 196
Bewerberfoto 24, 102, 118-119, 130, 156, 192-194, 196-197, 230, 281
Bewerberporträt 102
Bewerberpräsentation 83, 101
Bewerberprofil 63, 289
Bewerberstärken 166
Bewerbertagebuch 145
Bewerbertugenden 93
Bewerbertyp 133
Bewerberverhalten 47, 118, 133
Bewerbervorteile 31, 100
Bewerbung auf Englisch 174
Bewerbungsabsicht 101, 111, 168, 183
Bewerbungsaktionen 74, 219, 280
Bewerbungsbeispiele 157
Bewerbungsberatung 286
Bewerbungschancen 301
Bewerbungsgespräch....28-29, 43, 97, 189-190, 225, 233, 244, 246
Bewerbungsmappe 99, 101, 103, 114, 167, 187-188, 197, 291
Bewerbungsschreiben 39, 158
Bewerbungsstrategie 96, 171
Bewerbungsunterlagen 95, 101, 192
Bewerbungsverfahren 96
Bewerbungswege 39, 133, 152, 171, 287
Bildbearbeitung 194
Bildungseinrichtungen 138
Bildungsplanung 273
Bildungssystem 68
Blattrand 129
Blindbewerbung 22, 24, 149, 152-154, 156, 158
Branding 292
Briefing 105
Briefpapier 104
Bruttojahresvergütung 244
Buchhalter 197
Bullets (Aufzählungspunkte) 109
Bürofachkräfte 272
Business Casual 233
Business Dress 232
Business-Kostüm 232
Businesskarte 90
Buzzwords 292

C

Career Coach / - Guide 123, 134, 186
Chancenkiller 121
Chefsekretärin 233
Chronologie 127
Claim 187, 293
Community 27
Computerkenntnisse 140
Controlling 161, 227, 295
Corporate Identity 105, 198
Corporate World 299
Cover Letter 174
Curriculum Vitae (CV; siehe auch «Lebenslauf») 120
Customer Relationship Management 78

D

Daten, berufliche 128
Daten, persönliche 127, 131
Daten, schulische 128
Deckblatt 33, 99, 101-103, 120, 162, 184, 196-197, 202-204
Defizite 263
Design 99
Dienstleister 239
Diplom-Betriebswirtin 19
Direkt-Marketing 292
Direktmailing 106, 164
Direktmarketing 77
Dress Code 193, 199, 229, 236
Durchhaltevermögen 113

E

E-Mail 23, 69, 110, 133, 140, 218
EDV & Sprachen 128
Ehrenamtliche Tätigkeiten 128
Ehrenamtliches Engagement 83, 128
Ehrgeiz 113
Eigenlob 167
Einladungsbrief 275, 281
Einleitungssatz 152
Einschreiben 176, 217
Einsteiger 262
Einstellungskriterium 110
Einzelhandelskaufmann 198
Einzigartigkeit 28
Elektroniker 215
Elite 227
Eltern 72
Energie-Elektroniker 215
Engagement 113
Engagement, ehrenamtliches 83, 128
Englisch 66, 173, 217, 295
Englisch, Bewerbung auf - 174
Englischkenntnisse 66
Entlassung 47
Entrepreneur 24
Entscheidungsfindung 56, 259
Entwickler 226
Entwicklungslinie 125
Erfahrungen, berufliche 128
Erfolge, berufliche 128, 165
Erfolgserlebnisse 137
Erfolgstyp 87
EU-Lebenslauf 125, 127
EU-Norm 125
Events 146
Exkursionen 16

F

Fachkaufmann 273
Fachkrankenpfleger 273
Fachlehrer 20
Fachzeitschriften 294
Familie 67, 72
Familienarbeit 58
FAZ 50-51, 161-162, 201, 208, 239
Feedback 263, 266
Ferienarbeit 20
Ferienjob 19-20, 112, 142, 144, 224
Fernstudium 216
Festanstellung 205
Finanzberaterin 294
Finanzexpertein 236
Firmen-Sites 158
Firmengründer 149
Firmenkultur 91
Firmenlogo 104
Flyer 106
Formulargestaltung 117
Foto 102, 155
Fördermittel 285

Freiberuflichkeit.......205
Freizeitaktivitäten.......21
Friseur.......26, 272
Frist.......36, 176
Frisur.......193
Funktionäre.......288
Führungszeugnis, polizeiliches.......184
Fürsprecher.......88, 187, 301

G

Gehalt.......246, 301
Gehaltserhöhung.......255
Gehaltsfindung.......28, 255
Gehaltsgefüge.......251, 256
Gehaltsspiegel.......244, 246, 255
Gehaltsstruktur.......256
Gehaltsverhandlung.......255
Gehaltsverzicht.......244
Gehaltsvorstellung.......28-29, 244, 246, 255
Geheimkorrespondenz.......181
Gerichtsverfahren.......53
Geschäftsbereichsleiter.......289
Geschäftsführer.......226, 289
Geschäftskarte.......90
Geschäftskleidung.......228
Geselle.......273
Gesellenbrief.......184
Gespräch.....15, 42, 90, 97, 123, 166, 223, 228, 242
Gesprächsanlässe.......81
Gesprächsführung.......138
Gesprächspartner.......150, 228
Gesprächsrunde.......223
Gesprächstermin.......150
Gesprächsvorbereitung.......307
Gratifikation.......253
Greencard.......26
Grundschule.......203
Gruppenleiter.......189, 212
Grußformel.......111

H

Handgeschriebener Lebenslauf.......114, 184
Handlungsanweisungen.......151
Handwerker.......63, 273
Hard Selling.......36, 78
Hausschrift.......105
Historiker.......22
Hobbypsychologe.......129
Hobbys.......82, 129
Homepages.......238, 303

I

Immatrikulation.......62
Industriekaufmann.......212
Industriemeister.......273
Informationsdesign.......102, 105
Informationsrecherche.......33
Informationsveranstaltung.......224
Ingenieure.......65, 186
Ingenieure der Elektrotechnik.......215
Initiativbewerbung......22, 30, 156, 158-159, 161, 257
Inserat (siehe auch «Anzeige»).......51
Interessen.......82, 128-129
Interessen, Mitgliedschaften und -.......128
Interessen, persönliche.......129
Interessensgebiete.......33, 112
Internet.......10, 16, 43, 61, 63, 66, 70, 74, 94, 140-141, 147, 158, 195, 244
Internet-Homepages.......238, 303
Internet-Tools.......210
Internetzugang.......216
Interview.......14, 97
IT-Leiter.......213

J

Jahresgehalt.......244, 254
Job-Initiativen.......139
Jobanforderungen.......50
Jobangebot.......85, 224
Jobbeschreibung.......295
Jobbörse/n.......27, 63, 294
Joberfahrungen.......112
Jobinterview.......39, 47, 53, 59, 100, 121, 123, 129-130, 149, 163, 169, 191-192, 220, 257
Jobmarkt.......29, 90, 213, 288
Jobofferte.......85, 224
Jobsuche.......24, 26, 64, 96, 135, 137-138, 268, 274, 288, 303
Jobverlust.......56, 59, 304
Jobvermittlung.......288

Jobwechsel 46, 186, 259, 304
Jugendliche 68

K

Karriere 16, 239, 299
Karriere-Infos...69
Karrierechance 176, 307
Karrierekiller 136
Karrieremesse 232-233
Karriereplanung 47, 67
Karriereratgeber 133
Karrierewege..66
Kaufleute...186
Kaufmann...183
Kenntnisse, besondere 128
Kenntnisse und Fähigkeiten 128, 131
Kernbotschaft..83
Kernqualifikationen....................................203
Key Accounter 59
KFZ-Betriebswirt 273
KFZ-Servicetechniker 273
Kindergärtnerin 294
Kinderstube 135
Kleidung 193
Klinikarzt..294
Kommunikationsdaten................102, 110, 167
Kommunikationstechnologien 113
Kompetenz, soziale 113
Konditor 265
Kongresse..146
Konkurrenz 27
Kontakt...285
Kontaktaufnahme..138
Kontakter..238
Kontaktstärke 113
Kopf- und Fußzeilen....................................130
Korrespondenzschrift 108
Körpersprache..42
Kreativbewerbung 30-32
Kreativität...30
Krisenerfahrungen.......................................121
Kündigung.............................44-47, 54-55, 259
Kündigungsfrist 45, 255
Künstler..183
Kunstschlosser..36
Kurs-, Vortragslisten 184
Kurse und Lehrgänge...................................128
Kurzprofil 210

L

Langzeit-Bewerber 304
Langzeitarbeitslosigkeit 40, 244
Layouter...238
Lebenshaltungskosten..................................255
Lebenskrise 304
Lebenslauf 19, 45, 49, 57, 72, 89-90, 99, 102-103, 110, 112, 115-118, 120-125, 127, 132, 150, 152, 154, 156, 163-164, 183, 187-188, 196-197, 200-201, 203-206, 210, 224, 243, 259, 265, 291
Lebenslauf, handgeschriebener...........114, 184
Lehrgänge, Kurse und - 128
Lehrveranstaltung..62
Leistungsfähigkeit 122
Leistungsprinzip...17
Leistungsstärke 20
Leistungsträger 158
Leitende/r Angestellte/r 232, 236
Lernen 272
Lernfähigkeit 33
Lernumgebung...61
Lichtbild 197
Logo 241
Lohn...254
Lohnverhandlung 254
Loyalität 44
Lückenlosigkeit 203
Luxus-Mappen 102

M

Mail 95, 111
Mail-Anschreiben 201
Marke 78
Marketing...................27, 77, 91, 101, 140, 168
Marketing-Praxis 165
Marktauftritt 198
Marktumfeld 255
Maßnahme 57
Massenmail...................................95, 111, 159
Media-Agentur...238
Meister 273
Meister-Bafög...273
Meisterbrief..184
Mentor 275, 299
Messen 146
Mietzuschüsse 255
Misserfolg 95

Mitarbeiter in F & E....233
Mitarbeiterevaluation....51
Mitbewerber....125
Mitgliedschaften....113, 128
Mitgliedschaften und Interessen....128
Mobbing....150
Motivationsschreiben....100, 129, 292

N

Nachmittagsjob....20
Nachweis....187-188, 204
Nationalität....110
Net Working....298
Netze....298
Netzwerke....298-299
New Economy....122, 298
New Yorker....208
NLP-Trainer....42
Non-Profit-Einrichtung / -Organisation.... 122, 285
Normverstoß....118
Noten....20, 144, 188
Notizbuch....242

O

Office Admin....190
Office-Tools....33
Officer....232, 236
Online-Arbeitsblatt....96
Online-Bewerbung....73, 107, 201
Online-Bewerbungsaktivitäten....63
Online-Bewerbungsbögen....72
Online-Foren....52
Online-Gemeinschaften....294
Online-Plattform....91
Online-Routenplaner....282
Online-Stellengesuch....63, 209
Online-Tools....63
Orchestermusiker....171
Organisationsdiagramm....290
Originalbelege....282
Outfit....119, 227, 229-230, 233

P

Papierbewerbungen....106
PC-Kenntnisse....140, 142, 179
PDF-Format....99
Peer Group....22, 300
Performance....129
Personalabteilung....44
Personalakten....123
Personalauswahl....34, 167, 284
Personaler....14, 85, 95, 163, 226
Personalersicht....265
Personalverantwortung....169, 288
Persönliche Angaben....127
Persönliche Daten....127, 131
Persönliche Interessen....129
Pitch....172
Polizeiliches Führungszeugnis....184
Porträt....156, 183
Position, angestrebte....127
Praktikant....22, 164, 227
Praktikum 16-20, 25, 57, 66, 73, 112, 127, 144, 160, 183, 186, 233, 270
Praktikum, angestrebtes....127
Praktikumsnachweise....184
Praktikumsplatz....35, 160, 173
Präsentation....32, 82, 105
Präsentationstechniken....105
Praxis, berufliche....128, 165
Praxiserfahrungen....83
Printanzeige (siehe auch «Anzeige»)....154
Privatleben....129, 284
Pro-Argument....16, 33, 36, 48, 102, 113, 118-119, 284
Probezeit....261
Produktmanager....161, 164-165, 189
Produktvermarktung, -werbung....100-101
Profil....28, 37, 63, 167, 291
Profilblatt....184, 289, 291
Profiling....287
Programmierer....226, 233, 273
Projektgelder....285
Projektübersicht....184
Public Relations....77
Publikationen....23
Publikationsliste....108, 184

Q

Qualifikation 45, 59, 133
Qualifikationsmerkmale....167
Qualifikationsprofil 50
Quereinsteiger....244
QuickTime-Movie 210

R

Rahmenbedingungen 301
Rang....243
Rankingverfahren 91
Realschulabschluss....110
Rechtsanwalt....54
Rechtschreibung....110
Redakteur 133
Referenzen 20, 54, 165, 183-184, 190, 206
Regeln 92
Regionalleiter 28
Reintegration....122
Reinzeichner....238
Reisekosten 24
Reklame 164
Reputation....286
Resume 120, 167-168, 174, 287
Rollenmodell....27, 239
Rollenvorbilder 232

S

Sachbearbeiter....197, 233
Schäfer 299
Scheine....16
Schlüsselqualifikationen 295-296
Schnupper-Praktikum 20, 69, 140, 220
Schrift....99, 104
Schriftauswahl....106
Schriftschnitt....99
Schriftverkehr....104
Schulabgänger 67, 223, 225
Schule....61
Schule & Ausbildung 128
Schulfächer 270
Schulische Daten....128
Schulpraktikum 17
Schulwechsel....112
Schulzeugnis....202
Schwächen 129, 167
Schwarzarbeit 57
Schwarzweißporträt....194
Schwerpunkt....112, 167
Screening 287
Seilschaften....299
Selbstachtung 93
Selbstdarstellung....56, 80, 83, 163, 167, 295
Selbsthilfe 40
Selbstmarketing....91-92
Selbstmotivation 55
Selbstsicherheit....82
Selbstvermarktung 29, 73, 90, 93, 101
Selbstvertrauen....70
Selbstwert 42
Selbstwertgefühl 40, 93
Seminararbeiten....16
Seminare....146
Serifen....108
Shareware-Font 99, 108
Soziale Kompetenz....113
Sozialplan 44
Spaltenaufteilung 117
Spaltentitel....130
Spaltentrenner....117
Spengler 69
Sprachkenntnisse, -kompetenz....111-112
Sprachkurse....16
Sprachen, EDV & -....128
Staatsangehörigkeit....110
Standardsituationen 135
Stärken 129, 167
Stärken, besondere....128
Status....102, 242
Stellenanalyse 37
Stellenanbieter 56, 74, 85, 95
Stellenangebote 63, 184, 297
Stellenanzeigen 137, 152, 294-295
Stellenbeschreibungen....169
Stellengesuch 154, 207
Stellenmarkt....23, 27, 163, 209
Stellenmärkte, akustische 294
Stolpersteine....15
Studienabbruch....16
Studienabschluss....118
Studienberatungen....66
Studium....17, 60-61, 65-66, 147, 214, 273, 305
Subtext....173
Suchmaschine....63, 298
Suchroboter....63

T

Tabelle 127
Tabulatoren 125
Tageszeitung 69, 113
Tätigkeiten, ausbildungsbegleitende 131
Tätigkeiten, berufliche 128, 131
Tätigkeiten, ehrenamtliche 128
Tätigkeitsnachweis 19
Tätigkeitsschwerpunkte 202
Tauglichkeit 28
Team Leader 83
Teamfähigkeit 66, 113
Techniker 273
Telefonat 154
Test 275
Testsituation 276
Testtypen 278
Texter/in 27, 238
Trainings 128
Transportmittel 281
Traumjob 265
Trockenbauer 63
Tugenden 66

U

Umgangsformen 111
Understatement 88, 135
Unfallchirurg 171
Unterlagen 34, 135, 168
Urlaub 76
USA 26

V

Vakanz 154
VDI-Nachrichten 294
Verantwortungsbewusstsein 113
Verdienst-Taschenrechner 245
Vereinsaktivitäten 112
Vereinssport 112
Vergütung 33, 255
Verkäufer 36, 272
Verkaufsgespräch 27, 42
Vermarktung 165
Vermittler 88
Verpackung 101
Vertrieb 27, 66
Verwaltungsassistent 289
Verwaltungsberuf 213
Verweise 123
Viehhändler 258
Visitenkarte 90, 94, 298, 300
Vita (siehe auch «Lebenslauf») 123, 184
Volontariat 22, 32, 57, 233
Vorarbeiter 164
Vorlesungsverzeichnis 62
Vorsprechen 100
Vorstandsassistent 164
Vorstellungsgespräch 27, 43, 45, 53, 59, 72-73, 93, 113, 122, 134-135, 167, 220-221, 223-224, 228, 242-243, 245, 250, 270, 276, 280, 283
Vorstellungsrunde 80
Vortrag 81
Vortrags-, Kurslisten 184

W

Web 67
Webrecherche 65
Wechsel 123
Weiterbildung 24, 57, 124, 128, 131
Weiterbildung, berufsbegleitende 212
Weiterbildungsbescheinigungen 202
Weiterbildungsdaten 128
Werbemittel 241
Werbepsychologie 168
Werber 171
Werbung 77, 91, 97, 124
Werdegang (siehe auch «Lebenslauf») 90, 125
Wirtschaftsinformatiker 212
Wirtschaftsstudium 19
WORD-Tabelle 125

Z

Zeichensatz 99
Zeichner/in 146
Zeilenabstand 129
Zeitschriftenverzeichnisse 294
Zeitungsanzeige (siehe auch «Anzeige») 207
Zeugnis 188-189
Ziele, berufliche 127, 131

Zielsetzungen, -vereinbarungen..........169, 263
Zivildienst..131
Zulage 254
Zur Person..127
Zusage...280
Zuständigkeiten 131
Zwischenprüfung 16-17
Zwischenzeugnis 54, 178, 184

Bewerben in schwierigen Zeiten

Es gibt drei Sorten an Job-Gelegenheiten: die öffentlich ausgeschriebenen, die nicht öffentlich gehandelten und schließlich die Traumjobs, die sich auf wunderbare Weise auftun, wenn der umtriebige Leistungsanbieter auf einen unternehmerisch handelnden Arbeitgeber trifft. Klar, dass diese unterschiedlichen Jobchancen ihre eigenen Strategien verlangen.

Jobsuchende können sich auch selbst beschäftigen und damit Geld verdienen. Trotz aller Geschäftsideen und Förderprogramme: Die meisten Existenzgründer schätzen sich selbst als Spaziergänger im Feindesland ein. Selbständigkeit ist für sie nicht wirklich eine langfristige Alternative.

Dann stellt man sich als Jobsuchender eben diese Fragen: Gehört man tatsächlich zu diesen Menschen, die nur innerhalb einer Organisation sinnvolle und angemessen vergütete Erwerbsarbeit leisten können? Gibt es auf dem Jobmarkt Leute, die ebenso das Wissen haben und die Stärken draufhaben wie man selbst? Falls ja, ist das ein gutes Zeichen. Dann wird der Markt früher oder später wieder mehr von dieser Sorte an Arbeitskräften rekrutieren. Welche Organisationen suchen jetzt? Welche werden in nicht all zu ferner Zeit wieder einen Personalbedarf ausgleichen? Welche Unternehmen sind für einen interessant?

Solange der Jobmarkt nicht ganz umkippt, solange man die durchschnittlichen Anforderungen erfüllt, solange hat man auch eine echte und reelle Jobchance. Man schaut eben nicht nur nach Job-Offerten, sondern auch nach Organisationen und dort recherchiert man wiederum Menschen, in deren Führungs- und Managementaufgaben das eigene Jobanliegen passt. Personaler verlangen und Jobsucher glauben, dass man sich *just in time* bewirbt. Meine Strategie in einem engen Jobmarkt: Regelmäßig nachfassen und klar machen, dass man *the right person* ist und das Unternehmen *the right place.* Dann kommt immer irgendwann auch der richtige Zeitpunkt.

Und wie macht man einen Arbeitgeber auf sich aufmerksam? Ich verrate Ihnen das Geheimnis meines Erfolgs als Bewerbungshelfer: Ich bemerke einfach, was offensichtlich ist. Und ich setze nur das ein, was nachweisbar funktioniert.

Es ist ganz offensichtlich, dass man sich in das Jobinterview hinein redet, hinein schreibt und verhandelt. Es liegt außerdem auf der Hand, dass Anschreiben und tabellarischer Lebenslauf zwei eigene Textsorten sind, die sich von all dem unterscheiden, was man sonst im Leben anfertigt. Ganz sicher ist das Anschreiben als Reaktion auf eine Offerte nichts als eine Selbstpräsentation, die als Antwort verkleidet ist. Jedes Initiativschreiben ist dagegen eine als Selbstpräsentation kaschierte Antwort auf einen Bedarf.

Zweifellos folgen sehr viele Bewerber falschen Freunden und übernehmen Vorlagen, die nicht funktionieren. Jobsuchende kommen darum in der Regel nicht *wegen*, sondern *trotz* ihrer Unterlagen bis zum Vorstellungsgespräch.

Jede Bewerbung ist angewandtes Informationsdesign. Informationsdesign bedeutet in erster Line: Abspecken der Information. Eines darf auch der Bewerber nicht vergessen, der voll und ganz von sich und vom Job begeistert ist: Eine jede Bewerbung macht dem Personaler Arbeit. Deshalb versteht man als Leistungsanbieter seine Bewerbung auch tunlichst als Service.

Ich predige schließlich geradezu, dass in der entscheidenden Bewerbungsphase niemand für einen spricht und eintritt – kein Mensch, außer man selbst. Also tritt man offensiv und selbstbewusst auf. Ich propagiere dafür die 2E2A-Regel: Geben Sie sich einfach, ehrlich, ansprechend, angemessen. Bewerben in schwierigen Zeiten bedeutet im Grunde, dass man sich noch weniger als sonst gehen lassen und unpersönlich, formalisiert und unfokussiert auftreten darf. Im Vergleich zum üblichen, weder markt- noch adressatenbezogenen Bewerberverhalten meint Jobsuche in den Zeiten der Unsicherheit vor allem: ***Anders bewerben.*** Anders als der Mainstream. Anders, als es die Traditionalisten befehlen. Bewerben verlangt, dass Sie sich bemerkbar machen. Dass Sie die Aufmerksamkeit auf sich lenken. Dass Sie den prüfenden Personalerblick aushalten und sogar die Wahrnehmung des Personalers lenken. Sind Sie sich Ihrer selbst bewusst? Haben Sie eine Vorstellung von Ihrem beruflichen Ich? Dann können Sie sich auch ***anders bewerben.***

Sind Bewerber nie zufrieden?

Das von Ihnen bearbeitete Anschreiben ist absolut perfekt und ich erkenne mich auch darin wieder! Hier haben Sie Top-Arbeit abgeliefert.

Ich bin total begeistert, denn Sie haben meine Persönlichkeit nahezu vollständig erfasst, die sich im Anschreiben sowie im Lebenslauf genau widerspiegelt. Kompliment für diese Leistung.

Ich habe jetzt eine Anstellung auf einem amerikanischen Luxusliner gefunden und werde am … diesen Monats in Monte Carlo an Bord gehen … im Folgenden mein Feedback, das Sie dann auf Ihrer Website bitte veröffentlichen: Bewerbungsunterlagen-Optimierung, die auf alle Fälle ihren Preis wert ist!!!

Ich habe meine Unterlagen umgehend erhalten und war mit dem Ergebnis sehr zufrieden. Ich bin gespannt auf die Reaktionen.

Radikale Vorgehensweise mit ungeheurem Aha-Effekt. Hieraus ist viel zu lernen, was man zwar alles weiß und lesen kann, aber doch nicht zufriedenstellend umgesetzt bekommt. Die Optimierung ist schlichtweg zu empfehlen, der Service und die Mail-Diskussion sind genial.

Ein Mann mit Charisma, der sein Handwerk versteht, mit einer außergewöhnlichen «Schreibe» und Humor. Ich kann ihn nur weiterempfehlen.

Genauso habe ich mir das Anschreiben vorgestellt.

Mit Ihrer Hilfe bin ich sehr zuversichtlich, etwas Geeignetes für mich zu finden!

Es haben sich für mich viele interessante Gelegenheiten aufgetan. Als eine Ursache diagnostiziere ich das von Ihnen optimierte Bewerbungsoutfit.

Da dies ja auch Ihr Erfolg ist: die erste Hürde ist genommen. Ich habe einen Termin zum Vorstellungsgespräch.

Optimieren einer Bewerbung heißt bei mir: Formulieren, als wäre es die wichtigste Bewerbung der Welt. Das ist sie ja auch. Spannen Sie den Autor von *Anders bewerben* und `jova-nova.com` für sich ein. Ich konzentriere ich mich auf Ihre Präsentation, mache mich nach besten Kräften für Sie stark und nehme mir für Sie so lange Zeit, bis Ihr Auftritt perfekt ist. Und das bedeutet: bis Sie Ihre Unterlagen perfekt finden. Gemeinsam schlagen wir die Schema-F-Bewerber!

Winklers Services: Screening – Optimierung – Interview-Rehearsal
Mehr dazu auf «jova-nova.com».

Anton Ochsenkühn
Simone Ochsenkühn
Mein iPod und ich
220 Seiten (Taschenb.)
2004
ISBN 3-908497-04-3
Euro 12.95 / sFr 20.00

Gabi Brede
Keynote von Apple
Überzeugend präsentieren
160 Seiten
2003
ISBN 3-908492-77-7
Euro 19.90 / sFr 29.90

Michael Schmitz
Willkommen zu Mac
Das grosse SmartBook für
Ein-, Um- und Aufsteiger
432 Seiten
2003
ISBN 3-908492-49-1
Euro 29.90 / sFr 49.00

Prof. Dirk Slawski
Digitale Fotografie
Das Praxisbuch mit zahlreichen Tipps & Tricks
448 Seiten
2003
ISBN 3-908492-18-1
Euro 49.90 / sFr 79.00

Horst-Dieter Radke
Jeremias Radke
Adobe Photoshop Album
2
240 Seiten (Taschenb.)
2004
ISBN 3-908497-02-7
Euro 12.95 / sFr 23.60

Patrick Möller
Adobe Photoshop
Elements 2
366 Seiten mit CD-ROM
2003
ISBN 3-908492-58-0
Euro 29.90 / sFr 49.00